Der Brite **John Hare** ist Journalist, Schriftsteller und Umweltschützer. Lange Jahre war er in abgelegenen Gebieten an der Grenze zwischen Kamerun und Nigeria für die britische Kolonialverwaltung tätig, später arbeitete er für die BBC und im Verlagswesen. In Nairobi wirkte er am Umweltprogramm der Vereinten Nationen mit.
Im Anschluss rief er zusammen mit Jane Goodall eine Kampagne zur Förderung des Umweltbewusstseins in China ins Leben; im Besonderen setzte er sich für den Schutz des akut vom Aussterben bedrohten Wildkamels in Asien ein. Er unternahm fünf Expeditionen und ist Mitbegründer der *Wild Camel Protection Foundation*. (Weitere Informationen zu dieser Stiftung unter: www.wildcamels.com)
In der vorliegenden Ausgabe erzählt Hare von seiner Saharaexpedition 2001, die von der NATIONAL GEOGRAPHIC SOCIETY gefördert wurde. Der Vater von drei Töchtern hat außerdem mehr als 30 Kinderbücher geschrieben; er lebt heute mit seiner Frau in Kent, England.

Sein Bericht über die Kamelexpeditionen in Zentralasien ist 2002 im Frederking & Thaler Verlag erschienen:

Auf den Spuren der letzten wilden Kamele

JOHN HARE

VERWEHTE SPUREN

Auf der Route des legendären Afrikaforschers Hanns Vischer

Aus dem Englischen von
Stefanie Mierswa

NATIONAL GEOGRAPHIC
FREDERKING & THALER

Die Deutsche Bibliothek – CIP-Einheitsaufnahme
Ein Titeldatensatz für die Publikation ist bei
Der Deutschen Bibliothek erhältlich.

NATIONAL GEOGRAPHIC ADVENTURE PRESS
Reisen · Menschen · Abenteuer
Die Taschenbuch-Reihe von
National Geographic und Frederking & Thaler

1. Auflage September 2004

Titel der Originalausgabe: Shadows across the Sahara
erschienen bei Constable & Robinson Ltd., London

Aus dem Englischen von Stefanie Mierswa
Text und Fotos: John Hare
Lektorat: Angela Wagner, München
Umschlaggestaltung: Dorkenwald Grafik-Design, München
Herstellung: Caroline Sieveking, München
Druck und Bindung: Clausen & Bosse, Leck
Printed in Germany

ISBN 3-89405-233-3
www.frederking-thaler.de

Das Papier wurde aus chlorfrei gebleichtem Zellstoff hergestellt.

Für:
HV – für die Anregungen
Pips – für die Unterstützung
Kate – für alles

Hanns Vischer, 1906

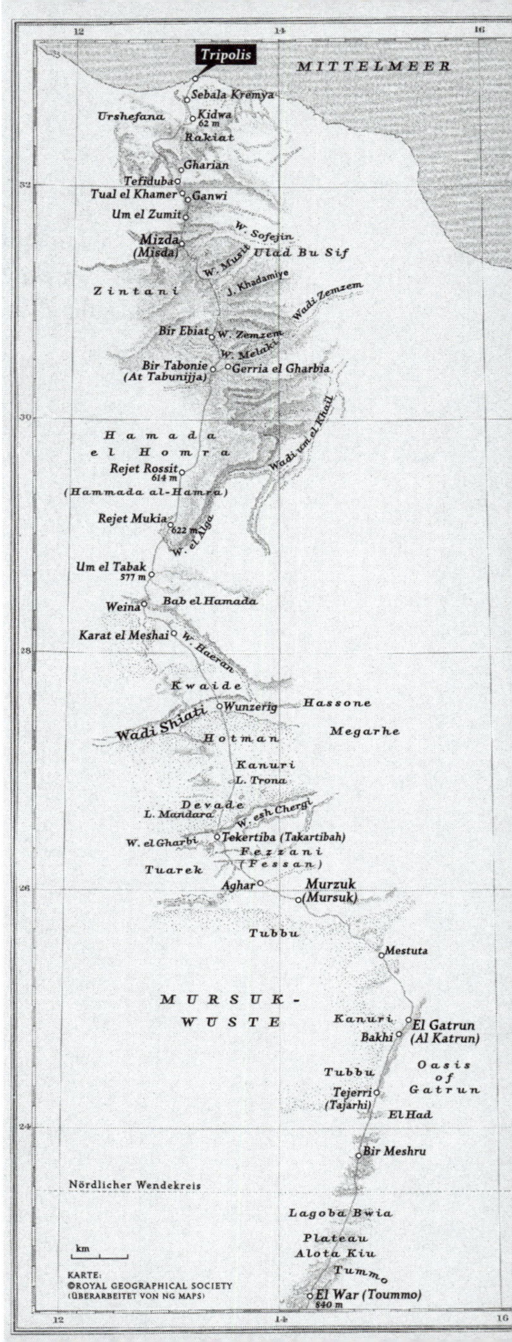

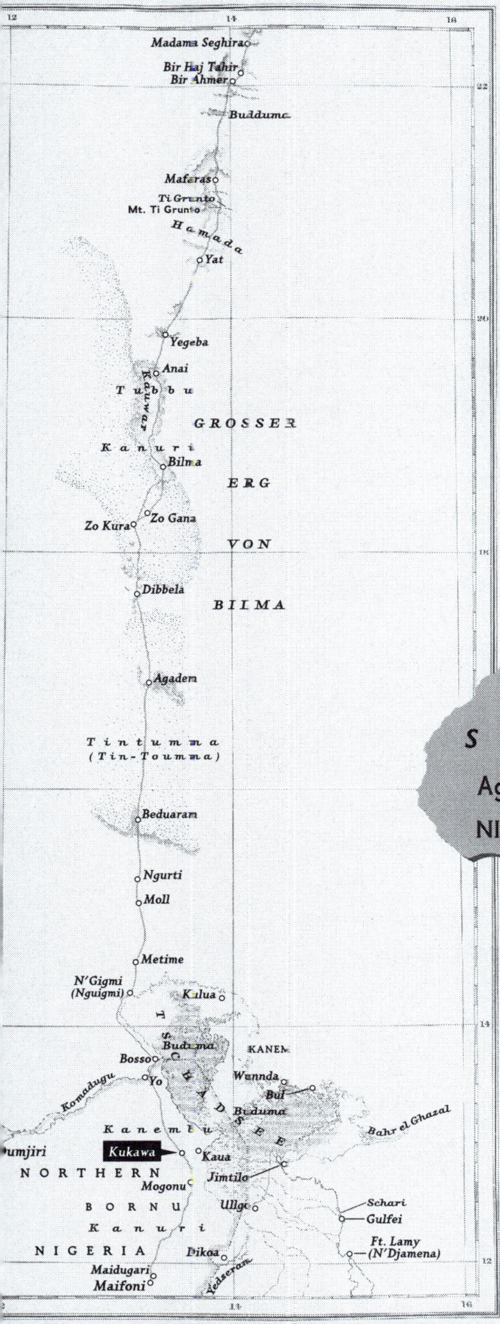

John Hare, 2001

Do what thy manhood bids thee do,
from none but self expect applause;
He noblest lives and noblest dies
who makes and keeps his self-made laws.

All other Life is living Death,
a world where none but phantoms dwell,
A breath, a wind, a sound, a voice,
a tinkling of the camel bell.

[...]

Wend now thy way with brow serene,
fear not thy humble tale to tell:
The whispers of the Desert-wind;
the tinkling of the camel's bell.

The Kasidah of Haji Abdu El-Yezdi
Richard Francis Burton

Inhalt

I

»Wer nicht reist, kennt den Wert des Menschen nicht.«

IBN BATTUTA

Es war die schlichte Skizze eines verlassenen Kamels. Als ich sie betrachtete, fühlte ich mich unwillkürlich in die kahle, raue und extrem unwirtliche Landschaft der Hamada el Homra zurückversetzt, der »roten Wildnis« Libyens. Ein gewaltiges, mit spitzen Steinen übersätes, baumloses Felsplateau, das sich knapp 290 Kilometer von Nord nach Süd und fast 580 Kilometer von Ost nach West erstreckt. Es gibt dort weder Wasser noch Pflanzen, nur einen bitterkalten Nordostwind, der stetig darüber hinwegfegt. Diese letzte große Hürde lag damals noch vor uns, bevor wir Mizda im Norden Libyens erreichten – die letzte Herausforderung auf unserer dreieinhalb Monate dauernden Kamelreise durch die Sahara. Angeblich war die Wüste Hamada el Homra »die schwierigste von allen Wüsten der Sahara ... wo Rufe und Gelächter verstummen und sich die menschliche Stimme verliert«.

Das Kamel kümmert es offensichtlich nicht mehr, dass es von seinen Gefährten im Stich gelassen wird. Es steht einfach nur da, eine einsame, hoffnungslose Gestalt, die auf den unentrinnbaren Tod wartet. Die Skizze mit dem Titel »Krankes, allein in der Hamada zurückgelassenes Kamel« wurde 1906 von Hanns Vischer angefertigt. Er schildert die Szene wie folgt:

> Als wir die Hamada durchquerten, wurde eines unserer Kamele krank und musste zurückgelassen werden. Ich kann mir keinen mitleiderregenderen Anblick vorstellen als den dieses Tieres, wie es reglos dastand, der Karawane nachblickte und

immer kleiner wurde, bis es nur noch ein winziger Punkt in der Landschaft war und kurz darauf ganz hinter dem Horizont verschwand.

Fast hundert Jahre später hatten auch wir am 25. Januar 2002 in der »roten Wüste« ein Kamel dabei, das von der 2400 Kilometer langen Reise vollkommen erschöpft war. Ich hoffte inständig, es würde durchhalten. Wenn wir erst einmal der eisigen Umarmung der Hamada entkommen waren, konnten wir es vielleicht dazu bringen weiterzugehen. Am Brunnen von Bir Tabonie würden wir von üppiger Vegetation umgeben sein; das Kamel könnte fressen, sich ausruhen und hoffentlich wieder zu Kräften kommen. Aber hier in dieser erbarmungslosen Einöde, fünf harte, zermürbende Tagesmärsche vom Steilabbruch der Hochebene entfernt, war die Situation aussichtslos.

Wir hatten ihm eine Art Stiefel für die gerissenen, geschwollenen Füße gebastelt: zuerst aus Schaffell, das innerhalb eines Tages von den messerscharfen Steinen zerschlitzt wurde, dann aus dem robusten Schlauch eines Lkw-Reifens. Damit blieb das Kamel noch zwei Tage in Bewegung, doch dann wurde es von vollkommener Erschöpfung übermannt. Es wollte einfach nicht weitergehen. Was nun kam, fiel mir unglaublich schwer, aber ich wusste auch, dass wir keine andere Wahl hatten. Also entließen wir das arme Geschöpf, das uns so treu gedient hatte, in sein unvermeidliches Ende.

Als Hanns Vischer die gleiche Reise fast 100 Jahre vorher unternahm, verlor er seinem Bericht zufolge über 30 Kamele. Allerdings hatte er eine stattliche Anzahl der Tiere dabei, wir dagegen nur 25. Dennoch fühlte ich mich von der kleinen Skizze, die mir sein Sohn an einem herrlichen Frühlingstag in einem Appartement mit Blick auf den Regent's Park zeigte, tief bewegt. Vor mehr als 25 Jahren hatte ich Hanns Vischers Buch entdeckt und daraufhin den Entschluss gefasst, seine Reise aus dem Jahr 1906 eines Tages selbst zu unternehmen. Sein Buch faszinierte mich, denn es berichtete von ausgedehnten, unbarmherzigen Wüsten, in denen man tagelang kein Wasser fand und es nur wenige, weit auseinander liegende Oasen gab. Ich gewann einen überwältigenden Eindruck von der erstaunlichen Fähigkeit der Kamele, in der unwirtlichsten Umgebung und auf der längsten Reise zu überleben. Das Buch erzählte von feindlichen Stämmen und plündernden Tuareg, und das alles mit großer Bescheidenheit, wenn man die beachtliche Leistung der Reisenden bedenkt: Sie brachten befreite Sklaven und gestrandete Pilger aus Tripolis über eine alte Kamelroute in ihre sichere nigerianische Heimat zurück.

Wer schon einmal im Norden Nigerias war, wird nicht überrascht sein, dass die bevorzugten Sklaven Hausa waren – die Männer wegen ihrer Geschicklichkeit und Intelligenz, die Frauen wegen ihres Aussehens. Vischer folgte der Tripolis-Murzuk-Route in Richtung Bornu, auf der große Mengen Salz aus der Oasenstadt Bilma nach Niger transportiert wurden und noch immer transportiert werden. Doch bis zum Ende des 19. Jahrhunderts diente sie hauptsächlich als Sklavenroute, und in den späten 1850er Jahren machten die Sklaven sogar mehr als zwei Drittel des Warenwerts aus, mit dem die Karawanen regelmäßig auf dieser Strecke verkehrten.

Jeder Europäer, der diese blutbefleckte Strecke im 19. Jahrhundert bereiste, beschrieb voller Entsetzen die unzähligen menschlichen Knochen, von denen sie gesäumt war. Meistens gehörten sie jungen Frauen und Mädchen, und um die Brunnen herum fanden sich besonders viele – ein Zeichen dafür, dass der letzte verzweifelte Versuch, das Wasser zu erreichen, häufig zum Tod durch Erschöpfung geführt hatte. Nur die kräftigsten Sklaven überlebten den Marsch durch die Wüste, und selbst sie sahen bei der Ankunft in Murzuk im Südwesten Libyens kaum besser als wandelnde Skelette aus. Hier sollten sie sich ausruhen und an Gewicht zulegen, damit sie auf dem Markt in Tripolis verkauft werden konnten. Mit einem Sklaven in erstklassigem Zustand erzielte man hier laut dem Forscher Major Dixon Denham einen Gewinn von 500 Prozent. So konnten es sich die Händler leisten, 80 Prozent ihrer menschlichen Fracht während der Reise zu verlieren. Sie machten trotzdem Profit. Daher die vielen Skelette in der Wüste. Heute liegen noch immer unzählige Knochen am Wegesrand: sonnengebleichte Kamelgerippe. Dennoch ist diese Strecke eine von drei wichtigen Kamelrouten durch die Sahara und muss zu den ältesten Straßen der Welt gerechnet werden.

Auf der Strecke gibt es lange Abschnitte ohne Wasser, die die Karawanen auf eigene Gefahr durchziehen. Größer als die Gefahr ist jedoch die Gewissheit, Wasser und Gras dort zu finden, wo man es erwartet. Das allein zählte, und so ließen sich die mühsam vorwärts kommenden Karawanen weder durch Krieg noch durch Erpressung oder kolonialen Imperialismus davon abbringen, diese Wüstenstraße zu benutzen. Statt Sklaven bringen die Karawanen heute Kamele nach Libyen, um die dort herrschende Vorliebe für deren Fleisch zu befriedigen. Daher wird diese Kamelstraße trotz der Erfindung des Verbrennungsmotors immer noch genutzt.

Vor Vischer hatte seit 1892 kein Europäer mehr diesen traditionellen, von Überresten altrömischen Verkehrs geprägten Handelsweg bereist, der von Tripolis durch die Sahara zum Tschadsee führt. Hornemann war 1800 nach Bornu unterwegs und starb im darauf folgenden Jahr. Sein Begleiter Freudenberg kam in Murzuk um, der Hauptstadt des fruchtbaren Fessan in der Mitte Libyens, und hier starb auch Ritchie knapp zwanzig Jahre später. 1822 bis 1823 durchquerten Denham, Clapperton und Oudney die Sahara, und Oudney starb. Danach unternahm erst Richardson 1845 wieder einen Versuch und 1850 einen zweiten mit Barth und Overweg. Nach der

Durchquerung starben sowohl Richardson als auch Overweg an den Strapazen der Reise oder aber dem Klima von Niger Vogel war das nächste Opfer: Er fand Barth, wurde jedoch später umgebracht; ebenso Beurmann, der Nachforschungen über ihn anstellte. Nur Barth überlebte und hinterließ eine Schilderung seiner Reisen und Entdeckungen, die manch einer als exzellentes Reisetagebuch betrachtet. Die Niederländerin Alexandrine Tinne wurde von den Tuareg 1869 in Murzuk heimtückisch ermordet, und der deutsche Forscher Nachtigal wurde im selben Jahr aus dem Tibesti-Gebiet vertrieben. Barry hauchte sein Leben aus, nachdem er 1877 über Murzuk nach Ghat gereist war. Keine ermutigende Vorgeschichte. Die türkischen Behörden, die zu jener Zeit das heutige Libyen regierten, warnten Hanns Vischer mehrmals, dass man ihn sicher ermorden werde, und alle anderen schienen der gleichen Ansicht zu sein. An viele Namen der frühen Saharaforscher erinnert man sich noch heute, doch Vischer, der als Forscher 1909 von der Zeitschrift *Illustrated London News* sogar mit Shackleton verglichen wurde, ist ein vergessener Held. Daher wollte ich mit meiner Reise auch sein Andenken auffrischen. Denn während andere Saharaforscher seiner Zeit und früherer Zeiten noch heute verehrt werden, sind der Name Hanns Vischer und seine vielen und mannigfachen Errungenschaften größtenteils vergessen. Außerdem wollte ich unbedingt meinen persönlichen Feldzug zur Rettung des wilden Zweihöckrigen Kamels in China und der Mongolei, einer akut vom Aussterben bedrohten Spezies, publik machen. Kultur, Religion und eine riesige Entfernung trennen zwar die Sahara und die Gobi voneinander, doch das Kamel stellt eine Verbindung zwischen beiden dar, ob es nun einen Höcker hat oder zwei.

Wer also war Hanns Vischer? Er kam 1876 in Basel zur Welt, doch die starken evangelischen Überzeugungen seiner Familie veranlassten ihn, als Missionar der Church Missionary Society ins Hausaland zu gehen. Nach zwei Jahren hatte er in Bezug auf die Bildungsabsichten der CMS gegenüber Afrikanern jegliche Illusion verloren und beschloss, britischer Staatsbürger zu werden und in den Colonial Administrative Service einzutreten. Nachdem er mehrere Jahre in der Verwaltung gearbeitet hatte, bat Vischer darum, in die Abteilung für Bildungsangelegenheiten versetzt zu werden. Dort entwickelte er ein System, dem zufolge die Bildung und Erziehung der Nordnigerianer innerhalb ihrer eigenen Kultur stattfinden sollte. So betonte er, der Lehrer »darf die Feinheiten des überlieferten Erbes seiner Schüler nicht schwächen, indem er ihnen ein Bildungssystem aufzwingt, das nichts mit ihrer Vergangenheit zu tun hat«. Mit anderen Worten, die Bewohner des nördlichen Nigeria sollten eine Ausbildung unter gebührender Berücksichtigung ihrer eigenen Religion und ihres eigenen kulturellen Hintergrunds und nicht nach den kulturellen Maßstäben eines fremden Volkes erhalten.

Dies war damals eine vollkommen neue und höchst umstrittene Auffassung, doch ihr großer Erfolg im Norden Nigerias brachte Vischer hohes Ansehen in Bildungsangelegenheiten bei der britischen Regierung und den Ritterschlag ein. Sein Lehmhaus *Gidan dan Hausa* steht bis zum heutigen Tag in der Stadt Kano. Gut gepflegt und kürzlich erst restauriert, symbolisiert es die Zuneigung, die die Nordnigerianer gegenüber einem Mann hegten und noch hegen, dem man nachsagte, »in fünf Ländern als Einheimischer durchgehen« zu können, wenn man ihn entsprechend kleidete. Beim Lesen seines Buches merkt man schnell, dass er instinktiv nach dem weisen Satz eines alten Jesuitenpaters handelte: »Es ist wunderbar, wie viel Gutes ein Mensch auf der Welt tun kann, wenn er keine Anerkennung dafür erheischen will.«

Auf seiner Reise durch die Wüste stellte Hanns Vischer in seiner Karawane die wohl explosivste Mischung an Teilnehmern zusammen, die er auftreiben konnte: Da waren die Mekka-Pilger, die unbedingt in ihre Heimat im nördlichen Nigeria begleitet werden wollten; die befreiten Sklaven, die seine bewaffnete Eskorte hätten sein sollen, häufiger aber selbst eskortiert werden mussten; aufrührerische, hinterhältige Tubu aus Niger sowie hochmütige arabische Kameltreiber, die Schwarze als Dreck und Christen als guten Brennstoff fürs Höllenfeuer ansahen. Da war der alte Alhaji Abdu, der unter General Gordon in Khartum als Unteroffizier gedient und »viele Kämpfe in vielen Ländern erlebt hatte, nachdem er ungefähr 60 Jahre zuvor als junger Sklave von Bornu nach Oberägypten gebracht worden war«. »Ich habe unter Gordon Pascha gedient«, verkündete er. »Jetzt haben Sie die Pflicht, sich um mich zu kümmern und mich und meine Frau nach Bornu zurückzubringen.«

Da waren die betagte Fatima und ihr Sohn Alhaji Zaid: »Der Mut der alten Dame und die Treue und Wüstenkenntnis ihres Sohnes retteten praktisch die ganze Karawane.« Tatsächlich war sie eine unheimliche alte Hexe und »jagte den Männern eine Heidenangst ein«. Wenn sie »ihren langen, harten Stock über den Köpfen ihrer Begleiter schwang«, hatte sie etwas Majestätisches an sich: »Selbst stärkere und höher stehende Männer hätten vor dieser langen, dünnen Erscheinung, dem schmalen Gesicht mit dem rot gefärbten Haar und dem ungehemmten Redefluss gezittert, der die Zuhörer auszudörren schien wie ein Feuer und sich selbst vom größten Lärm nicht übertönen ließ.« Dann war da Hauwa, eine riesige Frau aus Bagirmi, die die Gabe der Weissagung besaß. Sie bekam heftige Krämpfe, wenn der Geist von ihr Besitz ergriff, und gab dann die gespenstischsten Laute von sich. Vier Männer mussten sie festhalten, bis sie ihre Prophezeiungen ausgesprochen hatte. Aufgrund einer stillschweigenden Vereinbarung mit Vischer nahm ihre Gabe allerdings bald einen versöhnlicheren Klang an, als sie herausfand, dass positive Prophezeiungen mit Tee und Zucker belohnt wurden. Als der Führer und die Tubu-Kameltreiber, die in Murzuk zur Karawane gestoßen waren, einen heimtückischen Überfall mit den Tuareg planten, bei dem Vischer ganz nebenbei ums Leben kommen sollte, erwiesen sich ihre Weissagungen als höchst wertvoll:

> Dann tat sich die gute, große Prophetin Hauwa tapfer hervor und meisterte die Lage mit einer eindrucksvollen Heimsuchung aus der Unterwelt. Sogar Marabut Senussi [der Führer] zitterte vor Angst, als die riesige Frau wie ein Stier brüllte und lauthals verkündete, dass sie vom Satan besessen sei. Mit vielen »Allah Akbar« und »Allah Kerim« trugen Ehemann und Freunde die sich windende Gestalt in ein Zelt, wo das Geschrei beträchtlich anschwoll. Eskorte und Pilger konnten das riesige Geschöpf nur mit vereinten Kräften festhalten. Es schien, als würden alle Geister der Hölle an diesem Körper zerren ... Bald darauf tauchte ein Mann aus dem Zelt auf und bat mich herein, denn der Teufel habe mehrmals meinen Namen genannt. Ich betrat das Zelt und erlebte ein höchst sonderbares Schauspiel. Ausgestreckt auf dem Boden lag Hauwa mit verdrehten Augen und Schaum vor dem Mund und fauchte wie eine riesige wütende Katze. Der Ehemann und die Freunde saßen oder knieten auf ihrer Brust, ihren Armen und ihren Beinen und hielten sich fest wie Affen bei einem Gewitter, während der zuckende und zappelnde Körper sie abzuwerfen versuchte. Einer der Männer schlug eine Trommel, und die ganze ehrfürchtige Versammlung beugte und wiegte sich im Rhythmus ... Hauwa rief mich zu sich, und dann sagte oder besser wimmerte sie in stockenden Sätzen: »Du bist ein Nasarani (ein Christ), du bist ein Geschöpf Gottes, dir wird kein Leid geschehen und auch sonst niemandem. Iss nichts, was diese Tubu dir geben, schlaf nicht und leg das Gewehr nicht aus der Hand ...« Die Nacht brach herein, und die fröhliche

> Stimmung kehrte ins Lager zurück. Ein üppiges Abendessen wurde zubereitet, und natürlich versäumte ich es nicht, Hauwa viel Zucker und Tee zukommen zu lassen. Wie eh und je wurden die Trommeln herausgeholt, und ohne sich um Tubu oder Tuareg zu scheren, tanzten die Männer, Bagirmi, Pilger und alle anderen, bis spät in die Nacht. Hauwa hatte mit ihren Weissagungen mehr erreicht, als es tausend Drohungen oder Versprechungen meinerseits gekonnt hätten.

Vischer stellte fest, dass »die Verantwortung, die ich gegenüber meiner kleinen Familie übernommen hatte, häufig die Freuden des herrlich unbeschwerten Wüstenlebens schmälerte«. Die Araber und die Afrikaner waren ständig kurz davor, sich gegenseitig zu erschießen. Auch vom Temperament seiner »schwarzen Ladys« hatte er zu Beginn der Reise keine Ahnung. Ihre Ausdrucksweise war einzigartig, wenn sie wütend wurden, und dazu brauchte es nicht viel.

> Kämpfe unter den schwarzen Schwestern waren immer wieder an der Tagesordnung. Kein Marsch war zu lang, keine Straße zu anstrengend – sobald sie das Lager erreicht hatten, konnte es losgehen. Die Stöcke wurden von den Ehemännern ausgesucht, und sie achteten darauf, schwere zu nehmen: »Das reinigt das Blut«, wie es hieß. Wenn das erschöpfte Lager dann in der stillen Wüstennacht ein paar Stunden schlafen wollte, vernahm man plötzlich hohe Stimmen, die einen Schwall von Schimpfwörtern ausstießen. Dann folgte eine Reihe regelmäßiger, schwerer, wohl platzierter Schläge, die nachließen, wenn die dicken Muskeln schwächer wurden und sich die Gemüter wieder beruhigten. Am nächsten Morgen war jede Feindseligkeit verschwunden, und für den Rest des Tages wurden alle Einzelheiten und Stadien des Kampfes

> unter dröhnendem Gelächter heiß diskutiert ... Es ist typisch für einen Afrikaner, am Ende immer über eine Sache lachen zu können, und das macht ihn trotz all seiner Fehler zu einem wunderbaren Reisegefährten ... Ich habe alte Männer erlebt, die sich am Hals ihres Pferdes festklammerten oder buchstäblich von ihrem Kamel herunterfielen, weil sie über einen Witz lachten, den sie vielleicht vor zwanzig Minuten gehört hatten.

Vischer, seine abenteuerliche Reise, seine ungestümen Reisegefährten und seine ansteckende Begeisterung inspirierten mich. Als er seinen Posten als Verwaltungsbeamter in Kukawa verließ und seinen Urlaub in England antrat, holte er dort vom British Colonial Office die Erlaubnis ein, auf dem Landweg auf seinen Posten zurückkehren zu dürfen, anstatt den üblichen Seeweg nach Lagos zu nehmen und Bornu dann von Süden her zu erreichen. So reiste er von Tripolis in Libyen nach Kukawa am Ufer des Tschadsees, der damaligen Hauptstadt des Kanuri-Reiches Bornu im Norden Nigerias. Als Vischer nach einer äußerst erfolgreichen und aufregenden Reise sein Ziel erreicht hatte, wurde er rastlos. Der Ruf der Wüste war verlockend, und so bat er seinen Vorgesetzten beim Northern Nigerian Political Service, ob er die Reise in umgekehrter Richtung von Süden nach Norden unternehmen dürfe. Am 19. September 1907 erhielt er die knappe, aber wenig überraschende Antwort:

> Sehr geehrter Herr Vischer,
> ich nehme Bezug auf Ihr gestriges Schreiben ...
> Dies ist nur eine von vielen Angelegenheiten, in denen ich nicht Ihrer Meinung bin. Ich habe über Sie Bericht erstattet und weise darauf hin, dass Sie hiermit eine erste Abmahnung erhalten, denn ich ziehe es vor, wenn meine Angestellten der

Arbeit nachgehen, für die sie bezahlt werden, anstatt nach persönlichem Ruhm zu trachten und fremde Gebiete zu erforschen. Ich bin zuerst Regierungsvertreter [Provinzbeauftragter im Northern Nigerian Political Service] und dann erst Mitglied der Royal Geographical Society. Wenn Sie die Reise unbedingt machen wollen, sollten Sie kündigen und Ihr Amt an einen Mitarbeiter abtreten, der mit dieser Aufgabe zufrieden ist. Harte Worte, aber ich halte die Zügel gern selbst in der Hand.

Mit freundlichen Grüßen,

W.P. Hewby

Fast 100 Jahre später wollte ich ebenfalls gern die Zügel selbst in der Hand halten und die Reise unternehmen, die Vischer versagt geblieben war.

Heutzutage können viele Leute nur schwer verstehen, warum sich jemand mit ganzem Herzen zu Nordnigeria hingezogen fühlen kann. Sie sehen Nigeria als korruptes, von Gangstern und Drogen verseuchtes Land, das seinen potenziellen Ölreichtum für kurzfristige Profite opfert und dessen Hauptstadt Lagos zu den gefährlichsten Städten der Welt zählt. Ich jedoch lebte in meiner Jugend im Norden des Landes, wo ich einige der glücklichsten und fruchtbarsten Jahre meines Lebens in abgelegenen, schwer erreichbaren Gegenden verbrachte. Ich lernte die Hausa und die sesshaften und nomadischen Fulbe-Völker kennen. Der Norden war für mich eine eigene Kultur, Lichtjahre von den sündigen Großstädten des Südens entfernt, und so verhielt es sich auch.

Doch die Vergangenheit ist ein anderes Land, und das ist mir nur allzu schmerzlich bewusst.

»That is the land of lost content – I see it shining plain. The happy highways where I went, and cannot come again.«

Die Kamelstraße durch die Wüste in nördlicher Richtung war eine ganz andere Sache. Diesen Weg hatte ich noch nie beschritten. Die Kanuri, die in Borno leben, kannte ich nicht, und dennoch hatte ich nach fast 40 Jahren Abwesenheit das Gefühl, mich noch einmal auf das Buschleben und Reisen in Nordnigeria einlassen zu können. Aber was war mit Niger, diesem riesigen, dünn besiedelten Land, das sich quer über die Sahara erstreckt, und wie würde Gaddafis Libyen reagieren? Dort lauerten die größeren Schwierigkeiten, und ich wusste, wenn es die Mittel zuließen, würde ein Erkundungsbesuch in beiden Ländern unerlässlich sein.

Der britische Botschafter in Tripolis hatte mein Gesuch um die Erlaubnis für eine Kamelreise von Süden nach Norden an die libyschen Behörden weitergeleitet. Nach einer bangen Wartezeit von einem halben Jahr erfuhr ich, dass die Genehmigung überraschend erteilt worden sei. Ich wollte keine Zeit verlieren und reiste daher sofort, im Frühjahr 2001, nach Tripolis.

Der libysche Sicherheitsdienst hatte mich angewiesen, alle verwaltungstechnischen Angelegenheiten mit einem Herrn Mustafa Tarhuni vom Reisebüro Sukra Travel zu regeln. Offensichtlich besaß Mustafa einen guten Draht zu Regierungskreisen, daher stattete ich ihm zusammen mit Bridget Brind, der Zweiten Botschaftssekretärin, einen Besuch in seinem schäbigen Büro in Tripolis ab.

»Ich tue alles, was Sie wollen«, erklärte Mustafa in perfektem Englisch. »Wirklich alles. Wenn Sie Kamele leihen wollen, treibe ich sie für Sie auf. Zelte, jede Art von Ausrüstung, all das kann ich beschaffen.« Während er sprach, sah ich die Dollarzeichen in seinen Augen aufleuchten.

Richard Dalton, der britische Botschafter, hatte mich gewarnt, dass Libyen für einen Ausländer sehr teuer werden könne. »Wenn Sie ein Budget veranschlagt haben«, riet er mir lächelnd, »schlage ich vor, Sie verdoppeln es.«

Ich sprach von Einladungen und Visa, die wir brauchten, um ins Land zu gelangen, was in Libyen ein Problem darstellte. Doch der gerissene Mustafa rieb sich voller Vorfreude die Hände und versicherte mir, das sei »absolut kein Problem«, weder für mich noch für meine Reisegefährten. Richard Dalton hatte mir auch geraten, mich in diesem Punkt von der Botschaft zu distanzieren. »Wenn es so aussieht, als stünden Sie mit dem Außenministerium in allzu enger Verbindung, könnten die libyschen Behörden argwöhnen, Sie hätten tiefere Beweggründe.«

In der nigerianischen Botschaft brauchte ich zum Glück keine Distanz zu wahren. Zu meiner Freude entpuppte sich Lawan Gana Guba, der nigerianische Botschafter in Libyen, als Kanuri aus Borno. Er war jung, lebhaft und begeisterungsfähig.

»Ich würde Sie zu gern begleiten«, sagte er eifrig. »Vielleicht komme ich mit. Würden Sie mich mitnehmen?«

»Natürlich. Ich nehme Sie sofort unter Vertrag.«

Er lachte. »Fahren Sie zunächst einmal nach Maiduguri, bevor es losgeht?«

»Ja.«

»Dann besuchen Sie den Gouverneur, er ist ein guter Mann, und auch den Shehu, er sollte ebenfalls über Ihre Pläne informiert werden. Außerdem wäre es gut, wenn Sie bei Professor Kari Tijjani im Trans-Saharan Centre vorbeischauen. Er wird sich sehr für Ihr Vorhaben interessieren, auch wenn Sie mal Verwaltungsbeamter waren und er der größte Marxist von Nigeria.«

Als ich ihm versicherte, dass der libysche Sicherheitsdienst die Reise genehmigt hatte, antwortete er: »Das ist sehr gut. Das heißt, Gaddafi weiß über Ihre Pläne Bescheid.«

»Tatsächlich?«

»Ja, wenn der Sicherheitsdienst zugestimmt hat, muss er Bescheid wissen.«

Der Botschafter geleitete mich hinaus und lieh mir seinen persönlichen Chauffeur. Als ich ihn verließ, hatte ich das Gefühl, unverhofft einen wichtigen Verbündeten gefunden zu haben.

In Libyen hatte ich auch zusätzliche Gelder auftreiben wollen, vor allem nach dem, was ich vom britischen Botschafter erfahren hatte. Doch obwohl ich zu einer Gesellschaft in der Botschaft eingeladen wurde, die für die britische Geschäftswelt gegeben wurde, hatte ich kein Glück. Die paar britischen Firmen, die in Libyen tätig waren, verspürten wenig Lust, einen 2400 Kilometer langen Kamelmarsch durch den Saharasand oder ein vom Aussterben bedrohtes wildes Zweihöckriges Kamel in China zu unterstützen. Die meisten von ihnen mussten selbst ums Überleben kämpfen. Mein einziger materieller Erfolg bestand darin, dass mir ein freundlicher australischer Unternehmer aus der Ölbranche einen Satz maßstabsgetreuer Landkarten schenkte, die bis ins Detail unsere geplante Kamelroute durch Südlibyen abdeckten. Bevor ich ging, erwies mir Bridget Brind außerdem unwissentlich einen guten Dienst, denn durch sie lernte ich einen netten, redseligen Taxifahrer namens Ahmed Gaddafi kennen, der auch des Englischen mächtig war.

Ich erklärte Ahmed, dass ich in umgekehrter Richtung die Reise eines Briten wiederholen wolle, die dieser vor 100 Jahren von Tripolis nach Kukawa unternommen hatte.

»Vor allem würde ich gern das Judentor sehen, das aus den alten Stadtmauern herausführt«, fügte ich hinzu. »Und den Platz von Bumeliana, wo Vischer zum ersten Mal mit seinen Kamelen und den befreiten Sklaven zwischen den Dattelpalmen kampiert hat.«

»Kein Problem«, erwiderte Ahmed fröhlich. »Ich kenne den Platz, weiß aber nicht genau, wo das Judentor steht. Ein Freund von mir ist Historiker und wohnt in der Altstadt. Er kann uns helfen.«

Mit lautem Gehupe brachte mich Ahmed flugs in die Altstadt, um seinem Freund einen Besuch abzustatten. Er wohnte in einem hohen, schmalen Haus aus dem 19. Jahrhundert, das an einem großen, leeren Platz lag. Zu unserem Glück war er zu Hause. Klein und mit dunklem Spitzbart, trug er ein langes, wallendes Gewand mit passendem, lässig aufgesetzten Turban. Wie Ahmed besaß er einen ausgeprägten Sinn für Humor. Nachdem er seinem Freund höflich zugehört hatte, brach er in schallendes Gelächter aus.

»Das jüdische Viertel. Das Judentor. Sie haben es bereits gefunden.« Er breitete die Arme aus, grinste uns an und entblößte dabei seine Goldkronen auf den Zähnen.

»Es ist hier. Es heißt jetzt zwar nicht mehr so, aber es ist dennoch hier.«

»Aber hier ist doch nichts«, wandte ich ein. »Nur ein leerer Platz.«

»Richtig. Alle Juden wurden in den 1970er Jahren rausgeworfen. Ihre Häuser wurden dem Erdboden gleichgemacht. Nur die Synagoge ist geblieben.«

Er zeigte auf das einzelne, baufällige große Haus, das man fest mit Brettern vernagelt hatte. Ich schlenderte zur Synagoge hinüber. Das Dach war fast verschwunden, doch als ich durch eine Ritze zwischen zwei Brettern hineinblickte, konnte ich gerade so erahnen, dass dies einmal ein Gotteshaus gewesen sein musste.

»Und das Tor?«

»Kommen Sie, ich führe Sie hindurch.«

Wir schritten durch ein Tor, das früher wohl zur alten Stadtmauer gehört hatte. Die Mauer war größtenteils verfallen, doch das Tor war erhalten geblieben. Als ich auf die belebte Straße hinaustrat, wo es von Autos und Menschen wimmelte, verschlug es mir den Atem. Vischer hatte jedes Kapitel seines Buches mit kleinen Skizzen als Vignetten begonnen. Über dem ersten Kapitel ist eine Federzeichnung des Judentors abgebildet. Wenn man an der richtigen Stelle stand und Verkehr und Straßenbelag außer Acht ließ, hatte man genau den Blick aus Vischers Zeichnung vor Augen, wie ich zu meiner großen Erleichterung feststellte. Aus irgendeinem Grund machte mich das unglaublich glücklich.

Wir fuhren weiter zum Platz von Bumeliana, der etwa acht Kilometer von der Altstadt entfernt liegt und noch immer eine große freie Fläche umfasst. Sogar ein paar alte Dattelpalmen standen noch, so wie Vischer sie beschrieben hatte, doch mir war sofort klar, dass ich keine Kamele hierher bringen konnte. Lastwagen und Pkws brausten auf vier Seiten an Vischers ehemaligem Lagerplatz vorbei. Eine einsame Oase, umgeben von den Gräueln unserer Zeit und umwölkt von Abgasen und Schmutz. Die Dattelpalmen ließen traurig die Köpfe hängen. Bumeliana im Jahr 2001 war definitiv nichts für Kamele.

Dennoch hatte mich die Entdeckung am Tor optimistisch gestimmt. Ich hatte das Gefühl, ganz sachte in die richtige Richtung geschoben worden zu sein, und es konnte nur Gutes verheißen, wenn dies durch einen Gaddafi geschehen war. Ich musste immer noch Niger und Nigeria erkunden, doch das Geld war knapp. Dann kam mir Vischer selbst zu Hilfe: Wieder zu Hause, stieß ich zufällig auf die Bradshaw Foundation, die die Erforschung primitiver Felsmalereien fördert. Vischer hatte sich in Niger die Zeit genommen, einige abzuzeichnen, daher versprach mir die Stiftung 3000 Dollar für Neuigkeiten über jede unbekannte Felsmalerei, die ich auf meiner Reise für ihre Website entdecken würde. Ich war begeistert. Jetzt konnte ich mit den wichtigsten Vorbereitungen fortfahren.

Die Stiftung tat mir einen weiteren Gefallen, indem sie mich dem Tuareg-Stammesoberhaupt und Reiseunternehmer Sidi Mohammed Illes vorstellte. Er hielt sich gerade mit Charlie Rappoport, seinem französischen Geschäftspartner, in London auf.

Charlie – rundlich, liebenswürdig, Ende 30 und mit einem alten T-Shirt und Shorts bekleidet – tappte barfuß in die Küche. *»Fear Woman, Live Long«* stand in riesigen knallgrünen Lettern hinten auf seinem T-Shirt. Vorn war ein schäumendes Glas Guinness abgebildet, unter dem der Slogan *»Guinness for Power«* zu lesen war. Ich lächelte. Das musste der Franzose Charlie Rappoport sein. Der Reiseveranstalter mit westafrikanischem Hintergrund, der sich in Irland niedergelassen hatte. Das T-Shirt sagte alles.

Sidi hockte im Schneidersitz mitten auf dem Wohnzimmerteppich. Er trug ein knöchellanges, von der Reise etwas verschmutztes cremefarbenes Tuareg-Gewand und einen dunkelblauen Turban darüber. Vor ihm stand eine riesige Schüssel Couscous.

»Ich hab ein Jahr gebraucht, um ein Visum für London zu bekommen«, rief er und schaufelte sich einen randvollen Löffel Couscous in den Mund. »Können Sie sich das vorstellen? Ein Visum für Niger bekommt man schneller.« Er wischte sich den Mund mit dem Handrücken ab. »Und dann bin ich endlich hier und muss feststellen, dass die Straßen voller Sklaven sind. Ich verstehe euch Engländer nicht. Warum lasst ihr sie alle rein? So etwas habe ich noch nie erlebt. Ihr müsst alle verrückt sein.«

Ich begriff, dass Sidi zum ersten Mal in London war. Er war dünn und hatte strubbeliges, angegrautes schwarzes Haar, rastlose Augen und ein schiefes Grinsen. Anscheinend hatte er sich mindestens vier Tage nicht rasiert. Ich nahm seine ausgestreckte Hand und hockte mich vor ihn hin.

»Kana lafiya?«, fragte ich und begrüßte Sidi auf Hausa.

»Ah, Sie sprechen Hausa. Wunderbar. Mein Englisch ist schlecht, stimmt's, Charlie?« Sidi grinste mich spitzbübisch an. »Nicht, dass ich besonders gern Hausa spreche. Das ist eine Sklavensprache.«

Ich machte große Augen. Noch nie hatte ich jemanden so reden hören.

»Sie müssen wissen, Mister John, dass ich ein vollblütiger Tuareg bin. Mein Großvater war ein mächtiges Stammesoberhaupt, lange bevor die Franzosen unser Land gestohlen haben. Ein Sklavenräuber, der Karawanen und Oasen ausplünderte, überall entlang der Straße, der Sie nun folgen wollen. Er war berühmt, allseits gefürchtet und sehr erfolgreich.« Sidi klopfte sich mit dem Löffel auf die Brust. »Und nun sehen Sie sich seinen nutzlosen Enkel an. Entscheiden Sie selbst, wie tief unsere stolze Familie gesunken ist. Was bin ich denn schon? Nichts als ein Handlanger für Touristen, der ihnen das Geld aus der Tasche zieht, damit sie sich in der Sonne vergnügen können. Welch Niedergang für das Oberhaupt eines Kriegergeschlechts. Mein Großvater würde mich verstoßen.«

Sidi senkte den Kopf und ließ den Löffel mit einem Klirren zu Boden fallen. Ohne Zweifel hätte er die Hauptrolle in manch einer Laientheateraufführung spielen können. Doch er war mir als ein Mann von Wort empfohlen worden, als jemand, der zwar ein harter Verhandlungspartner war, sich aber an jede Abmachung halten und mich nicht enttäuschen würde. Trotzdem war ich mir nicht ganz sicher, inwieweit ich diesem unorthodoxen Tuareg-Oberhaupt trauen konnte, der in seiner Jugend Freiheitskämpfer in Algerien gewesen war und der Großbritanniens Einwanderer offensichtlich größtenteils als Sklaven ansah.

Sidi unterbrach meine Gedanken. »Sie wollen also die Sahara mit Kamelen durchqueren?«

»So ist es.«

»Und Sie wollen die alte Kamelroute von Nigeria nach Tripolis benutzen?«

»Genau.«

Sidi lehnte sich zurück und stützte sich auf die Handteller. Zum ersten Mal schaute er mich direkt an. »Warum?«

»Weil ich es will«, erwiderte ich.

Über diese widersinnige Antwort musste er laut lachen. »Und ich soll für Sie Kamele auftreiben, die kräftig genug sind, um diese Reise zu überstehen?«

»Ja.«

Plötzlich setzte er sich demonstrativ auf und band sich den Turban fest um den Kopf. »Ihnen ist hoffentlich klar, dass das eine harte Reise wird, nicht nur für die Kamele, sondern auch für Sie. Diese Strecke hat schon lange kein Ausländer mehr bereist.«

»Ich weiß«, antwortete ich. »Meines Wissens war der letzte Ausländer, der die Route im Jahr 1906 benutzt hat, ein Brite. Zwei seiner Söhne, die beide über 80 sind, leben noch, und zwar in England. Er hieß Hanns Vischer.«

»Hanns Vis-ch-er.« Sidi sprach den Namen langsam nach. »Hanns Vis-ch-er«, wiederholte er. »War er ein Spion?«

»Nein«, widersprach ich entschieden. »Sein Spitzname war *Dan Hausa*, Sohn des Hausa-Volkes.«

»Sie meinen Sohn von Sklaven.« Sidi schaute mich schräg an.

Es war nicht allzu schwierig, Sidis Gedankengang zu folgen. Nachdem er mich taxiert hatte und zu dem Ergebnis gekommen war, dass ich vielleicht ein bisschen verrückt, aber durchaus entschlossen war, die Reise tatsächlich in Angriff zu nehmen, wandte er sich augenblicklich praktischen Dingen zu. Zum Beispiel Geld und wie viel er an mir verdienen konnte.

»Ein Kamel wird Sie 300 Pfund kosten, das ist der Preis für ein Lastkamel«, verkündete er und machte eine effekthascherische Pause. »Ein gutes Reitkamel kostet fast 200 Pfund mehr.«

»Ich brauche 16 Last- und neun Reitkamele, also 25 insgesamt.«

»Wollen Sie die Reise immer noch machen?«, fragte Sidi lachend.

»Natürlich.«

Sidi schob die Couscousschüssel beiseite und blickte mir direkt in die Augen. »Das ist sehr viel Geld«, stellte er fest.

»Das habe ich mitbekommen.«

»Dazu kommen noch die Kosten für meine Tuareg, die Sie begleiten werden, die Kosten für die Führer, die nicht billig sein werden, die Kosten für Seile und Sättel, die Kosten für Gras und Lebensmittel ...« Er verstummte. »Wollen Sie die Reise immer noch machen?«

»Ja.«

»Wenn das so ist, sollten wir uns in Agadez zusammensetzen und alle Einzelheiten besprechen. Können Sie in nächster Zeit nach Agadez kommen? Dann können wir uns gemeinsam ein paar Kamele ansehen. Und Sie können ein paar der Tuareg kennen lernen, die Sie begleiten werden. Wir können alles genau planen.«

»Ja.«

»Und wann?«

»Im August.« Ich gab mir drei kurze Monate Zeit, um sehr viel mehr Geld aufzutreiben.

Sidi sprang mit erstaunlicher Heiterkeit vom Boden auf. Er nahm meine Hand und schüttelte sie eifrig. »Wir werden Sie gebührend empfangen«, rief er. »Wir werden dafür sorgen, dass Sie sich bei uns wie zu Hause fühlen.«

Charlie hielt sich mit einem schwachen Lächeln im Hintergrund. Er verstand zwar kein Hausa, hatte aber genug gesehen und gehört, um zu wissen, dass Sidi mich eingewickelt hatte.

»Ich habe ein Fax«, erklärte Sidi, »und ein Telefon. Sie funktionieren fast nie, aber ich besitze sie. Lassen Sie mich so bald wie möglich wissen, wann Sie kommen. Falls Sie mich nicht erwischen, weiß Charlie, wo ich bin.«

Als ich das Haus verließ und in den hellen Sonnenschein des Maitages hinaustrat, klang mir Sidis *»Salut, mon grand voyageur«* noch in den Ohren.

Drei Monate später traf ich Sidi unter vollkommen anderen Umständen. Wir befanden uns auf einem von Lehmmauern eingefassten Grundstück in Agadez, der alten Stadt am Rande der Sahara in Niger. Hier räkelte er sich auf bunten Kissen und war von Höflingen umgeben. Strohmatten, die man nachlässig über Holzpfähle geworfen hatte, schützten ihn vor der grellen Mittagssonne. Das hier hatte nichts mit unserer Begegnung in London zu tun. Nun hatte ich Sidi das Tuareg-Oberhaupt vor mir, selbstsicher, mit Turban, der Anführer seines Klans. Es war heiß, sehr heiß, und mein Schwager Roddy, der mich auf diesem Erkundungstrip begleitete, schwitzte stark. Als bedeutender Musikkritiker, der keinerlei Erfahrungen mit Westafrika besaß, hatte sich Roddy Hals über Kopf in die Subsahara gestürzt. Er passte sich mühelos an.

»Willkommen, *Mister camel man*«, rief Sidi und erhob sich gemächlich aus den vielen Lederkissen. »Ist Ihr Flugzeug pünktlich in Niamey gelandet?«

»Ja. Und dadurch hatte ich Zeit, ein paar kleine maßstabsgetreue Karten aufzutreiben, die die gesamte Reise von Kukawa bis Al Katrun abdecken.«

Sidi lächelte flüchtig und runzelte die Stirn. »Sie können sich glücklich schätzen. Allah wacht über Sie. Diese Karten sind nicht leicht zu bekommen. Die Regierung glaubt, dass sie von Spionen benutzt werden könnten.«

Ich erzählte Sidi nicht, dass ich die Karten durch die freundliche Vermittlung eines Professors der Universität von Maiduguri erhalten hatte. Ebenso wenig verriet ich ihm, dass mir erst beim genaueren Studieren der Karten klar geworden war, was wir da vorhatten. An einigen Stellen löste sich die unklare Routenführung in einzelne Punkte auf, an anderen führte sie dicht an kleinen Felsformationen vorbei. Die eingezeichneten Linien der Sanddünen waren nicht verlässlich, da sich diese ständig veränderten. Im südlichen Niger war die Strecke vor und nach der Oase Bilma von scheinbar endlosen Wüstenflächen umgeben. Im nördlichen Niger führte die Route über Felsen und Steine, es schien keinerlei Vegetation und nur wenige Brunnen zu geben. Als ich die Karten betrachtete, musste ich all meinen Mut zusammennehmen. Wir hatten uns eine äußerst schwierige Tour vorgenommen, das ging aus den Karten deutlich hervor.

»Und wie gefällt es Ihnen in Agadez?«, erkundigte sich Sidi.

Zu meiner großen Erleichterung hatte sich Agadez seit meinem ersten Besuch vor über 30 Jahren wenig verändert. Noch immer wanderten geheimnisvolle Stammesangehörige mit schwarzen Turbanen und Gewändern, baumelnden Schwertern und Dolchen in den Gürteln durch die Gassen. Noch immer gab es mehr Esel und Ziegen als Kraftfahrzeuge. Noch immer standen die mittelalterliche Moschee und ihr kurioser, mit Holzstöcken gespickter Lehmturm. Die alte französische Kolonialfestung war inzwischen ein Wirtshaus und vermietete Eisenbetten und stickige Lehmhütten an Reisende, und noch immer war es unerträglich heiß. Agadez blieb das, was es jahrhundertelang gewesen war: eine Grenzstadt in der Wüste, wo man seine Ziegenlederflaschen mit Wasser und seine Säcke mit Datteln, Mehl, Zucker und anderem auffüllte, bevor man sich an eine Wüstendurchquerung wagte.

Sidi bot uns gesüßten grünen Tee an. Anscheinend war er in redseliger Stimmung.

»Das ist Argali«, erklärte er und zeigte auf einen hellhäutigen, etwas stämmigen, ungefähr 45 Jahre alten Mann mit einem riesigen schwarzen Lockenschopf, der sich im Hintergrund hielt. »Er ist mein Bruder. Und das hier ist Ehom, ein weiterer Bruder.«

Ehom war groß, schlank und sehr dunkelhäutig. Mochten sie auch alle drei einen gemeinsamen Vater haben, ihre Mütter hatten offensichtlich unterschiedliche Hautfarben.

»Argali und Ehom werden Sie auf der Expedition begleiten. Sie sind beide sehr zuverlässig und tüchtig. Und sie kennen sich bestens in der Wüste aus.«

Die beiden Männer zeigten keinerlei Gefühlsregung, sondern starrten mich unverwandt an. Wahrscheinlich machten sie eine Art

Bestandsaufnahme, versuchten mich einzuschätzen und überlegten, ob sie es viele Wochen auf einer langwierigen Reise durch unwirtliches Wüstengebiet mit mir aushalten würden.

Ich war zu Sidi gekommen, um über Geld zu reden, und so plagte ich mich während der nächsten zwei Tage mit Roddys Hilfe mit allerlei Währungen ab und versuchte, Millionen von CFA-Francs (Niger) in französische Francs und von da aus in britische Pfund und US-Dollar umzurechnen. Wir verhandelten über Seile, Sättel, Tageslöhne, Rückreisekosten der Tuareg und natürlich Kamele. Das war eine schweißtreibende und äußerst unangenehme Arbeit, die wir auf dem Fußboden in Sidis heißem, stickigem Lehmhaus erledigten. Das einzige Möbelstück im Zimmer war ein Holztisch, auf dem lauter Akten herumlagen und das defekte Faxgerät stand. Moskitos summten um uns herum, und Fliegen wateten durch unseren Schweiß, der stetig von uns herabtroff. Wenn Roddy nicht gerade frustriert um sich schlug, um die Quälgeister ins Jenseits zu befördern, stellte er Währungstabellen zusammen. Meine Gedanken wanderten zwischen französischen Francs, Niger-Francs und britischen Pfund hin und her und landeten schließlich als diffuses, ungeordnetes Wirrwarr in einem Haufen imaginärer Dollars.

Nach den zwei Tagen hatten wir die langwierige, aber notwendige Feilscherei endlich hinter uns. Roddy und ich waren völlig erschöpft, und mir brummte der Kopf. Unsere Vereinbarung brachte es mit sich, dass ich Sidi großes Vertrauen entgegenbringen musste. Denn er bekam von mir einen stattlichen Vorschuss, um die Ausrüstung und die Kamele kaufen zu können. Mir war sehr wohl bewusst, dass ich ihm nur den Rücken zu kehren brauchte und er theoretisch in seinen Wagen mit Vierradantrieb springen, die Geldscheine nebst geladener Pistole in einer Kiste neben der Handbremse verstecken und auf Nimmerwiedersehen im Wüstensand verschwinden konnte.

Aber irgendjemandem musste ich vertrauen, und alles in allem schien mir Sidi durchaus vertrauenswürdig zu sein. Ich legte ihm einen riesigen Haufen amerikanischer Dollar in die ausgestreckten Hände, sprach ein leises Gebet und hoffte das Beste.

Ich hatte mit Sidi vereinbart, dass er mir 25 Kamele erstklassiger Abstammung aus dem Aïr-Gebirge nördlich von Agadez verkaufen würde. Die Kamele aus dem Aïr werden wegen ihrer Fähigkeit geschätzt, gut mit steinigem Boden zurechtzukommen, und den würden wir auf unserer Strecke sicher reichlich antreffen. Sidi versprach, dass wir die Kamele an einem bestimmten Oktobertag in der Stadt N'Gigmi im südlichen Niger abholen konnten. Da die Kamele zu Fuß dort hingeführt werden würden, rechnete ich mir aus, dass sie vor unserer 2400 Kilometer langen Reise bereits 640 Kilometer zurückgelegt haben würden.

Allerdings weigerte sich Sidi strikt, die Kamele über die Grenze nach Nigeria zu bringen, und ließ sich trotz all meiner Bitten nicht umstimmen. Er wollte es nicht mit »nigerianischen Tücken« zu tun haben, wie er es ausdrückte. Wenn ich also genau die gleiche Strecke wie Vischer benutzen wollte, musste ich für die zehntägige Reise von Kukawa nach N'Gigmi andere Kamele leihen.

Sidi war einverstanden, dass mich seine beiden Tuareg-Brüder bis nach Al Katrun in Südlibyen begleiteten – aber keinen Schritt weiter.

»Mein Einfluss reicht nur bis Al Katrun«, erklärte er.

Von N'Gigmi bis Al Katrun war es ein gutes Stück, eine Strecke von 1600 Kilometern, doch diese Einschränkung stellte mich vor neue Probleme. Wie sollte ich von Al Katrun nach Tripolis weiterreisen? Und mit wem? Der britische Botschafter in Libyen hatte angedeutet, dass die Libyer meine Ankunft wie Aasgeier erwarten würden. Was, wenn unterwegs Kamele starben oder zu schwach zum Weitergehen waren? Wie sollte ich sie dann ersetzen? Würde ich auch nur einen einzigen Dollar übrig haben, um etwas zu kaufen oder zu mieten? Meine bedrückenden Gedanken wurden jäh unterbrochen, als Sidi mir eine Hand auf die Schulter legte.

»Möchten Sie vielleicht dem libyschen Generalkonsul einen Besuch abstatten? Es könnte hilfreich sein, wenn Ihre Expedition in Niger von Libyen unterstützt wird. Außerdem würde ich dadurch leichter die nötigen libyschen Passierscheine für Argali, Ehom und Ihre anderen Reisegefährten bekommen.«

Ich hielt das für einen vernünftigen Vorschlag, da wir die libysche Grenze von Niger aus passieren würden. Also fuhr Sidi Roddy und mich am dritten Tag an den Stadtrand von Agadez, wo der Amtssitz des Generalkonsuls lag.

Zuerst wurden wir recht kühl empfangen. Salem Ali Mugber verstand nicht, was ich wollte, warum ich hergekommen war und was ich vorhatte. Doch als er nach einer halben Stunde akribischen Dolmetschens schließlich begriff, dass ich vom libyschen Sicherheitsdienst bereits eine Genehmigung für die Reise und für das Passieren der Ländergrenze zwischen Niger und Libyen in El War hatte, änderte sich sein gesamtes Auftreten. Auf dem bisher so ernsten Gesicht des rundlichen kleinen Mannes zeigte sich ein breites, freundliches Lächeln. Er nahm meine Hand, brachte mich in sein fürstliches Büro und bot mir Tee an. Dann rief er einem Türsteher auf Arabisch etwas zu, und kurz darauf wurde ein älterer Mann mit feinen, erhabenen Gesichtszügen hereingeführt.

»Das ist Oberst Gaddafis Onkel«, stellte der Generalkonsul vor. »Ich dachte, Sie würden ihn vielleicht gern kennen lernen.«

Ich gab ihm die Hand, wir strahlten uns an, und wieder wurde meine geplante Reise Zeile für Zeile erklärt. Hinter ihm stand ein sehr viel jüngerer Mann, der sich als Hausa aus Kano mit dem Namen Dahiru Gambo entpuppte. Er war gerade unterwegs nach Tripolis, um Gaddafis berühmtes *Grünes Buch* in die Hausa-Sprache zu übersetzen. Er hatte schon von Vischer gehört, kannte Vischers Haus in Kano und freute sich, jemandem zu begegnen, der in Vischers Fußstapfen treten wollte. So herrschte Bonhomie auf allen Seiten.

An jenem Abend fuhr der Generalkonsul mit Roddy und mir in die Wüste hinaus. Zuerst machten wir einen heiteren Spaziergang, bei dem wir uns über alles Mögliche unterhielten. Dann hockten wir uns im Schneidersitz in den Sand, breiteten bunte Tücher aus und nahmen mit den Fingern ein üppiges Picknick aus Couscous, Reis und Hammelfleisch zu uns. Beim Essen sahen wir zu, wie die Sonne majestätisch über den Lichtern von Agadez unterging. Das Treffen war ein großer Erfolg gewesen. Falls ich in Niger einen libyschen Verbündeten brauchte, so schien es mir, war jemand zur Stelle.

Bevor wir Agadez verließen, wurde mir ein weiterer Bruder Sidis vorgestellt. Dieser war näher mit ihm verwandt als Argali und Ehom. »Dieselbe Mutter, denselben Vater«, wie Sidi erklärte. Sein Name war Haidara, und ich mochte ihn auf Anhieb. Er war klein und geschmackvoll gekleidet und machte einen ruhigen, scharfsinnigen Eindruck. Und er hatte etwas Würdevolles an sich, das Sidi fehlte. Sehr viel später sollte mir Haidaras innewohnende Weisheit unter anderen, äußerst schwierigen Umständen noch sehr nutzen.

Nun ging es nach Nigeria. Nachdem wir uns geschickt den habgierigen, ausgestreckten Händen der nigerianischen Zollbeamten entzogen hatten, erreichten wir die Stadt Daura. Hier stellte uns mein guter Freund Mamman Daura, erfolgreicher Geschäftsmann und kluger, hoch angesehener Politikguru aus Nordnigeria, sein Haus zur Verfügung und, was noch wichtiger war, seinen Wagen inklusive Fahrer. Dass er uns seinen Wagen und dazu seinen überaus fähigen Chauffeur auslieh, empfand ich als sehr noble Geste. Unser letztes Ziel war Kukawa in Borno, das über 800 Kilometer weiter östlich liegt. Doch zuerst mussten wir die banditenverseuchten Straßen des Nordens passieren.

2

»We were dreamers dreaming greatly in the man-stifled town,
We yearned beyond the sky-line where the strange roads go down.«

RUDYARD KIPLING, THE SONG OF THE DEAD

Borno ist ein Staat und ein Emirat im Norden Nigerias, westlich und südwestlich des Tschadsees. Außerdem ist es die Heimat des Kanuri-Volkes. Bei den Hausa gibt es ein Sprichwort über die Kanuri, das wenig schmeichelhaft ist und eine alte Feindseligkeit treffend zum Ausdruck bringt. Es lautet: »Wenn du eine Schlange siehst, siehst du einen Kanuri. Töte den Kanuri.«

Borno entstand aus dem über 500 Jahre lang existierenden Reich Bornu, das seinen Machtmittelpunkt vom Osten des Sees in das sandige, dornenbedeckte Grenzgebiet im Westen verlagerte. Selbst zu seinen schlechtesten Zeiten erstreckte es sich weit über die nördlichen und östlichen Grenzen des heutigen Staates hinaus. Das Reich Bornu erlebte seine Blütezeit im 16. Jahrhundert unter Mai Idris Alauma, dem es gelang, verschiedene rivalisierende Stammesgruppen auszusöhnen und die zentrale Regierung zu stabilisieren. Später wurde die Dynastie der Seyfuwa von der des bemerkenswerten Al-Kanemi abgelöst, dessen Nachfolger das Reich Bornu noch bis 1893 regierten. In all diesen Jahren bildete der staatlich kontrollierte Sklavenhandel durch die Sahara die ökonomische Grundlage des Landes. Im Gebiet um den Tschadsee war schon seit undenklichen Zeiten Sklavenhandel betrieben worden, und in den ersten schriftlichen Quellen aus dem neunten Jahrhundert ist die Rede von Herrschern, die ihr eigenes Volk oder auch benachbarte Stämme über die Wüstenroute als Sklaven an Nordafrika verkauften.

Die heutige Hauptstadt Maiduguri wird von einem Staatsgouverneur, einer Provinzregierung und dem Shehu, dem traditionellen Herrscher von Bornu, regiert. Sowohl Vischer als auch ich hörten die Kanuri-Sprache noch im südlibyschen Tejerri und in Bilma in Niger, 800 Kilometer weiter nördlich. Laut Vischers Einschätzung unterstand Bilma eindeutig der Amtsgewalt des Shehu. In Murzuk besitzt der gegenwärtige Shehu mitten in Libyen immer noch Land. All diese Relikte zeugen von der ehemaligen Größe des Reiches Bornu und der früheren Macht der Shehus.

Im Jahr 1906 war Kukawa die Hauptstadt von Bornu. Hier hatte Vischer gearbeitet, und hier wollten wir unsere Expedition beginnen. Zu Vischers Zeiten war Kukawa indes eine Geisterstadt. Dreizehn Jahre zuvor war sie von Rabih Fadl Allah überfallen und unterworfen worden. Der sudanesische Abenteurer machte mit einer Laufbahn blutiger Eroberungen von sich reden, die Teile des Sudan und des Tschadbeckens umfassten. Dies führte ihn direkt in eine bewaffnete Auseinandersetzung mit Bornu. Im Dezember 1893 griff Rabih Kukawa an, um Shehu Hashim die Macht zu entreißen. Drei Tage lang wurde Kukawa von Rabihs Soldaten geplündert und gebrandschatzt. Der Forscher Boyd Alexander, der den Tschadsee als Erster kartographisch genau erfasste, besuchte die Stadt um die Jahrhundertwende und stellte fest, dass der nördliche Teil der Stadt, wo der Shehu-Palast gestanden hatte, vollkommen zerstört war und »auf einer Länge von über anderthalb Kilometern kein unversehrtes Haus mehr stand«. Auf dem Marktplatz waren mehr als 3000 Totenschädel aufgeschichtet worden. 950 Pferde wurden geraubt und 3800 Menschen als Sklaven gefangen genommen. Die Beute umfasste außerdem 1000 Elefantenstoßzähne, 30000 Schafe und Ziegen, 1000 Kamele und mehr als 1000 Rinder.

Der Shehu entkam mit Flößen über den Komadugu in Richtung Norden. Sein Gepäck, seine Tiere, seine Sklaven und Frauen fielen alle Rabihs Soldaten in die Hände. Kukawa erholte sich nie von dieser völligen Zerstörung. Den Fluss würden wir nun über 100 Jahre später auf ähnliche Weise überqueren.

Rabih wurde im Jahr 1900 von französischen Kolonialtruppen getötet. Die britische und die deutsche Regierung teilten seine Gebiete unter sich auf. Als Sir Frederick Lugard, der spätere Lord Lugard, die Stadt 1904 als Gouverneur von Nordnigeria besuchte, schrieb er an seine Frau: »Als ich nach Sonnenuntergang ein paar Minuten spazieren ging, stieß ich auf einen Totenschädel und menschliche Knochen, denn sie liegen noch immer verstreut zwischen den Maishalmen und dem übrigen Getreide, das aus dem Blut der Toten emporgewachsen ist.«

Shehu Hashim wurde als Mann beschrieben, dessen »kluges, freimütiges Gesicht von einem sanften, aber durchdringenden Blick erhellt wurde«. Der gegenwärtige Shehu Umar hinterlässt einen ganz anderen Eindruck.

Heute steht der Rohbau einer riesigen Moschee, eingehüllt in einen grauen Betonmantel, vor dem neuen Shehu-Palast in Maiduguri. Das Design ist wunderbar, doch der gegenwärtige Zustand des Gebäudes bedrückend. Der riesige Betonsockel mit all den Plastiktüten, Blechbüchsen und kaputten Holzgerüsten sendet das unmissverständliche Signal aus, dass hier nicht gearbeitet wird. Was Bauweise und Würde betrifft, stellt es den Shehu-Palast aus Ziegeln und Lehm leicht in den Schatten. Doch so baufällig und verwahrlost, wie es aussieht, zeugt es nicht von Allah, sondern von der Unvollkommenheit der Menschen.

Eine muntere Schar jugendlicher Kanuri umringte Roddy und mich, als wir kamen, um Shehu Umar unsere Aufwartung zu machen. Sie rempelten uns an, setzten uns mit Fragen zu und zeigten ein leicht bedrohliches Gebaren. Auf dem riesigen Platz vor dem Palast und vor der Moschee wimmelte es von ähnlich aussehenden

Jugendlichen in wallenden blauen oder weißen Gewändern; sie kauften oder verkauften Waren, rauften sich, zankten sich oder spielten Fußball. Alle schienen unter 25 zu sein, und kein einziges Mädchen war zu sehen. Ich fragte mich, ob sich hier alle Arbeitslosen oder Arbeitsunfähigen von Maiduguri versammelt hatten. Nachdem wir uns durch den Mob gekämpft hatten, wurden wir durch das Palasttor und eine wacklige Treppe zum Audienzzimmer des Shehu hinaufgetrieben. Dann scheuchten uns Türsteher auf reich verzierte Holzstühle mit hohen Rückenlehnen zu, die in ungleichmäßigen Abständen um einen langen Holztisch herumstanden. Als ich meinen zurückzog, um mich zu setzen, fiel er krachend um, und gerade als ich mich bückte und ihn aufheben wollte, betrat das Gefolge des Shehu den Raum. Die stets gleichgültig wirkenden und beeindruckend großen Leibwächter trugen alle die traditionelle, mit vier roten und vier grünen Motiven bestickte weiße *baltabalta*-Uniform, die sich seit Rabihs Zeiten nicht verändert hatte. Hinter ihnen folgte Umar Ibn Abubakar Jarbay, der Shehu von Borno.

Im Gegensatz zu seinem Gefolge erwies sich der Shehu als klein und war geschmackvoll mit einem weißen Gewand und Turban gekleidet. Als er mit ernstem, starren Gesicht Platz nahm, fielen mir seine Augen auf. Sie wirkten glasig und abwesend, so als könnten sie weder mich noch sonst irgendetwas direkt anschauen. Er bedeutete mir zu sprechen, und ich erklärte ihm in etwas gespreiztem Hausa, was wir vorhatten. Der Shehu saß teilnahmslos vor mir und sagte keinen Ton, und ich hatte die ganze Zeit über keine Ahnung, ob er mir zuhörte oder nicht. Ich versuchte, seine Aufmerksamkeit zu wecken, indem ich auf die frühere Größe des Reiches Bornu zu sprechen kam und darauf, dass sich sein Einfluss bis nach Murzuk in Libyen erstreckte. Noch immer keine Reaktion. Nervös beendete ich meinen Bericht.

Der Shehu drehte langsam den Kopf zu mir. Seine glanzlosen, leeren Augen verrieten keinerlei Gefühlsregung oder deuteten auch nur auf Leben hin. Endlich sagte er etwas.

»Haben Sie vor, einen Arzt mitzunehmen?«, erkundigte er sich mit leiser, vorwurfsvoller Stimme.

»Nein«, antwortete ich. »Das haben wir nicht geplant.«

»Schade«, sagte er, stand abrupt auf und verließ das Zimmer, gefolgt von seinen Leibwächtern.

»Mögt Ihr ein langes Leben haben. Mögt Ihr ewig leben«, riefen sie aus, als Umar Ibn Abubakar Jarbay, der Shehu von Borno, verschwand.

Es hat sich wenig verändert. Als Major Denham den Shehu im März 1823 in Kukawa traf, sprach der Shehu kein Wort. Laut Denhams Beschreibung »saß er in einer Art Käfig aus Rohr- oder Holzstöcken ... Durch das Gitter seines Pavillons konnten wir nur einen ungenauen Blick auf ihn erhaschen ... Vor ihm stand ein Untergebener, der aus dem Stegreif theatralische Lobpreisungen seines Herrn und seiner Ahnen vortrug.«

Wir reisten weiter nach Kukawa, das heute nur noch eine zerfallende Siedlung ist. Wenig deutet hier auf die frühere Pracht und Größe hin. Die Lehmmauern, die einmal die Stadt umgaben, sind längst verschwunden. Alhaji Masta, der früher hier gelebt hat und uns aus Maiduguri begleitete, bestätigte, dass die Mauern vor 100 Jahren die Häuser von 200000 Menschen eingefasst hatten. Das gegenwärtige Aussehen des Ortes täuscht sehr über seine turbulente Vergangenheit hinweg. Bei unserer Ankunft überwachte Alhaji Masta unsere Verhandlungen mit einem gut gelaunten, in ein dunkelblaues Gewand gehüllten Mann, der sich als Abubakar, Präsident der Kommunalbehörde, vorstellte.

»Er ist dafür verantwortlich, die 13 Kamele zu beschaffen, die Sie nach N'Gigmi mitnehmen wollen«, erklärte mir Alhaji Masta. »Sie können sich auf ihn verlassen. Nennen Sie ihm das Datum, und sie werden bereitstehen.«

Ich nannte den 13. Oktober. Es waren noch knapp zwei Monate bis dahin.

»Kein Problem«, erwiderte Abubakar guten Mutes. »Sie werden da sein.«

»Und was kostet es, ein Kamel für eine siebentätige Reise nach N'Gigmi zu mieten?«, wollte ich wissen.

»Oh, keine Ahnung«, antwortete Abubakar leichthin und begann zugleich laut zu lachen.

»Können wir uns jetzt nicht auf einen Preis einigen?«

»Nein. Das ist unmöglich.«

Ich drängte ihn, mir eine Zahl zu nennen – irgendeine. Doch Alhaji Masta flüsterte mir zu, der Mann könne mir jetzt keine Summe nennen, weil er noch nicht mit den Kamelbesitzern gesprochen habe. Meine Anfrage sei ziemlich ungewöhnlich. Die Leute reisten heutzutage nicht mehr mit Kamelen. Gute Kamele würden schwer zu finden sein, außerdem brauchten wir zuverlässige Hirten. Ich hatte das ungute Gefühl, dass Alhaji Mastas Provision ziemlich hoch ausfallen würde.

»Sie müssen sich vor Banditen in Acht nehmen«, warnte mich Abubakar und drückte mir die Hand, als wir uns zum Gehen wandten. »Sie machen uns sehr viel Ärger.«

»Banditen?«

»Ja, sie kommen über den See aus Tschad und stehlen unser Vieh. Sie brennen unsere abgelegenen Gebäude nieder und terrorisieren unsere Frauen. Sie sind wie eine Heuschreckenplage.«

»Sind sie bewaffnet?«

Alhaji Masta brach in schallendes Gelächter aus. »Ja, das sind sie, und zwar nicht mit Speeren oder Pfeil und Bogen. Die haben alle Kalaschnikows. Sie werden eine bewaffnete Eskorte brauchen. Am besten, Sie bitten den Gouverneur darum. Halten Sie immer nach ihnen Ausschau, denn sie fackeln nicht lange und schießen sofort.«

Als wir später dem Gouverneur von Borno unsere Aufwartung machten, erwähnte ich die Straßenräuber aus Tschad. Der Gouverneur versprach mir eine nigerianische Polizeieskorte, die unsere Karawane bis zur Grenze von Niger begleiten sollte. Doch aus der Eskorte wurde nie etwas.

Bevor wir Kukawa verließen, zeigte uns Alhaji Masta die Grabstätten früherer Shehus. Ein Lehmhaus mit Blechdach beherbergte drei unsolide wirkende Gräber. Und das war auch schon alles. Nichts Denkwürdiges. Nur ein schwacher Hinweis darauf, welch große Bedeutung Kukawa mehr als 100 Jahre zuvor einmal gehabt hatte.

Unser schätzenswerter, stiller und äußerst tüchtiger Fahrer brachte uns sicher zurück nach Daura. Wir hatten insgesamt mehr als 8000 Kilometer zurückgelegt und dabei nicht nur Maiduguri und Kukawa, sondern auch Kaduna, Zaria und Kano besucht.

In Kano stellte mich Sule Kumo, mein alter Freund und ein politischer Einzelgänger im Norden, dem Galadiman Kano vor einem höheren Beamten am Hof des Emirs von Kano, damit dieser über unsere Reise informiert werden konnte. Außerdem zeigte uns Sule Hanns Vischers altes Haus. In krassem Gegensatz zu der erschreckend überbevölkerten, vom Straßenverkehr verstopften, heruntergekommenen Stadt Kano entpuppte sich das 90 Jahre alte Lehmgebäude als sauber, frisch gestrichen und zu früherer Schönheit restauriert. Wie ich feststellte, hing in Sules eigenem Haus noch immer das finster blickende Porträt von Ayatollah Khomeini und schaute drohend auf den Besucher herab, wenn er das Haus betrat.

»Ah«, sagte Sule zu mir, »wenn du deine Kamelreise nach Tripolis hinter dich gebracht hast, stellen wir dich als Berater für mein Projekt ein, eine Eisenbahnlinie durch die Sahara zu bauen. Dann hat Nigeria direkten Anschluss zum Meer. Wir müssen uns nicht mehr auf die unzuverlässigen Yoruba im Süden verlassen – die hassen uns sowieso – und können endlich ein unabhängiges Land werden.«

Ich war erleichtert, dass sich Sules freidenkerische politische Ansichten und sein religiöser Enthusiasmus anscheinend nicht verändert hatten.

Mit einem Mietwagen fuhren wir in Jibiya über die Grenze zwischen Nigeria und Niger. Hier hockten die Zollbeamten wie schmuddelige uniformierte Geier und beäugten gierig die nichts ahnenden Reisenden, um herauszufinden, welchen »Zuschuss« sie ihnen abknöpfen konnten. Unser Fahrer Hammadu drückte einem von ihnen ein paar Geldscheine in die Hand und sorgte so dafür, dass die schwere Schranke geöffnet wurde.

Die Siedlungen im Süden Nigers haben nichts von dem romantischen Charme der Stadt Agadez. Sie sind schmutzig, habsüchtig und schäbig, und der Zustand der Straßen spiegelt den Zustand der Städte wider. Die Nebenstraßen sind unsicher, die Menschen mürrisch. Auch Hammadu und sein trübsinniger Assistent Ali erwiesen sich nicht gerade als angenehme Zeitgenossen. Ständig flüsterten sie sich etwas zu; der rundliche, ernste Hammadu rülpste laut, räusperte sich unermüdlich und spuckte sorgfältig aus, und das mit einer Häufigkeit, die nach einer Weile auf die Nerven ging. Einen Vorzug hatte er allerdings: Wenn wir an eine Straßensperre kamen, teilte er den jeweiligen Beamten mit, er fahre den Wagen des Häuptlings von Muriya. Ich hatte keinen Schimmer, wer der Häuptling von Muriya war oder wo er wohnte, aber der Name gebot offensichtlich Achtung. An jeder Straßensperre wurden wir ehrerbietig in Richtung Niamey weitergewunken. Keine Fragen, kein Kommentar. Die Anordnung des Häuptlings von Muriya hat in Südniger anscheinend einen hohen Stellenwert.

Zwei Tage später gingen Roddy und ich bei einem herrlichen Sonnenuntergang mit Flughunden, die unermüdlich über unseren Köpfen kreisten, am Ufer des durch den Regen angeschwollenen Flusses Niger in Niamey spazieren. Dabei ließen wir unsere turbulente, aber erfolgreiche Reise durch Westafrika noch einmal Revue passieren. Wir hatten Kamele sowohl für Nigeria als auch für Niger organisiert und Karten für die gesamte Strecke durch Niger bekommen. Man hatte uns Freundschaft und Ermutigung entgegengebracht und unsere Leidenschaft entfacht. Ein Zeitplan stand fest, und allmählich wurde mein Traum Wirklichkeit. Der nächste Schritt würde die Zusammenstellung meiner Mannschaft sein.

Die Schlachtordnung wurde vom 77-jährigen Jasper (Japper) Evans angeführt, einem äußerst charmanten, findigen Buschmann und Kamelexperten. Als alter Hase mit lebenslanger Afrika-Erfahrung würde er für das Team absolut unverzichtbar sein. Auf der ganzen Welt gab es keinen anderen Mann in seinem Alter, den ich auf diese Expedition mitgenommen hätte. Und was noch wichtiger war, wir verstanden uns bestens. Bereits 1997 hatten wir gemeinsam eine Expedition in die chinesische Wüste Gobi unternommen, um dort das wilde Zweihöckrige Kamel zu suchen, und auf seiner Ranch in Kenia hatte ich mir häufig Kamele für meine Wanderungen im Norden Kenias geliehen.

Yuan Guoying, »der Professor«, ein 60-jähriger pensionierter chinesischer Professor für Zoologie, war mir eine unschätzbare Hilfe gewesen, als ich eine Genehmigung zum Betreten der Lop-Nur-Region in der Wüste Gobi brauchte. Ich wollte mich für seine Freundlichkeit erkenntlich zeigen, indem ich ihm die Gelegenheit gab, als erster Chinese die Sahara auf einem Kamel zu durchqueren.

Ein Felsbrocken, den man in stilles Wasser wirft, schlägt hohe Wellen. Verglichen mit den katastrophalen Folgen auf der ganzen

Welt hatte der 11. September 2001 zwar nur geringe Auswirkungen auf unsere Expeditionsvorbereitungen, aber sie machten uns dennoch zu schaffen. Der NATIONAL-GEOGRAPHIC-Fotograf sprang ab, und die Gesellschaft selbst, die uns finanziell unterstützte, drängte darauf, das Projekt um ein Jahr zu verschieben. Doch an diesem verhängnisvollen Tag marschierten meine 25 Kamele bereits zielbewusst auf unseren Treffpunkt in N'Gigmi zu, und der Professor hatte nach monatelangem mühseligen Zureden und Ausfüllen von Formularen fast alle Visa und Reisegenehmigungen zusammen. Abgesehen davon war ich sicher, dass die Welt ein Jahr später vielleicht noch unsicherer sein würde. Ich war entschlossen, nicht aufzugeben.

Es gab religiöse Unruhen in Kano, Druck von Jaspers Familie, einen seltsamen Telefonanruf von Sidi in Agadez, der die Abreise aufgrund von Kämpfen im nördlichen Niger um zwei Wochen verschieben wollte – plötzlich schienen alle Expeditionsvorbereitungen für die Katz gewesen zu sein. Zum Glück hatte ich inzwischen Johnny Paterson ins Boot geholt, der eine beeindruckende Entschlossenheit, alles stehen und liegen zu lassen und sich sofort auf den Weg zu machen, an den Tag legte und den Altersdurchschnitt unserer Gruppe um einige Jahre senkte. Johnny war über 30 Jahre jünger als wir anderen und hatte lange Zeit Lkws durch Afrika und Asien gefahren. Er machte einen sehr kompetenten, intelligenten und selbstsicheren Eindruck. Wir hatten seine Jugend und seine Energie bitter nötig, vor allem da unsere Karawane im Gegensatz zu Vischers, die zehn Winchester-Gewehre, eine Wespi, Karabiner, drei Revolver, eine Pistole und an die 2000 Schuss Munition mit sich führte, nicht bewaffnet reisen konnte. Wenn wir es doch täten, würden wir sofort die Aufmerksamkeit potenzieller Räuber, Zollbeamten und der Sicherheitsdienste von Libyen und Niger auf uns lenken.

»Nein, tut mir Leid. Es geht nicht.« Der libysche Botschafter in Kenia schwenkte den erhobenen Zeigefinger und rutschte nervös in seinem Bürosessel herum. Er war groß und muskulös und trug ein cremefarbenes Seidenhemd mit offenem Kragen. Er lächelte mich an. Doch es war ein mechanisches Lächeln, denn seine dunklen Augen blickten ernst und streng. Ich suchte in ihnen nach einer Spur von Mitgefühl.

»Aber der Professor ist ein berühmter Gast aus China und ein wichtiges Mitglied unserer Expeditionsmannschaft. Alle anderen Mitglieder haben Visa für Libyen bekommen. Sicherlich ...«

»Das Wort ›sicherlich‹ gibt es in unserem System nicht«, unterbrach mich der Botschafter in tadellosem Englisch. »Wir halten uns an unsere Regeln, und meine Anweisungen sind ziemlich eindeutig. Ich muss seinen Antrag nach Tripolis weiterleiten. Morgen ist Freitag, da ist die Botschaft geschlossen. Kommen Sie am Dienstag wieder.«

»Aber wir fliegen morgen nach Lagos. Die Tickets sind gebucht.«

»Tut mir Leid, ich kann Professor Yuan Guoying kein Visum für Libyen ausstellen. Seine Identität ist vorher nicht geprüft worden, und außerdem gehört Sukra Travel nicht mehr zu den von der Botschaft anerkannten Reisebüros. Es ist auf die schwarze Liste gesetzt worden.«

Mir fiel Dr. Mo Shelly ein, ein etwas nervöser libyscher Unternehmer mit leiser Stimme, der auf mysteriöse Weise aus dem Nichts aufgetaucht war und mir in London geholfen hatte. Ich klammerte mich an meinen letzten dünnen libyschen Strohhalm.

»Wäre es möglich, dass Sie einen Anruf nach Großbritannien tätigen?«, fragte ich.

Der Botschafter schaute mit großen Augen auf. »Nach Großbritannien? Ich soll für Sie in Großbritannien anrufen?«

»Ja.«

»Das wird Ihnen nichts nützen. Wie ich schon sagte, unserem System zufolge darf ich dem Professor kein Visum ausstellen.«

»Bitte.«

»Bezahlen Sie den Anruf?«

»Ja.«

»Dann geben Sie mir die Nummer.«

Er beobachtete mich ärgerlich, während ich in meiner Tasche nach Dr. Shellys Prospekt kramte. Ich fand ihn und überflog den recht ungewöhnlichen Text darauf: »Cydamos Limited. Wir bemühen uns der britischen Öffentlichkeit zu einem Einblick und Gefühl des historischen und turellen (sic) Erbes ... das Haben von Kultur.«

Dr. Shelly ging ans Telefon. Wie mit einem Maschinengewehr bombardierte der Botschafter den Angerufenen auf Arabisch mit Fragen. Ich stellte mir vor, wie Mo Shelly unter diesem verbalen Angriff zurückwich. Dann schwieg der Botschafter, und ich studierte seine harten Gesichtszüge, während er sich geduldig Dr. Shellys Antworten anhörte. Auf einmal wurden seine Züge weicher, und er schien sich zu entspannen. Er lehnte sich zurück, lachte und begann sich laut und angeregt mit Shelly zu unterhalten.

»Er ist mein Bruder«, rief er, als er schließlich 20 Minuten später den Hörer auf die Gabel knallte. »Wir stammen aus demselben Klan. Wir sind beide Brüder einer großen Familie. Blutsbrüder.« Er schlug sich auf den rechten Oberschenkel. »Oh, er ist ein guter Mann, ein sehr guter Mann.«

»Und das Visum für den Professor«, fragte ich vorsichtig.

»Ach ja, das Visum – kein Problem. Das ist gar kein Problem. Wo ist sein Pass?« Ich reichte ihm das Dokument. »Sie können das Visum in einer Stunde abholen.« Und nach einer kurzen Pause fügte er hinzu: »Wenn Sie den Telefonanruf bezahlt haben.«

Wir gaben uns die Hand. Dennoch konnte ich die Botschaft erst zwei Stunden später verlassen. Der Beamte, der den Visumsstempel verwahrte, hatte ihn in seinem Safe eingeschlossen und war in die Moschee gegangen. Es gab keinen Zweitschlüssel.

Ich hatte etwas Interessantes darüber gelernt, wie libysche Bürokratie und libysches Denken funktionierten. Das sollte mir noch zustatten kommen.

Wir flogen über Kenia nach Nigeria, um einerseits Japper abzuholen und andererseits den Professor mit Afrika und den wild lebenden Tieren Kenias bekannt zu machen. Dies gelang uns auch. Auf Jappers Ranch in Laikipia gab es Elefanten. Der Professor sah sie nicht nur, sondern konnte auch seine neue Videokamera einweihen, für die er einen großen Batzen des Familienvermögens ausgegeben hatte. Er filmte einen Elefanten mit einem flatternden, eingerissenen linken Ohr und einem herunterhängenden rechten Stoßzahn. Impala, Hirschantilope, Giraffe, Zebra, Dik-Dik, Gazelle und Oryx – alle kamen aus dem Busch und spielten »Wer findet den Professor?«. *»Gooda, very gooda!«*, rief er freudig. Diesen Zufriedenheit ausdrückenden Ausruf des Professors sollten wir künftig häufiger hören.

Die Reise von Lagos nach Maiduguri wurde wieder einmal von meinem guten Freund Mamman Daura erleichtert. So durften wir es uns am Abend im palastartigen Resthouse von Mammans Bank bequem machen, wo wir freundlich empfangen wurden. Es gab Strom und im Bad standen Eimer voll Wasser.

An jenem Abend warf ich einen erneuten besorgten Blick auf die Karten unserer Route durch Niger im Maßstab 1:200 000, die ich in Niamey bekommen hatte. Dass es im Resthouse kein fließend Wasser gab, stimmte mich nachdenklich. Wieder brütete ich über den Karten. Die Strecke wurde häufig als »unsicher« oder »ungewiss« beschrieben, und einige Wasserstellen waren als »verlassene Süßwasserbrunnen« gekennzeichnet. Ich machte mir Sorgen um unsere Wasserversorgung. Zwar hatte Vischer genau festgehalten, wo er Wasser bekommen hatte. Aber diese Informationen waren fast 100 Jahre alt. Viele dieser Brunnen konnten inzwischen verlassen sein und sich mit Sand gefüllt haben. Dies konnte ich weder aus der Karte ersehen, noch konnte ich mir an Ort und Stelle verlässliche Informationen darüber beschaffen. Ich dachte über Denhams Beschreibung aus dem Jahr 1823 nach. Er hatte die Strecken als »schwierige und gefährliche Wege« bezeichnet. Später während der Expedition schossen mir diese vielsagenden Worte beängstigend häufig durch den Kopf.

Am nächsten Morgen nahm Johnny in seiner Funktion als Oberster Quartiermeister auf dem Sozius eines Motorrad-Taxis Platz und machte sich auf die Suche nach Ausrüstungsgegenständen, Proviant und Artikeln für den persönlichen Bedarf. Der Professor beschäftigte sich mit seinem chinesischen Tagebuch, das im Laufe der Expedition noch gewaltige Ausmaße annehmen sollte, und Japper und ich statteten Gisela Seidensticker-Brikay einen Besuch ab.

Gisela, eine kettenrauchende deutsche Wissenschaftlerin unbestimmten Alters, hatte viele Jahre an der Universität von Maiduguri gewohnt und gearbeitet. Sie verfügte über ein enzyklopädisches Wissen über die Kanuri, ihre Kultur und ihre politischen Ansichten. Ich hatte eine einfache Frage an Gisela.

»Wie und wo können wir den Fluss Yobe überqueren?«

Der Fluss Komadugu Yobe, der an bestimmten Stellen die Grenze zwischen Nigeria und Niger bildet, schien auf einigen Karten von Westen nach Osten in den Tschadsee zu fließen. Doch seit Vischers Zeiten war der See auf ein Zwanzigstel seiner ursprünglichen Größe geschrumpft, und ich hatte keine Ahnung, wie breit oder tief der Yobe war. Gisela war Anfang der 1990er Jahre mit dem Kanu den Fluss hinuntergefahren und kannte ihn sehr gut, konnte jedoch nicht mehr mit Gewissheit sagen, ob er noch bis zum See reichte.

»Sie müssen ihn in Bisagama in der Nähe der nigerianischen Zollstelle an der Straße nach Bosso überqueren. Dort ist der Fluss weder breit noch tief. Können Kamele schwimmen?«, fragte sie und lachte heiser.

»Ja.«

»Das ist gut.«

Sie lächelte und blies Rauchringe in die Luft, die sich ausdehnten, lang und dünn wurden und sich über unseren Köpfen auflösten.

»Die Kamele werden den Fluss im Handumdrehen überqueren. Aber sie müssen sich ja auch nicht mit Zollbeamten herumplagen.«

Am Abend des 24. Oktober 2001 lagen wir alle in unseren Schlafsäcken in Alhaji Mastas mit Teppich ausgelegtem Lagerhaus mit Wellblechdach und Lehmwänden in Kukawa. Mir war in dem Moment nicht bewusst, dass dies für die nächsten dreieinhalb Monate das letzte Dach sein würde, das ich über dem Kopf haben würde, auch wenn es nicht das nobelste war.

Den Vortag hatten wir größtenteils auf dem Markt in Maiduguri verbracht. Als Boyd Alexander den Markt fast 100 Jahre früher besuchte, beschrieb er eine Szene, die bis zum heutigen Tag so stattfinden könnte:

> In der geschäftigen Menge sieht man die nomadischen Shuas neben ihren angebundenen, mit Säcken voller Getreide beladenen Ochsen stehen; die Fulbe bei ihren Schafen und Ziegen ... den Händler mit Stapeln von Ätzkali und Dörrfisch ... und die großen blauen Farbballen zum Färben von Stoffen. Hausa kommen von überall hierher, manche um die berühmten Rinder von Bornu zu kaufen, andere, nämlich Weber und Flechter, um ihre Stoff- und Strohwaren, Burnusse, Hüte und kleinen Pergamentschachteln mit blauer Kreide [Antimon] zu verkaufen, mit denen sich die Frauen gern die Augen schminken ...

> An einem überfüllten Stand geht der Herrenfriseur seinem Gewerbe nach; er reibt die Köpfe der vor ihm hockenden Stammkunden mit Wasser ein und rasiert sie.

All das und noch viel mehr kann man auch heute noch kaufen, und noch immer werden Köpfe rasiert. Wir besorgten Makkaroni, Reis und Spaghetti – unsere Grundnahrungsmittel für die Reise – und dazu Zwiebeln, Kohl, Tomatenmark in Dosen und alles von Spargel bis Erbsen, was ein Abendessen bereichern konnte. Kohl und Zwiebeln halten sich auch bei Hitze gut, und selbst beim unappetitlichsten, dunkelsten Kohlkopf kommt beim Aufschneiden manchmal ein saftig grünes Herz zum Vorschein. Wir kauften auch Apfelsinen, obwohl sie schnell schrumpelten, und der Professor bestand auf einer Kiste Äpfel. Wir vermuteten, dass sie ebenfalls schnell runzlig würden, doch wir irrten uns: Sie hielten fast drei Wochen.

»Wir brauchen jede Menge Cornedbeef«, meinte Japper und zeigte auf die Dosen, die sich auf dem Holztisch eines Händlers stapelten. Also wanderten sie zusammen mit den Sardinenbüchsen und den süßen Keksen in unseren Sack. Ein chinesischer Kerosinkocher, Holzkisten, die wir dem »Küchen«-Kamel umschnallen konnten, und zahllose weitere Luxusartikel von Knoblauch bis hin zu winzigen scharfen Piri-Piri-Schoten zählten ebenfalls zu unseren Schätzen.

Die äußerst praktischen Küchenkisten hatte sich Japper nach einem Design ausgedacht, das er viele Jahre lang in der Wildnis im Norden Kenias verwendet hatte. Er hatte die Maße mitgebracht, und Johnny beaufsichtigte nun, wie sie von einem geschickten Schreiner in Maiduguri aus Sperrholz zusammengebaut wurden. Sie waren 2,84 Meter lang, 94 Zentimeter breit und 46 Zentimeter tief und hatten einen passenden Holzdeckel, mit dem man einen Tisch bauen konnte, wenn man ihn quer über beide Kisten legte. Die Kisten wurden an beiden Enden von Seilen gehalten, die an den Seiten des Kamelhöckers zusammengebunden wurden. Wenn sie gleichmäßig bepackt wurden, konnte ein kräftiges, gesundes Kamel sie problemlos auch mit voller Beladung tragen.

Obwohl ich *salgas* bestellt hatte – Ziegenhäute, die sorgfältig haltbar gemacht werden, damit man darin Wasser transportieren kann und es frisch bleibt –, würden wir sie erst in N'Gigmi bekommen, wenn wir Sidi und meine Kamele getroffen hatten. Also kauften wir schmale, 18 Liter fassende Wasserbehälter aus Plastik, die wir auf unserer Teilstrecke mit den geliehenen Kamelen mitnehmen konnten. Später machte ich die Erfahrung, dass der halbe innere Schlauch eines Lkw-Reifens das beste Wasserbehältnis darstellte. Wenn man ihn an den Enden zusammenband, konnte man ihn leicht einem Kamel an die Flanke hängen. Es passte ziemlich viel Wasser hinein, und zudem blieb es lange frisch.

An vielen Marktbuden befanden sich Aufkleber, auf denen um Unterstützung für Osama bin Laden geworben wurde, doch wir spürten nicht die geringste Antipathie gegen uns als Weiße, und unsere Nationalitäten schienen niemanden wirklich zu interessieren. Nur außerhalb des eigentlichen Marktes, wo man uns hingeführt hatte, um *kilishi* zu kaufen – köstliche, hauchdünne Scheiben gepfefferten, sonnengetrockneten Fleisches –, bat uns der Budenbesitzer, eine zusätzliche Scheibe für seinen Fonds zur Unterstützung von bin Laden zu kaufen. Das sagte er zwar im Scherz, doch unter den Händlern von Maiduguri war eine unterschwellige Sympathie für Al-Qaida durchaus spürbar. Ich fragte den Budenbesitzer, warum er seine *kilishi* nicht auf dem Marktplatz verkaufe. »Der Gesundheitsaufseher hat uns weggejagt«, erklärte er. »Angeblich locken wir zu viele Fliegen an.«

Ich hatte ein Satellitentelefon und ein GPS (Global Positioning System) von Magellan mitgebracht. Wie man mir erklärt hatte, konnte Letzteres, wenn man es mit viel Geduld und Spucke überredete, E-Mails verschicken und außerdem mit höchstens ein paar Metern Abweichung feststellen, wo genau man sich gerade befand. Ich betrachtete beide Geräte als eine Art Zugeständnis an das moderne Zeitalter und nahm sie nur widerwillig mit. Da unsere amerikanischen Sponsoren nach dem 11. September sehr nervös waren und auf den Geräten bestanden, schickte man mir zwei Satellitentelefone, von denen ich eins gleich wieder zurückschickte, weil ich es für überflüssig hielt. Leider wusste ich in dem Moment nicht, dass eines der beiden Päckchen eine englische und das andere eine arabische Gebrauchsanweisung enthielt. Ich hatte es so eilig, unnötige Ausrüstungsgegenstände wieder loszuwerden, dass ich das falsche Päckchen zurückschickte. Keiner meiner Teamkollegen konnte Arabisch lesen, auch die Hirten nicht, daher wurde unsere Geduld auf eine harte Probe gestellt, bis wir das Telefon endlich zum Laufen bekamen. Zum Glück kannte sich Johnny gut mit solchen neumodischen Dingen aus, doch insgeheim war ich froh, dass die Technik in Krisenzeiten keine allzu einfache Alternative darstellte.

Zusätzlich mussten diese beiden Prachterzeugnisse des 21. Jahrhunderts auch noch aufgeladen werden, damit sie funktionierten. Zu diesem Zweck hatte man mir zwei Ladegeräte mit Solarzellen mitgeschickt, von denen man eines auf ein Kamel schnallen konnte. Allerdings erwies sich diese Methode wegen des Sonnenlaufs und der Launenhaftigkeit der Kamele schnell als unpraktisch. Daher ließ sich Japper das Panel freiwillig mit Hilfe seines riesigen Turbans, den er wie alle anderen trug, auf den Rücken binden, sobald er auf ein Kamel stieg. Während die Sonne über den Himmel wanderte, verschob Japper das Ladegerät für das Satellitentelefon entsprechend. Wahrscheinlich hatte noch nie jemand in dieser Form Verwendung für einen Tuareg-Turban gefunden. Was uns Übrige anging – der Professor band seinen Turban so, dass er wie ein humpelnder, verwundeter Soldat aus dem Ersten Weltkrieg mit einer schweren Kopfverletzung aussah. Johnny wirkte dagegen wie ein zweiter Peter O'Toole in der Rolle des Lawrence von Arabien. Gott weiß, wie ich aussah.

Einige Leute zeigten sich überrascht, dass wir ohne Verstärkungsfahrzeug unterwegs waren. Doch abgesehen davon, dass es uns in den Sanddünen nichts nützen würde, wollte ich nicht auf diese Art reisen, sondern möglichst so, wie Reisende seit Jahrhunderten die Sahara durchquert hatten.

Bevor der Mensch das Kamel zähmte, waren die Afrikaner südlich der Sahara vollkommen von den Bewohnern der Küstengebiete im Norden abgeschnitten. Unsere Expedition sollte ganz auf dieses wundervolle Geschöpf angewiesen sein, das dem Menschen als Erstes ermöglichte, unüberwindlich geglaubte Sandbarrieren in einigen der abgelegensten und vielleicht lebensfeindlichsten Gegenden der Welt zu durchqueren.

Kamele haben ein vollkommen anderes Naturell, als man gemeinhin glaubt. Sie sind geduldig, verlässlich und äußerst belastbar. Wer jedoch nie mit Kamelen gearbeitet hat, denkt häufig, sie wären bösartig, würden treten, beißen und spucken und hätten nicht das geringste Verständnis für den Menschen. Sicher kann man Kamele finden, die all diese negativen Eigenschaften besitzen, aber das kommt eher von brutaler, uneinfühlsamer Behandlung und Abrichtung. Wenn man rücksichtsvoll mit einem Kamel umgeht und es behutsam pflegt, reagiert es auf seine Bezugsperson genau wie ein Pferd oder Hund. Und sie sind nicht dumm. Japper brachte Zweihöckrigen Hauskamelen in China innerhalb von drei Wochen bei, seinen persönlichen Befehlen zu gehorchen. Sein Kommentar dazu: »Sie begreifen Englisch schneller als Ausländer.« Dieses Tier kann über eine Woche ohne Wasser reisen und seine Nahrungsreserven als Fett im Höcker tragen. Wilde Zweihöckrige Kamele in der Wüste Gobi können noch sehr viel länger als eine Woche ohne Wasser auskommen, aber ein Tier, das mit bis zu 100 Kilogramm beladen ist, braucht mindestens alle sieben Tage Wasser. Auf festem, felsfreiem Untergrund ist ein Kamel durchschnittlich etwa vier bis fünf Stundenkilometer schnell und schafft bis zu 40 Kilometer am Tag. Ich habe mich nachts an ein Kamel gekuschelt, um mich vor dem Wind zu schützen, und Japper schloss einmal auf einer Wanderung in Kenia Freundschaft mit einem Kamel, das angelaufen kam, wann und wo auch immer es ihn sah. Aber ich will ein Wort der Warnung hinzufügen. Die Tuareg behaupten, genau wie manche Menschen besitze ein Kamel zwei Persönlichkeiten, eine gute und eine schlechte. Wenn man morgens aufsteht, kann man nie genau wissen, welcher von beiden man begegnen wird. Trotz ihrer guten Natur vergewissert man sich besser vorher.

Als wir Kukawa erreichten, war der Preis für unsere Leihkamele wegen Sidis zweiwöchiger Verzögerung ins Unermessliche gestiegen. Die gemietete Karawane hatte inklusive Hirten mit Wasser und Nahrung versorgt werden müssen, während sie auf uns gewartet hatte. All das musste bezahlt werden. Kamelbesitzer Alhaji, der mir die 13 Kamele und die drei arabischen Hirten Zachariya, Mohammed 1 und Mohammed 2 vermietet hatte, war fest entschlossen, mir den letzten überhöhten Naira aus der Tasche zu ziehen. Er und Alhaji Masta wussten ganz genau, dass sich dieser unverhoffte Glücksfall nicht allzu schnell wiederholen würde. Über eine Stunde musste ich mit ihm feilschen, doch bei Sonnenuntergang waren die Verhandlungen schließlich beendet, wenn auch nicht ganz zu meiner Zufriedenheit.

Wir hatten einen heißen Tag hinter uns, und auch wenn es jetzt am Abend verhältnismäßig kühl war, empfand ich den dicken, gefütterten Schlafsack, der für kalte Wüstennächte gedacht war, als äußerst unangenehm. Doch das trat bald in den Hintergrund, während ich dem immer gleichen Treiben des nordnigerianischen Dorflebens lauschte, das um mich herum widerhallte. Hinter der Lehmmauer von Alhajis Grundstück stand eine Moschee. Während die Sonne allmählich versank, wurden die Gläubigen zum Gebet gerufen. Ich hörte das rhythmische Zerstoßen von Getreide in einem hölzernen Mörser und dazu ein leises Singen und Händeklatschen, als ein junges Mädchen ihren Stößel hoch in die Luft warf. Ein schriller Schrei kam von einer Frau, die sich über einen Kochtopf aus Ton beugte. Ihr Mann war gerade von der Farm zurückgekehrt und brummte etwas zur Antwort. Eine undeutliche Frauengestalt ging an unserem Lagerhaus vorbei. Sie trug ein Huhn unter dem Arm und ein paar Eier. Ich musste lächeln, weil mich die Szene an ein nicht durchführbares Gesetz erinnerte, das einmal verabschiedet wurde: Es untersagte, Hühner an den Füßen zu tragen. Als sich Alhajis Haushalt zum Abendessen versammelte, unterhielt man sich nur im Flüsterton, bis ein Kinderschrei die Luft zerriss. Ein Trommelschlag. Auf einmal war Leben und Lachen im Haus. Doch dies war keine Nacht zum Tanzen, und so verstummte das Trommeln und Rufen genauso schnell, wie es begonnen hatte. Ein Hund fing an zu kläffen, dann stimmte ein zweiter Hund mit ein. Während ich still und schwitzend dalag und die Moskitos aus Kukawa gierig um meinen Kopf herumsummten, las ich beim Licht einer Taschenlampe noch einmal Vischers Worte vom Abend vor dem Aufbruch: »Bald wurde alles ruhig, und man hörte nichts mehr außer dem Kauen der Kamele ... Hinter mir schien der Mond über den düsteren Bäumen, vor mir sah ich das Lager und das Gepäck, das endlich bereit für die Reise war, und dahinter die weißen Sanddünen, die Wüste und den Horizont, *›where the strange roads go down‹*. Dann ging ich glücklich wie meine schwarzen Brüder, die sich nie um die Zukunft scheren, schlafen.«

»Sie machen einen etwas nervösen Eindruck, aber sie sind es bestimmt gewöhnt, Lasten zu tragen.«

Japper und ich inspizierten die gemieteten Kamele, sobald sich die ersten schmalen Lichtstreifen rasch und ungleichmäßig am grauen Morgenhimmel zeigten.

»Siehst du die Schwielen bei dem hier, wo die Seile gerieben haben und die Sattelwunde verheilt ist?«

Zachariya, ein junger Mann von etwa 20 Jahren mit heller Haut und einem fröhlichen Lächeln, kam zu uns herüber.

»Die Kamele sind zuverlässig, gesund und kräftig«, sagte er zu mir auf Hausa. »Sie werden uns keine Schwierigkeiten machen.«

»Was sind das für seltsame Ringe?«, fragte ich und zeigte auf einen der Metallringe mit 15 Zentimetern Durchmesser, die drei der Kamele über den Nüstern trugen.

»Die sind nur zur Zierde. Wir binden sie den Leitkamelen um. Dann haben die übrigen Tiere in der Karawane ein Zeichen, dem sie folgen können.«

»Sie sehen aus wie vergrößerte Gewehrvisiere.«

Die grob gearbeiteten Holzsättel, die uns zur Verfügung standen, waren für Lastkamele gedacht. Das bedeutete, dass wir alle in der angeseilten Karawane reiten mussten. Die Sättel hatten lange, metallbeschlagene, nach oben gebogene Enden. Diese phallisch aussehenden Gebilde erfüllten keinen praktischen Zweck, sondern waren offensichtlich nur als Schmuckelement gedacht.

Japper nahm einen der Sättel zur Hand und testete die Festigkeit der Stricke und Nägel, mit denen die Verstrebungen zusammengehalten wurden.

»Wenn wir sie nicht oben polstern, wird uns ganz schön der Hintern wehtun«, prophezeite er.

Ich hatte geschätzt, dass das Beladen drei Stunden dauern würde, vor allem weil wir unsere Ausrüstung zuerst in Jutesäcke packen mussten, die wir in Maiduguri gekauft und zu Tragetaschen für Kamele umfunktioniert hatten. Leider waren die Säcke vorher mit sehr scharfem Pfeffer gefüllt gewesen, und kaum hatten wir angefangen, unsere Ladung hineinzupacken, als wir heftig husten und niesen mussten. Trotzdem war erstaunlicherweise um halb neun Uhr morgens alles fertig, und unsere Karawane brach mit hastigen Abschiedsgrüßen und fröhlichem Winken in nördlicher Richtung aus Kukawa auf. Das monatelange Prüfen und Planen, die Verzögerungen und Enttäuschungen, der Druck Einzelner und Amerikas, all diese Rückschläge lösten sich in Luft auf. Wir hatten es tatsächlich geschafft, wir waren unterwegs, und ein Traum, an dem ich länger als ein Vierteljahrhundert festgehalten hatte, wurde endlich Wirklichkeit.

Ich konnte nicht umhin festzustellen, dass Vischers Abreise aus Tripolis weniger planmäßig verlaufen war. Einen ganzen zusätzlichen Tag hatte es gedauert, Ordnung in zerstreute Ladung, aufgeregte Kamele und rivalisierende Kameltreiber zu bringen. Unsere Reibereien sollten später entstehen, aber fürs Erste verließen wir Kukawa auf einem staubigen, gewundenen Pfad durch die Felder voller Mais, Guineakorn und Zwischenfrüchten rund um die frühere Hauptstadt von Bornu. Hähne krähten, die Leute standen auf, und blauer Rauch stieg spiralförmig von den Kochstellen in den Dunst des frühen Morgens hinauf. Begrüßungen wurden hin und her gerufen, und während wir uns von der erwachenden Betriebsamkeit der Menschen entfernten, wurde das Ackerland auf einmal von dichtem Busch abgelöst. Ich erkannte die wilde Papaya und die bittersüße gelbe Kirsche zwischen den Akazienbüschen mit ihren spitzen weißen Dornen, von denen manche 15 Zentimeter lang sind und ein Pferd lahmen lassen, wenn es in einen hineintritt. Das Kamel kann sich als einziges Tier von Akazien ernähren, indem es die Pflanze einfach in seinem unempfindlichen Maul zermalmt.

Wenn man stundenlang auf einem Kamel vor- und zurückschaukelt, hat man viel Zeit zum Nachdenken. Als wir aufbrachen, dachte ich an frühere Erlebnisse in Westafrika zurück, als ich zu Fuß oder zu Pferd Tausende von Kilometern durch den Busch zurücklegte. Damals schien es mir der Inbegriff von Leben zu sein, und ich konnte nicht genug davon bekommen. Jeden unbekannten Landstrich galt es zu erforschen, jedes unbekannte Dorf bedeutete ein Abenteuer. Beschwerlichkeiten hielten nie lange an. Nach einer langen Wanderung bei brütender Hitze folgten für gewöhnlich ein erholsames Bad und eine Mahlzeit. Wurde man bei einem einstündigen Regenguss vollkommen durchnässt, trocknete man sich später an einem prasselnden Feuer und lachte angesichts der überstandenen Not. Ich dachte an die schönen Momente zurück, wenn die Luft an einem frühen Morgen nach einem Regen ganz frisch war, an die prickelnde Kühle des Abends, wenn die Sonne verschwunden war, an das Besinnen auf alle Erlebnisse, die der Tag gebracht hatte ... Ich wachte erst aus meinen rosaroten Erinnerungen auf, als wir an ein paar Balsambäumen vorbeiritten, deren berauschender Duft zu uns herüberwehte. Japper erzählte mir später, dass junge Somali-Mädchen die Zweige aufschneiden, das Harz verbrennen und sich dann in den duftenden Rauch stellen, um selbst gut zu riechen.

Was mich betraf, so genoss ich das äußerst befreiende Gefühl, nach so vielen Jahren wieder in die offene Weite Afrikas hinauszureiten.

3

»Keine Gefahr ist so groß, dass die Hoffnung auf eine Belohnung nicht größer ist … Segelt also dahin, und … beginnt sogleich eure Reise.«

PRINZ HEINRICH DER SEEFAHRER

»Haben Sie eine Genehmigung dafür, die Kamele aus Nigeria nach Niger einzuführen?«

Der aufgeblasene Beamte mit der zerrissenen Uniformjacke aus Khaki, dem durchhängenden Gürtel, der riesigen kurzen Hose und der zu kleinen Schirmmütze baute sich vor mir auf und starrte mich an. Als leitender Zollbeamter aus dem Süden musste er sich hier auf dem abgelegenen Grenzposten am Komadugu Yobe in der Nähe des winzigen Dorfes Bisagama ziemlich abgeschnitten und einsam fühlen. Ich malte mir aus, wie er mutterseelenallein in einer strohgedeckten Lehmhütte saß, Star-Bier in sich hineinschüttete und sehnsüchtige Gedanken an saftig grüne Palmenwäldchen und ein Zuhause im heißen, feuchten Süden hegte. Ich konnte mir gut vorstellen, dass dieser Grenzposten eine Strafe für ihn war. Wie ich gerade von einem freundlichen Polizisten erfahren hatte, brauchte er sich eigentlich für nichts anderes als Waffen zu interessieren. Die Straßenräuber, die aus Tschad herüberkamen, hatten jede Menge Kalaschnikows, und der Waffenschmuggel florierte. In mir keimte der Verdacht, dass ein Teil dieser gesetzwidrigen Einnahmen in die schwitzige Hand des Zollbeamten floss. Falls meine Vermutung zutraf, war das Haus in den schwülen Mangrovensümpfen vielleicht größer, als ich es mir vorgestellt hatte.

Aber wir waren etwas anderes. Man hatte ihn aus seiner Hütte geholt, um Reisende abzufertigen, einige davon weiß, die Nigeria mit Kamelen verlassen wollten. Kamele! Was für eine Gelegenheit! Was für eine Chance zum Aufstieg! Diese Aufgabe war eines höheren Zollbeamten würdig.

»Unsere Papiere sind alle in Ordnung. Wir haben Visa und Einladungen aus Nigeria und Niger dabei, Bescheinigungen von der NATIONAL GEOGRAPHIC SOCIETY, Einladungen von libyschen ...«, zählte ich auf.

»Aber die Kamele, wo sind die Passierscheine für die Kamele?«, unterbrach er mich.

»Das können Sie doch nicht ernst meinen. Wir brauchen Passierscheine für die Kamele?«

»Wenn keine Passierscheine da sind, gibt es keine Erlaubnis, den Fluss zu überqueren. Das steht alles hier in den Vorschriften. Abschnitt 21, Paragraph 23 a: Tiere können nur dann über Land, Meer, Straße oder Fluss aus Nigeria ausgeführt werden« – er warf mir einen bedeutungsvollen Blick zu –, »wenn die entsprechenden Genehmigungen erteilt worden sind. Geben Sie mir Ihre Pässe.«

Ich sammelte die Pässe der Expeditionsteilnehmer ein und reichte sie ihm.

»Aha, britische Pässe. Also, das stellt ein sehr viel größeres Problem dar.«

»Wieso das denn?«

»Weil Ihr Land voller Rinderkrankheiten ist. Rinderwahnsinn und Maul- und Klauenseuche. Wir wissen alles darüber. Sie verbrennen Millionen von Kühen, weil sie krank sind. Glauben Sie bloß nicht, dass wir darüber nicht Bescheid wissen. Und das hier ist ein Pass aus Kenia. In Kenia gibt es Rinderpest und Ostküstenfieber. Sehr schlimme, meldepflichtige Krankheiten. Und der Besitzer dieses Passes ist auch noch ein Farmer.« Er schüttelte den Kopf. Die Schirmmütze wackelte bedenklich. »Sie haben große Schwierigkeiten.«

»Aber was hat das mit den Kamelen zu tun, die wir in Nigeria geliehen haben, keine 160 Kilometer entfernt von hier? Was reden Sie da überhaupt? Das ergibt doch alles keinen Sinn.«

Der kleine Mann, der Augustine Ekundayo hieß, wie ich später erfuhr, hatte die Daumen in den durchhängenden Gürtel gesteckt und klopfte sich bedächtig auf den umfangreichen Bierbauch.

»Sind Sie etwa nicht über Kenia von England nach Nigeria gereist?«

»Doch.«

»Dann könnten Sie alle möglichen Erreger mit sich herumtragen. Die könnten überall auf Ihren Schuhen oder Hosen sein. Sie könnten« – Augustine machte eine effektheischende Pause – »vollkommen verseucht sein.«

»Aber das betrifft doch unsere Kamele nicht«, beharrte ich.

»Sie könnten Ihre Erreger auf die Kamele übertragen haben. Dann würden Sie diese Krankheiten nach Niger einschleppen. Man würde Nigeria dafür zur Rechenschaft ziehen, und es würde zu internationalen Spannungen kommen. Man würde mich dafür verantwortlich machen und mich wegen Ihres leichtfertigen Handelns auf der Stelle entlassen. Mir würde man die Katastrophe zur Last legen, obwohl eigentlich Sie daran schuld wären. Wenn ich keinen Job mehr hätte, müsste ich mit einem Herzen voller Kummer in meine Heimat im Süden zurückkehren. Sie würden mich in ein Tal der Tränen stürzen.« Er hob drohend den Zeigefinger vor meiner Nase. »Denken Sie nur, wie ich meiner weinenden Frau und meinen zwölf hungrigen Kindern ohne einen einzigen Naira in der Tasche entgegentreten müsste. Völlig mittellos.« Augustine steigerte sich immer weiter in seinen Monolog hinein. »Nein, Sie können nicht über den Fluss nach Niger einreisen. Die Lage ist sehr ernst.«

Er wandte sich ab und schlenderte in Richtung Dorf zurück. Auf einmal tauchte Alhaji, von dem wir die Kamele gemietet hatten, einfach so aus dem Nichts auf, als wäre er auf einen Lkw gesprungen und schnell hierher gefahren. Er ging zu Augustine hinüber und unterhielt sich ernsthaft mit ihm. Dann kam er zu mir.

»Sie haben massiv gegen die Vorschriften verstoßen«, flüsterte er, »aber gegen ein geringes Entgelt ist er bereit, die Vorschriften ausnahmsweise zu vergessen.«

Plötzlich hörte ich jemanden rufen. Augustine hatte sich umgedreht und schritt auf mich zu. Dann blieb er wie angewurzelt stehen und zeigte auf den Professor, der sein Stativ aufgestellt hatte und den Fluss, die Kamele, die Holzboote und unsere am sandigen Ufer verteilte Ladung filmte.

»Das ist verboten«, verkündete er. »Niemand darf an einer nigerianischen Grenze fotografieren. Nehmen Sie die Kamera an sich«, rief er dem Polizisten zu, mit dem ich vorher gesprochen hatte. Der saß mit dem Rücken an einen Baum gelehnt und trug eine ausgeblichene nigerianische Polizeijacke zu einem leuchtend bunten Tuch um die Taille. Gemächlich stand er auf.

»Professor«, rief ich, »bitte packen Sie Ihre Kamera weg!« Unter seinem großen weißen Plastikkulihut, den er aus China mitgebracht hatte, war Professor Yuan Guoying völlig in seine Aufnahme vertieft. Er hatte überhaupt nicht mitbekommen, dass es um ihn ging.

Ich wandte mich an Augustine. Jetzt war es an mir, einen Monolog zu halten. »Sie müssen verstehen, dass dieser Herr ein sehr hoher Beamter aus China ist. Er ist ein wichtiger Gast der nigerianischen Regierung. Wenn ihm irgendetwas passieren sollte, würde es mit Sicherheit zu großen internationalen Spannungen kommen. Und man würde Sie dafür verantwortlich machen. Ihre Stelle verlieren? Pah, man würde sich Ihre Rechtfertigung gar nicht erst anhören, sondern Sie gleich ins Gefängnis stecken. Keinen Naira? Vergessen Sie Ihre weinende Frau und Ihre zwölf hungrigen Kinder. Sie würden sie nie wiedersehen.«

Ich schaute ihn durchdringend an und merkte, wie seine Entschlossenheit nachließ. Schließlich rief er den Polizisten zurück und drehte sich mit einem schwachen Lächeln wieder zu mir um.

»Haben Sie mit dem Knallkopf gesprochen?« Ich musste ein verständnisloses Gesicht gemacht haben, denn er fügte hinzu: »Knallkopf, Sie wissen schon.« Er beugte sich vor und stieß mit dem Kopf gegen den Handrücken. »Mit dem Moslem, dem Alhaji, dem Knallkopf.« Vielleicht sollte die Bezeichnung auf die muslimische Gebetshaltung anspielen.

»Ja.«

»Und haben Sie seine Nachricht verstanden?«

»Ja.«

»Dann können Sie passieren.« Er grinste mich an. Wir hatten schon weit über eine Stunde verschwendet, und allmählich war meine Geduld erschöpft.

Das Gepäck wurde in drei Holzkanus verfrachtet, während sich ein paar lachende, rempelnde kleine Jungen auszogen und die unwilligen Kamele ins Wasser scheuchten. Die Strömung war nur schwach und der Fluss nicht besonders tief. Wahrscheinlich verließen die Kamelfüße den sandigen Untergrund nur für ein paar Minuten. Die Jungen wateten, schwammen und klatschten hinter den Kamelen ins Wasser, um sie anzutreiben. Wir folgten in den Kanus, und so hatten wir schon nach überraschend kurzer Zeit den Yobe überquert und landeten samt Gepäck und Kamelen sicher in Niger. Sofort kam Alhaji angeschlichen. »Der Zollbeamte braucht eine Entschädigung, weil er so verständnisvoll war«, flüsterte er. »Außerdem muss der Bootsführer bezahlt werden, der das Gepäck herübergefahren hat. Und die Jungen, die ...«

Ich hatte endgültig die Nase voll vom einschmeichelnden Gewinsel des gerissenen Alhaji. Ich gab ihm etwas Geld, woraufhin er sich beschwerte, dass es zu wenig sei. Jetzt war meine Geduld am Ende und ich explodierte. Alhaji protestierte und zog dann brummend von dannen.

Bis zum Fluss hatten wir drei Tage gebraucht. Der stetig schwankende Gang der Kamele hatte unsere schlaffen Muskeln schmerzen lassen. Die Tage waren heiß gewesen – über 40 Grad Celsius – und die Nächte warm. Zu warm für die dicken Schlafsäcke, daher schliefen wir unter den weißen Laken, die Japper zum Schutz vor der Wüstensonne gekauft hatte. Was die Sättel betraf, hatte Japper Recht behalten: Unsere Hinterteile waren wund gerieben. Ich fasste diese Tour mit den gemieteten Kamelen nach N'Gigmi als eine Art Grundausbildung für uns alle auf. Allmählich entwickelten wir einen Rhythmus und Routine. Das braucht seine Zeit. Sich von der Hektik des modernen Lebens zu lösen und in eine alltagsferne Welt einzufinden, gelingt nicht innerhalb von 24 Stunden. Wir hatten gelernt, wie man ordentlich packt, wie man mit den Seilen umgeht und unter Johnnys wachsamer Aufsicht die Küchenkisten aus Holz einräumt.

Wir hatten die Erfahrung gemacht, dass es keine gute Idee war, eine Stunde Mittagspause zu machen. Dafür mussten wir die Kamele nämlich ent- und wieder beladen, wegen all der Gurte und Seile eine zeitraubende Angelegenheit. Es erwies sich als klüger, abends nach einem anstrengenden Tag zu kochen, und das überließen wir besser den Hirten, anstatt es selbst zu versuchen. Was sie aßen, aßen wir ebenfalls – so hielten wir es bis zum Ende der Reise. Wie der große Forschungsreisende Heinrich Barth 150 Jahre zuvor feststellte: »Es erfordert viel Arbeit, es [das Essen] gut zuzubereiten, und das ist natürlich eine schwierige Aufgabe für einen europäischen Reisenden, der keine Sklavin oder Gattin hat, die für seine Mahlzeiten sorgt.« So ist es.

Kaum hatten wir Kukawa verlassen, als wir auf ein unerbittliches und äußerst hartnäckiges Hindernis stießen: winzige Graskletten namens *karengia (Pennisetum distichum)*, die den gesamten Weg bis zum Fluss bedeckten und uns noch mehr als 160 Kilometer darüber hinaus ärgern sollten. Barth rückte ihnen mit einer kleinen Zange zu Leibe. Dr. Oudney, der Denham und Clapperton begleitete, schrieb: »Die Hunde legten sich hin und jaulten, und diejenigen von uns, die zu Fuß unterwegs waren, klagten bitter – sie sind wirklich unangenehm und krallen sich fest wie Greifhaken ...« Johnny war anfangs wie ein verhinderter Heinrich Barth zu Fuß durch den Busch marschiert und bekam Hautreizungen, die ihm noch tagelang erhalten blieben. Die äußerst spitzen, kleinen Samenkapseln lösen sich ganz leicht vom Köpfchen der Klette und graben sich tief in die Haut. Wenn man sie von der Hose oder den Beinen wegwischen will, graben sie sich in die Hände. Wenn man sich am Kopf kratzt, bleiben sie in den Haaren haften und graben sich tief in die Kopfhaut. Sie sind so zäh und robust, dass wir ein paar von ihnen bis nach Libyen mitgeschleppt haben und sicher ungeheuer bei ihrer Ausbreitung in den Norden geholfen haben. Verwundert stellten wir jedoch fest, dass sie nicht an den Kamelen hängen blieben, und vermuten, dass das am Strich der Haare an ihren Beinen liegt.

Mohammed 2 litt die meiste Zeit der Reise unter Fieber, und als wir den Fluss überquerten, verschwand er. Ich dachte daran, dass auch Vischers Tubu auf seiner Reise hin und wieder getürmt waren, und es tröstete mich ein wenig, dass wir beide diese Erfahrung machen mussten. Augustine hatte uns so lange aufgehalten, dass wir in der Nähe des Flusses lagern mussten. Das freute die Moskitos, die unsere Moskitonetze und das Mittel gegen Malaria, das alle jeden Morgen auf mein Drängen hin schluckten, auf die Probe stellten. Wir würden noch genügend Schwierigkeiten zu bewältigen haben, da wollte ich nicht, dass wir dem Fieber anheim fielen. Ich sorgte mich besonders um den Professor, dessen Blut in der Vergangenheit noch nicht von Malariamücken gesaugt worden war.

Unsere Route führte uns in Richtung Bosso, wo sich 16 Kilometer entfernt ein nigrischer Grenzposten befand. Kaum waren wir in Bosso angekommen, als eines unserer Kamele plötzlich aus unerklärlichen Gründen scheute. Es lief im Kreis herum und zog dabei unser Gepäck hinter sich her; und als es alle Pakete abgeworfen hatte, galoppierte es mit enormer Geschwindigkeit nach Westen in den Busch. Ich hatte schon davon gehört, dass Kamele unvermutet durchdrehen, davonlaufen und dann so lange weiterrennen, bis sie irgendwann umfallen. Die Hirten fürchten sich vor diesen verhexten Tieren, die manchmal mit Schaum vor dem Maul und verstörtem Blick an ihnen vorbeirasen. Sie glauben, sie wären von einem bösen Geist besessen, und machen keine Anstalten, sie aufzuhalten. Das arme Tier galoppiert dann unabhängig von Tag- oder Nachtzeit endlos weiter, ohne auszuruhen oder auf andere Kamele zu achten. Nachdem es sich tagelang in diesem wahnsinnigen Zustand fortbewegt hat, fällt es tot um.

Während sich Zachariya auf die Suche nach dem Kamel begab, betraten wir anderen das Bürohaus aus Beton, das in Bosso als nigrische Zollstelle diente. Es war heiß, und die Soldaten vor dem Gebäude lagen ausgestreckt unter einer riesigen Akazie. Einer von ihnen beäugte mich misstrauisch, als wir vorbeigingen, die anderen schliefen tief und fest. Das Zollbüro wurde von einem merkwürdigen Beamten geleitet. Er trug eine schicke Khakiuniform und hatte anscheinend zwei Untergebene, die mit einem langen, wallenden Gewand und einem Turban bekleidet waren und sich ergeben zur Verfügung hielten. Der Kommandant besaß die bemerkenswerte Eigenschaft, etwas zu tun und sich fünf Minuten später nicht mehr daran erinnern zu können. Er nahm Jappers Pass, und ich beobachtete, wie er ihn fein säuberlich in seine Schreibtischschublade legte. Kurz darauf bat er Japper um seinen Pass.

»Er liegt in Ihrer Schublade«, erwiderte Japper höflich.

»Ach ja«, sagte der Beamte geistesabwesend. Dann zog er die Schublade auf und nahm ihn heraus.

Den Pass des Professors hielt er verkehrt herum und nickte dabei bedächtig. »Chinesisch«, stellte er dann nach reiflicher Überlegung fest. All das konnte uns nur nützen, da Japper kein gültiges Visum für Niger besaß – das einzige wichtige Dokument, das wir nicht dabei hatten. Der Beamte machte einen verwirrten Eindruck. Er betrachtete eingehend das Visum des Professors und begann ihn über China auszufragen.

»China ist gut, sehr gut«, antwortete der Professor lächelnd und reichte ihm ein Abzeichen, auf dem die chinesische Flagge über Kreuz mit der russischen Flagge abgebildet war. Die beiden anderen Beamten streckten die Hand aus, und der Professor musste noch zwei weitere Abzeichen herausrücken.

Inmitten dieses fröhlichen Beisammenseins erhielten wir die Genehmigung weiterzureisen, unsere Papiere wurden ordnungsgemäß gestempelt, und mit allseitigem Händeschütteln verließen wir die freundliche Atmosphäre des nigrischen Grenzpostens in Bosso und traten in den grellen Sonnenschein hinaus. Eine Stunde später kehrte Zachariya zurück und erzählte, er habe das Kamel überall gesucht und viele Leute nach ihm gefragt, es aber nicht wiedergefunden. Da es zumindest ohne unser Gepäck verschwunden war, beschlossen wir, ohne den Ausreißer weiterzuziehen und die Ladung auf die übrigen Tiere unserer gemieteten Karawane zu verteilen.

Die Route führte dicht am ehemaligen Ufer des Tschadsees entlang, der früher einmal der sechstgrößte See der Welt gewesen war. Vor 100 Jahren beschrieb Vischer noch, wie er an schilfbewachsenen Sümpfen vorbeigeritten war, nachdem er N'Gigmi verlassen hatte. Das ist heute nicht mehr möglich. In den letzten 50 Jahren ist der See ausgetrocknet und immer weiter geschrumpft, bis auf ein Zwanzigstel der Größe, die Vischer noch erleben durfte. 1823 lag das Ufer laut Denham 16 Kilometer von Kukawa entfernt, jetzt sind es fast 50. Doch schon damals war der Bahr el-Ghazal, der einstige Abfluss des Sees im Nordosten, vollkommen trocken und voller großer Fischgerippe. Ein Mann erzählte Denham, dass es noch zu Lebzeiten seines Großvaters einen Tag gedauert habe, den Bahr el-Ghazal, den Gazellenfluss, zu überqueren.

Das Seebett ist flach und seicht, und selbst während der relativ hohen Wasserstände der 1950er Jahre war der See nie tiefer als viereinhalb Meter. Vogel, der 1854 nach Hause schrieb, schilderte sehr anschaulich, wie schnell das Wasser des Tschadsees vordringen oder zurückweichen kann:

> Vor ein paar Tagen begab ich mich zu Pferd in die Stadt Gurno, die etwa 30 Kilometer in südsüdöstlicher Richtung von hier [Kukawa] entfernt liegt. Vor einem Monat war sie fast im Wasser versunken gewesen. Wie ich feststellte, standen die meisten Häuser immer noch fast vollständig unter Wasser. Der Pegel war innerhalb von drei Tagen um mehr als sechs Meter gestiegen! Da die Kanenbu-Dörfer in der Nähe nicht überflutet worden waren, kann ich mir diese merkwürdige Begebenheit nur durch eine Bodensenke erklären, zumal sich dieser ungewöhnliche Wasserstand 30 Tage halten konnte, ohne auch nur wenige Zentimeter zu fallen – ein seltenes Ereignis an einem Ort, wo es weit und breit keine Erdbeben oder Vulkane gibt!

In der Vergangenheit wurde der Tschadsee zum größten Teil durch die jährlichen Regenfälle von Juni bis August gespeist. Doch gegen Ende der 1960er Jahre erlebte die Region der Subsahara eine Zeit verheerender Dürreperioden. Als die Regenfälle immer häufiger ausblieben, waren die Bewohner zunehmend auf den Tschadsee als

Wasserquelle angewiesen. In den 1970er Jahren wurden Bewässerungsprogramme eingeführt, die zweifelsohne zum Schwund des Sees beitrugen. Dann blieb der Regen erneut aus, und der Wasserpegel des Sees fiel auf ein Niveau, bei dem keine Bewässerung mehr möglich war.

Das Schrumpfen des Sees und die Jahre der Dürre und der unbeständigen Regenfälle hatten schwerwiegende Folgen für die neun Millionen Bauern, Fischer und Hirten, die am Seeufer leben und deren Auskommen von ihm abhängt.

Wenn die Lage ernst wird, fangen die Menschen an, ums Überleben zu kämpfen. Vor 150 Jahren stellte Vogel Folgendes fest: »Die Menschen hier finden es bequemer, anstatt Landwirtschaft zu betreiben, die benachbarten Farmen zu überfallen und viele Sklaven einzufangen – meist Kinder zwischen neun und zwölf Jahren. Sie verkaufen sie den Tubu- und den arabischen Händlern ... Bei diesem Geschäft ist ein etwa zehnjähriger Sklavenjunge fünf Dollar wert, und ein gleichaltriges Mädchen bringt ungefähr sieben Dollar ein.«

Zwischen Kukawa und Bosso bemerkten wir die ersten deutlichen Anzeichen dafür, dass die Wüste nach Süden vorrückt. Uns fielen die zurückgehende Vegetation und die Überweidung auf, die das Gebiet geschädigt hat. Und was noch dramatischer ist, neue Sanddünen bilden sich und dringen unaufhaltsam in den Busch vor, auf einem Boden, der von winzigen weißen Muschelschalen übersät ist, ein Überbleibsel aus der Zeit, da die Fluten des Tschadsees unsere Spuren noch überspült hätten.

Die Veränderungen zeigen auch tiefgreifende und unumkehrbare Auswirkungen auf das Tierleben. Boyd Alexander erwähnt noch, dass er häufig Grasantilopen, Gazellen und riesige Herden von Kuhantilopen gesehen habe. Nahe des westlichen Seeufers erspähte er Flusspferde, Nashörner und Elefantenherden mit über 400 Tieren. Hanns Vischer spricht von riesigen Gazellenherden, und Denham berichtet von Löwen vor den Mauern Kukawas, außerdem von Leoparden, Schakalen, Zibetkatzen, Straußen und Giraffen.

Am 12. März 1823 schrieb Denham:

> Im See ... gibt es reichlich Fische und Wasservögel aller Arten ... In der Nähe des stillen Wassers wimmelt es nur so von Perlhühnern, und hätten wir mehr Schießpulver dabei, könnten wir fürstlich schmausen. Gazellen finden sich in großer Zahl, und Mr. Clapperton ist überaus erfolgreich. Das Fleisch ist sehr zäh, ich mag es nicht besonders. Ebenso wenig liegt es mir, diese Tiere zu töten. Man muss dazu stundenlang in den Büschen auf der Lauer liegen und sie im Schlaf überraschen, sonst kommt man nicht nah genug heran, um sie zu schießen. Meiner Ansicht nach hat das Tier dabei keine faire Chance. Ich habe erst eines geschossen. Sein sterbendes, sanftes schwarzes Auge, das eine unbeschreibliche Schönheit besaß, schaute mich dabei so vorwurfsvoll an, dass ich sofort Reue empfand und mir schwor, hinfort nicht mehr zu sündigen.

Und zum Thema Elefanten:

> Am ersten Abend sahen wir 47 Elefanten beim Weiden ... Zuerst schienen sie für unsere Annäherung nur Verachtung übrig zu haben, doch nach einer Weile setzten sie sich in Bewegung, richteten schwungvoll die Ohren auf, die bis dahin flach an ihren Schultern gelegen hatten, und trompeteten so laut, dass der Boden unter unseren Füßen erbebte. Einer von ihnen war ein gewaltiger, über fünf Meter großer Bursche ... einer der Neger warf einen Speer nach ihm, der ihn knapp unter dem Schwanz traf, aber nur so sehr zu verletzen schien wie uns eine

> Nadel, mit der wir uns in den Finger stechen. Das riesige Tier hob den Rüssel und schleuderte mit einem lauten Brüllen eine solche Menge Sand heraus, dass ich fast nichts mehr sehen konnte, so unvorbereitet war ich auf dieses Ereignis.

31 Jahre später stellte auch Vogel »unglaubliche Mengen von Elefanten und Nilpferden« am See fest. Und er klagte über die dortigen Moskitos und Weißen Ameisen, die »so groß wie männliche Rotkehlchen oder Mäuse sind«.

Abgesehen von ein paar Hasen und vier Schopfduckerherden, die aus höchstens zwölf Tieren bestanden und sofort das Weite suchten, als sie uns bemerkten, sahen wir überhaupt keine wilden Tiere. Überbevölkerung, Dürre und der Verlust ihres Lebensraumes haben dazu geführt, dass all die Tiere, die von den früheren Forschern gesehen wurden, für immer unwiederbringlich verschwunden sind. Nur die Moskitos, Fliegen und Weißen Ameisen sind geblieben und sind noch genauso gierig wie vor 100 Jahren.

An jenem Abend erreichten wir das Wasserbohrloch in der Nähe des Dorfes Kabelaou. Hier wurden Hunderte der großen gehörnten Rinder aus Borno getränkt, außerdem Schafe, Ziegen und über 200 Kamele. Während wir unsere Kamele trinken ließen, kam der Marktaufseher mit aufgehaltener Hand auf mich zu. Er war auf Geld aus, doch ich konnte ihn mit einem Witz auf Hausa, der ihn in schallendes Gelächter ausbrechen ließ, abwimmeln. Als ich mich mit einem graubärtigen Viehbesitzer unterhielt, klagte er darüber, dass ihnen Plünderer aus Tschad viel Ärger bereiteten. Die Banditen raubten Vieh und brannten Häuser nieder.

»Die Regierung unternimmt nichts dagegen«, beschwerte er sich. »Wir führen einen kleinen Krieg und sind dabei ganz uns selbst überlassen. Passen Sie gut auf sich auf«, riet er mir, »die Banditen werden Sie für leichte Beute halten. Die meisten von ihnen wohnten früher in Pfahlbauten, waren Fischer und lebten auf Inseln auf dem See. Jetzt ist der See geschrumpft und die Inseln sind verschwunden. Deshalb sind sie Verbrecher geworden. Das Dumme ist nur, dass sie sich hier gut auskennen – viel besser als wir.«

Diese Banditen heißen Bunduma oder Yedina, wie sie sich selbst nennen. Ihre verschiedenen Vorfahren, von denen einige mit den Tubu verwandt waren, ließen sich über die Jahrhunderte auf dem Tschadsee nieder, weil sie vor mächtigeren Nachbarn fliehen mussten. Sie lernten, wie man aus kleinen Schilfbüscheln Kanus baute, und waren daher sowohl schnell in Sicherheit als auch mobil. Barth nannte sie die »berühmten Piraten aus Tschad«. Immer wieder überfielen sie die Dörfer der Kanuri am Seeufer, und wegen ihres geschützten Insellebens gelang es den Kanuri nicht, sie zu besiegen. Die Bunduma waren allseits gefürchtet, und ihretwegen wagten sich viele der früheren Forscher nicht auf den See. Jetzt scheinen sie trotz des dramatischen Wasserrückgangs in ihre alten Sitten zurückgefallen zu sein.

Denham hielt am 12. März 1823 in seinem Tagebuch fest:

> Es heißt, man könne 40 Tage lang in östlicher Richtung gehen, dort gebe es Inseln, deren Bewohner von Plünderungen auf dem Festland lebten und in Kanus entkämen. Sie suchen auch den Ort heim, an dem ich mich gerade befinde [in der Nähe von Kabelaou] ... Manchmal stehlen sie unzählige Ochsen, plündern ein Dorf und schaffen die Bewohner fort; dennoch wird nichts unternommen, um ihnen endlich Einhalt zu gebieten.

Manche Dinge ändern sich nie.

Sidi hatte mir dringend geraten, nur so viel Bargeld mitzunehmen, dass es für unseren unmittelbaren Bedarf reichte. Ich trug 900 britische Pfund und 2000 US-Dollar in Lederbeuteln um den Hals. Davon abgesehen besaßen wir nicht viel, was sich zu stehlen lohnte, die Kamele und Kameras mal ausgenommen.

Wir kampierten in einer Hügelsenke drei Kilometer nördlich des Bohrlochs. Als wir am nächsten Morgen aufbrechen wollten, hatte sich der Professor entfernt, um den Sonnenaufgang zu fotografieren. Während er sich über das Stativ beugte, zeichnete er sich weithin sichtbar am Horizont ab.

»Rufen Sie ihn zurück«, bat Zachariya besorgt. »Die Banditen könnten ihn sehen. Sie werden das Stativ für ein Gewehr halten. Es ist zu gefährlich, wenn er so da steht.« Seit der Professor von den Räubern am Tschadsee erfahren hatte, drängte er mich, Schusswaffen mitzunehmen. »Die britische Regierung hat darauf bestanden, dass Barth Feuerwaffen mitnimmt, und Hanns hatte auch welche dabei«, argumentierte er. »Sie sollten auch welche verlangen.«

Einmal hörte Japper ihn zufällig dabei und sagte dazu: »Für den alten Prof geht das in Ordnung, weil sie in China nicht allzu viele Fragen stellen würden, wenn er einen muslimischen Banditen erschießen würde. Wahrscheinlich bekäme er sogar einen Orden. Du solltest ihm versichern, dass sich die afrikanischen Behörden auch nicht groß dafür interessieren würden. Das Dumme ist nur, dass sie uns nicht gratulieren würden – sondern erschießen.«

Zu meiner großen Erleichterung erwartete Sidi uns bereits, als wir in N'Gigmi eintrafen. Die Reise mit den gemieteten Kamelen von Kukawa aus hatte fünf Tage gedauert. Er hatte meine 25 Kamele dabei, außerdem vier Tuareg-Hirten, einen Tubu-Führer und eine französische Journalistin namens Anna-Marie. Die Tuareg und die Kamele waren vor über einem Monat in Agadez aufgebrochen und hatten bereits um die 720 Kilometer hinter sich. Eine ernüchternde Vorstellung, wenn ich daran dachte, dass noch 2400 Kilometer vor uns lagen.

Der NATIONAL-GEOGRAPHIC-Fotograf hatte mir Anna-Maries Namen genannt. Angeblich konnte sie uns helfen, für unsere Reise nordwärts von Al Katrun in Libyen Kamele zu besorgen, wo Sidis Einsatz zu Ende sein würde. Anna-Marie war Ende 20, hatte eine blonde Wuschelmähne und eine ausgeprägte Vorliebe für Niger, Wüsten und vermutlich auch Tuareg. Im windigen, düsteren N'Gigmi war sie eine richtige Exotin, anziehend und bizarr zugleich.

»Wie können Sie sich das leisten, in der Wüste herumzuziehen? Wovon leben Sie?«, wollte ich von ihr wissen.

»Ich recherchiere heimlich über die Sklaverei in Westafrika und die Verschiffung von Sklaven nach Frankreich«, flüsterte sie und griff nach meinem Arm. »Meine Zeitschrift bezahlt mich dafür.«

»Als Vierjahresauftrag?«

»Ja, ich arbeite undercover«, erklärte sie und legte den Finger an die Lippen. »Aber Sie dürfen das den Tuareg nicht verraten. Meine Arbeit ist geheim.«

»Was glauben die denn, was Sie hier tun?«

Sie zuckte die Achseln und lachte heiser. »Mich amüsieren, nehme ich an.«

Anna-Marie mochte vielleicht glauben, dass sie undercover arbeitete, doch sie bemühte sich nicht, ihr widersprüchliches, übersprudelndes Wesen zu verbergen.

»Du bist mein Sklave«, sagte sie später am selben Abend, als sie mit gespreizten Beinen vor einem verlegen grinsenden Sidi stand, die Arme in die Seiten gestemmt. Sie schüttelte ihre Mähne, drehte sich lächelnd zu mir um und fügte hinzu: »Alle halten Tuareg-Männer für so geheimnisvoll, für die unverdorbenen Herren der Wüste. Aber wenn man sie erst mal kennen lernt, merkt man, dass sie nichts Besonderes sind, sondern genau wie andere Männer.«

Nach dieser kurzen Begegnung beschloss ich, nicht auf Anna-Maries Hilfe zu zählen, weder in Al Katrun noch sonst irgendwo. Ihr lebhaftes Temperament war einfach zu unberechenbar, als dass man sich darauf verlassen konnte. Anna-Marie erinnerte mich an eine andere blonde Tuareg-Verehrerin, neben der ich ein paar Jahre zuvor einmal bei einem Abendessen für Wüsten-Exzentriker gesessen hatte. Zunächst hatte sie sich während des gesamten üppigen Viergängemenüs geweigert, etwas anderes als Obst zu essen. Als wir dann eine anregende, interessante Unterhaltung führten, drehte sie sich plötzlich zu mir um, schaute mich sehr ernst an und sagte: »Die Uhr hat geschlagen.«

»Ah ja?«

»Ja, ich rede niemals mit jemandem nach neun Uhr abends.«

Daraufhin sprach sie kein Wort mehr mit mir, ebenso wenig wie mit ihrem anderen Tischnachbarn.

Sidis Tuareg-Brüder Argali und Ehom, die wir in Agadez rekrutiert hatten, hatte ich bereits kennen gelernt. Die beiden anderen, Adam und Asalik, waren Buzu, Nachfahren von Tuareg-Sklaven.

Argali war groß, rundlich, hellhäutig und meistens gut gelaunt. Seinen krausen Haarschopf, der unter seinem langen, wallenden Turban hervorschaute, pflegte er jeden Tag mit peinlicher Genauigkeit, entweder auf dem Fußboden sitzend oder unterwegs auf seinem Kamel. Aber auch er hatte ein launisches Wesen. Im Gegensatz zu Denhams Beobachtung, dass Tuareg-Männer nicht singen, weil sie das für unmännlich halten, sang er auf dem ganzen Weg durch die Sahara – einen endlosen, immer gleichen, unmelodischen, traurigen Singsang. Wenn er gerade nicht singen konnte, plapperte er, ahmte dabei mit hoher Fistelstimme den Frauengesang einer Revue nach und riss in einem fort Witze, über die er selbst schallend lachte. Wenn ihn jedoch eine andere Stimmung überkam, wurde er plötzlich mürrisch und verdrossen, seine Lieder verstummten und er redete mit niemandem. Alle Tuareg befolgten streng den Islam und beteten zu den vorgeschriebenen Tageszeiten. Die rigorosen

Verpflichtungen während des Ramadan fielen genau in die Reisemonate hinein, wurden aber von unseren Hirten auf die Zeit nach ihrer Rückkehr verschoben – eine Regelung, die der Glaube zuließ. Allerdings hatte Argali anscheinend eine eigene Art zu beten. Am Ende seines Morgen- und Abendgebets spuckte er einmal auf die linke und einmal auf die rechte Seite und schnippte dabei theatralisch mit den Fingern. »Das ist alles Unfug«, ließ mich Asalik eines Tages gleichmütig wissen. »Diese Variante des Islams befolgt nur Argali und sonst niemand.«

Ein anderes Mal redete sich Argali ein, unser Führer Abba habe den falschen Weg eingeschlagen. Also folgte er einer anderen Route, ohne jemanden von uns zu informieren. Asalik machte sich Sorgen, dass wir ihn verloren hätten, und ging auf die Suche nach ihm. Knappe fünf Kilometer weiter erspähten wir ihn am Horizont, wie er nahe unserer eigenen Route neben seinem Kamel hockte. Er hatte seinen Standpunkt klargemacht, aber der Rest der Mannschaft fand das nicht witzig. Nebenbei hatte Argali einen Diättick, auch wenn dieser nicht so extrem war wie der meiner blonden Tischnachbarin. Während unserer gesamten Reise weigerte er sich, etwas aus der Dose zu essen, was für einen Afrikaner höchst ungewöhnlich ist. Uns Ausländern gegenüber zeigte sich Argali jedoch stets höflich, freundlich und hilfsbereit. In einer kalten, windigen Nacht kroch ich mit halb geschlossenen Augen aus meinem Schlafsack, um pinkeln zu gehen. Da es sehr dringend war, stolperte ich nur ein Stück weit, um mich zwischen unserem breit verstreuten Gepäck zu erleichtern. Erst als ich schon angefangen hatte, bemerkte ich zu meinem Entsetzen, dass das Gepäck Argali verdeckt hatte, der sich plötzlich neben mir aufrichtete, bevor ich fertig war. Hätte ich einen oder zwei Meter weiter links gestanden, hätte es zu einer anglo-afrikanischen Konfrontation kommen können. So aber akzeptierte er bereitwillig meine verlegene Entschuldigung.

In krassem Gegensatz zu Argali war Ehom, den Sidi zum *»chef d'expédition«* ernannt hatte, sehr dunkelhäutig, still und darauf bedacht, jeglichen Konflikt zu vermeiden. Er beklagte sich nie, seine Ehrlichkeit war offensichtlich und er besaß ein gutes Urteilsvermögen. Manchmal zögerte er mit seinen Entscheidungen, doch ich konnte mir keinen besseren Führer wünschen, und seine ruhige Einschätzung schwieriger Situationen war stets eine große Hilfe.

Der kleine Adam mit dem khakifarbenen Turban entpuppte sich als fröhlich und tatkräftig, pfiff immerzu vor sich hin, um die anderen aufzumuntern, und lief unermüdlich an der Karawane entlang, um die Ladung zu sichern oder zu stabilisieren. Als Friedensstifter brauchte er manchmal viel Geduld, um die erhitzten Gemüter zu beruhigen, wenn dem leicht aufbrausenden Abba die Sicherung durchgebrannt war. Außerdem konnte er gut mit Seilen und Knoten umgehen und war ein Meister darin, das aufwändige Netz aus Seilen zu flechten, das man braucht, um große Mengen Gras als Kamelfutter zu transportieren. Wie er mir erklärte, »bekommt man nur dann ein hübsches Tuareg-Mädchen zur Frau, wenn man Knoten machen kann. Sonst schaut sie einen nicht an.«

Asalik war uns allen ein großes Rätsel. Er war noch dunkler als Ehom und immer schwarz gekleidet, und seine klugen Augen schauten aus einem tiefschwarzen Turban hervor, der Nase und Mund bedeckte. Asalik beobachtete viel und sprach wenig. Er war nicht auf fremde Hilfe angewiesen und wirkte sehr verschlossen, betrachtete die seltsamen Ausländer aufmerksam und gab mir manchmal mit sanfter Stimme einen Rat, wenn er der Meinung war, dass ich wegen eines Kamels oder eines Expeditionsmitglieds etwas unternehmen sollte. »Ich wurde auf diese Reise geschickt, um Sie zu beschützen«, sagte er einmal zu mir. »Ich bin hier, um dafür zu sorgen, dass nichts gestohlen wird und Ihnen nichts zustößt.« Gegen Ende unserer Reise schätzte ich Asalik und seinen Gleichmut sehr.

Wenn es ein Teammitglied gab, mit dem ich die Sahara noch einmal durchqueren würde, dann war das Asalik.

Vischers Karawane wurde nicht von Tuareg begleitet, die in den meisten west- und nordafrikanischen Saharaländern zu Hause sind. Zu seiner Zeit waren die Tuareg Wüstenräuber, die Oasengemeinden entlang der Kamelstraße plünderten und bei einer unvergesslichen Begebenheit auch Vischers Karawane überfielen. Der Kommandant von Ghat gab Vischer in Nordlibyen den Rat: »Wenn Sie es einmal mit einem Tuareg zu tun bekommen, geben Sie ihm gleich eins auf die Nase, dann benimmt er sich. Wenn er glaubt, dass Sie von seiner Erscheinung beeindruckt sind, wird er unverschämt und ein gefährlicher Feind.« Wir machten dagegen gänzlich andere Erfahrungen. Unsere Tuareg waren zuvorkommend, sachkundig, loyal und fleißig. Sie kümmerten sich mit großem Geschick um unsere Kamele und bewiesen dabei die Fürsorge, in ihrer Sprache *amana*, mit der sie gemäß ihren Stammesregeln alle Kamele zu behandeln haben.

Von meinen 25 kastrierten männlichen Kamelen waren neun Reit- und 16 Lasttiere. Ein Reitkamel muss länger dressiert werden und kostet daher ein Drittel mehr als ein Lastkamel, das bis zu 90 Kilogramm tragen kann. Zu meinen Lastkamelen gehörten fünf braunweiße Schecken, über die Jasper gelesen hatte, dass sie in der Subsahara vorkämen. Er hatte sie jedoch noch nie gesehen. Vier dieser bemerkenswerten Geschöpfe besaßen blaue Augen, und das fünfte ein blaues und ein braunes Auge. Alle fünf waren vollkommen taub, was bei Kamelen mit dieser Farbgebung häufig vorkommt. Vielleicht waren sie deshalb auch die störrischsten Tiere der Karawane. Was ihr Geschlecht angeht: Weibliche Kamele können zwar schneller laufen als männliche – daher werden bei den Rennen im Mittleren Osten nur weibliche Kamele eingesetzt –, aber die männlichen, ob kastriert oder nicht, sind die besseren Lastenträger.

Unser Führer Abba war ein Tubu. Die Tubu sind alteingesessene Saharabewohner und leben im Norden Nigers, in Libyen und in Tschad. Ihr Verhältnis zu den Tuareg ist gespannt. Sie bestreiten ihren kargen Lebensunterhalt mit Dattelanbau und Viehzucht und wandern auf einem schmalen Grat zwischen Überleben und Untergang. Im 19. Jahrhundert waren sie ständig in Auseinandersetzungen mit den plündernden Tuareg verwickelt, und die Erinnerungen daran machen ihnen noch heute zu schaffen. Von Sidi wusste ich, dass die Tubu um einen von Niger unabhängigen Staat kämpfen und sich zu diesem Zweck mit den ebenfalls unzufriedenen Tubu jenseits der Grenze in Tschad verbündet haben. Der gewitzte Sidi hatte Abba genau deshalb ausgewählt, denn er wusste, dass dieser über enge Verbindungen zur Unabhängigkeitsbewegung verfügte. Abbas Bruder war vor kurzem bei einem Zusammenstoß mit der nigrischen Armee ums Leben gekommen, aufgrund dessen Sidi unsere Reise um zwei Wochen hatte verschieben müssen, und Abba selbst galt unter den politischen Aktivisten als Held. Er konnte schwierig, unberechenbar und unangenehm dünkelhaft sein und war dennoch eine gute Wahl: Ein aufsässiger Tubu, der unsere Karawane als willkommene Beute ansehen sollte, würde von Abba vertrieben werden, dessen Tagessatz von 25 Dollar einen guten Grund darstellte, uns sicher durch Niger und weiter nördlich ins libysche Al Katrun zu bringen. Mehrmals erzählte er mir, wie er einen amerikanischen CIA-Agenten heimlich nach Tschad geführt habe – ein solch gewichtiger und erfolgreicher Auftrag, dass ihn der dankbare amerikanische Botschafter reich belohnt habe. Und dann war da noch die ältere allein stehende Französin, die er ins Tibesti-Gebirge gebracht hatte, wofür er eine weitere, nicht näher bezifferbare Belohnung kassiert hatte.

»Ich bin als Wüstenexperte bekannt«, endete er dann. »Und werde angemessen bezahlt.«

Vischer meinte, dass sich die Tubu nur aufs Rauben und Plündern verständen. Verständlicherweise hatten Abba und die Tuareg in unserer Gemeinschaft ein wachsames Auge aufeinander.

Wir verbrachten zwei Tage bei den Kanembu in N'Gigmi, kauften ein paar letzte Vorräte und bereiteten uns auf den Beginn der eigentlichen Reise vor. Japper, der sich die Beine auf der Strecke von Kukawa an den Sätteln wund gerieben hatte, erstand ein Ziegenfell und fertigte daraus zwei erstaunlich wirkungsvolle Gamaschen, die seine Unterschenkel bedeckten und bis zum Ende unserer Reise hielten. Johnny ließ Kisten für unsere Kerosinlampen und -kocher herstellen. Der Professor holte sein Akupunkturzubehör hervor und behandelte Sidis Schulter, Argalis Rücken und Jappers Fußballen, der seit sieben Jahren entzündet war. Alle glaubten, er könne mit seinen Nadeln zaubern, nur Japper meinte, »mein Fußballen hat zu viele Schwielen, als dass eine chinesische Nadel nützen könnte«.

Mai Yunusa Mai Manga war N'Gigmis Bezirksleiter, und Sidi schien ihn gut zu kennen. In seinem Lehmhaus in der Stadtmitte gab es ein Audienzzimmer mit einem herrlichen Gewölbe. Er selbst entpuppte sich als rundlicher, selbstgefälliger Mann mittleren Alters, der sich mitten im Zimmer auf einem Sofa räkelte, während er Gäste, Höflinge und Speichellecker empfing.

»Wie wollen Sie nördlich von Yat überleben?«, fragte er. »Der Weg ist steinig, Ihre Kamele werden vor Erschöpfung sterben und das werden Sie auch. Sie sind zu alt.« Wenigstens war er ehrlich. »Warum nehmen Sie kein Begleitfahrzeug mit Vierradantrieb mit? Dann können Sie einsteigen, wenn Sie müde sind.«

Ich wusste selbst, dass es hart werden würde, aber das brauchte ich mir von diesem dicklichen, ziemlich selbstzufriedenen Mann nicht sagen zu lassen.

Am nächsten Tag waren wir alle zu einer Dusche in seinem Haus eingeladen. Das Wasser floss aus einem gebogenen Rohr mit einer durchlöcherten Baked-Beans-Dose als Brausekopf. Überraschenderweise wurde es mit Sonnenenergie erhitzt. Ich hätte noch etwas länger unter der Dose bleiben sollen. Immerhin würde dies die letzte Dusche für die kommenden dreieinhalb Monate sein.

Zurück im Lager, hatte der Professor unwissentlich damit begonnen, die Einwohner von N'Gigmi, die in der Nähe unseres Gepäcks herumlungerten, mit einer Vorstellung des T'ai Chi Ch'uan, des »höchsten letzten Boxens«, zu unterhalten. Er tat es nicht um ihretwillen, sondern für seine Gesundheit und für sein geistig-seelisches Gleichgewicht. Sein Körper sollte dabei nicht schlanker oder dynamischer werden, sondern beweglicher und ausgeglichener. Er balancierte auf einem Bein, täuschte an, schattenboxte und bewegte sich vor und zurück, als wäre er in der Zeitlupenaufnahme eines Films über eine vergessene Kampfsportart zu sehen. Ein Bein wurde zuerst nach links und dann nach rechts ausgestreckt. Wenn er mit seiner Vorstellung in eine Himmelsrichtung zufrieden war, drehte er sich um 90 Grad und begann wieder von vorn. Er schien vollkommen darauf konzentriert zu sein, während sein starrer Blick den rhythmisch fließenden Bewegungen seiner Fingerspitzen folgte. Die Einwohner von N'Gigmi schauten ihm staunend zu. War er vielleicht verrückt? So etwas hatten sie noch nie gesehen. Dann fingen ein oder zwei der mutigeren Zuschauer hinter ihm ebenfalls an, sich zu ducken und hin und her zu schwenken, genau auf seine harmonischen Gesten zu achten und die geschmeidigen Arm- und Beinbewegungen mit größter Sorgfalt nachzuahmen. Bald hatte sich eine ganze Truppe hinter ihm versammelt, die sich wand und kreiste und vor- und zurücktänzelte, ohne dass der Professor etwas von dieser Publikumsbeteiligung mitbekam.

Als wäre das noch nicht genug, unterzog sich der Professor jeden Morgen nach dem Aufstehen selbst verabreichten heftigen Schlägen und einer ebenso vorgenommenen Körpermassage, »um den

Körper in Schwung und das Blut in Bewegung zu bringen«. Doch nicht nur sein Blut bewegte sich. Das ganze Zelt wackelte bei dieser strikten frühmorgendlichen Prozedur. Anfangs erschraken die Tuareg bei diesen ungewöhnlichen Geräuschen und Aktivitäten.

»Betet er zu einem chinesischen Gott?«, wandte sich Argali an mich. »Hat er vielleicht ein Problem? Sollten wir ihn nicht fragen, ob wir ihm irgendwie helfen können?«

Doch als die Tage vergingen und die Selbstkasteiung des Professors in gleichem Maße fortgeführt wurde, gewöhnten wir uns alle langsam an diese Eigenheiten, die so normal wurden wie Argalis persönliche Variante des muslimischen Morgen- und Abendgebets.

Nachdem wir zwei Tage in N'Gigmi verbracht hatten, konnte es endlich losgehen. Japper hatte unsere 25 Kamele mit Kristallviolett nummeriert, damit wir sie besser auseinander halten und erkennen konnten, ob alle da waren. Johnny und ich stiegen jeweils auf ein Reitkamel; der Professor und Japper ritten dagegen auf eigenen Wunsch Lastkamele, die an die übrigen Tiere in der Reihe angebunden waren. Unsere Karawane machte einen erstaunlich ordentlichen Eindruck. Wir hatten gewebten weißen Plastiksackstoff für die Ladung und einen großen Vorrat an Seilen besorgt, und die Sättel waren alle neu. Wir verabschiedeten uns von Sidi und der charismatischen Anna-Marie, die uns zurief, dass sie uns in Al Katrun treffen würde. Der Auftakt war zu Ende. Unser nächstes Ziel hieß nun Bilma, eine alte Stadt mitten im östlichen Niger. Endlich stand die eigentliche Reise durch die Sahara bevor.

4

»Away, for we are ready to a man!
Our camels sniff the evening and are glad.
Lead on, O Master of the Caravan
Lead on the Merchant-Princes of Bagdad.«

JAMES ELROY FLECKER, HASSAN:
THE STORY OF HASSAN OF BAGDAD AND HOW HE CAME
TO MAKE THE GOLDEN JOURNEY TO SAMARKAND

In Ngurti am südlichen Rand der Tintumma-Steppe gibt es einen winzigen Markt und einen riesigen Brunnen – eine kanadische Hilfsorganisation hat ihn gestiftet. Der Brunnen ist der Lebensnerv des Ortes, der mühevoll um die Existenz kämpft. Als wir eintrafen, war Ngurti in grauen Staub eingehüllt, so dass wir bald aussahen, als hätte uns jemand mit Holzasche bestreut. Vischer hielt sich nicht lange hier auf und wir auch nicht. Ngurti ist kein Ort, der zum Verweilen einlädt. Die wenigen Mädchen, die wir entdeckten, schienen darauf spezialisiert zu sein, jeden zweiten Zahn schwarz zu färben. Wenn sie uns ein Lächeln schenkten, zeigte sich eine Art Schachbrett in ihren Gesichtern. Wir füllten unsere Ziegenhäute auf, kauften ein paar Tomaten und Limonen und zogen weiter.

Ngurti liegt am Anfang der Tintumma-Hochebene. In gleichförmigen, scheinbar endlosen Wellen erstreckt sie sich etwa 130 Kilometer weit nach Norden und fällt dann zur Oase Agadem ab. Dort würden wir auf den Großen Erg von Bilma stoßen: 320 Kilometer wandernder Sanddünen, die auf Karten nicht exakt wiedergegeben werden können. Hier und dort gibt es winzige Oasen, die sich unsicher an offen zutage liegende schwarze Felsen klammern. Im Norden dieses zerklüfteten, felsigen Rückenmarks liegt die berühmte

Wüstenstadt Bilma, die eine saftig grüne Oase mit üppiger Vegetation und frischem Wasser umschließt – ein willkommener Ruheplatz für viele Arten von Zugvögeln.

Doch zuerst mussten wir die Tintumma-Hochebene überwinden. Auch Vischer war gewarnt:

> Der Sand in der Tintumma-Ebene ist lose und tückisch, und der Wind, der unablässig über die weite Fläche hinwegfegt, bedeckt die Spuren einer Karawane, sobald sie vorübergezogen ist. Während der ersten beiden Märsche fanden die Führer den Weg anhand kleiner Felsen, die aus dem Sand ragten; danach mussten sie sich ganz nach den Sternen richten oder aber nach ihrem Gefühl, da die Luft zumeist von Flugsand getrübt wird. Ein winziger Orientierungsfehler hat schon für so manche Karawane den Tod bedeutet, denn es gibt am südlichen Ende nur einen einzigen Brunnen. Ein schmaler Graben führt dorthin, der sich in keiner Weise von denen unterscheidet, die rechts und links neben ihm verlaufen ... Der Eingang zu dem kleinen Tal ist nur etwa 180 Meter breit. Sowohl Nachtigal als auch Rohlfs verloren in der Tintumma beinahe wegen eines absichtlichen oder unabsichtlichen Fehlers ihres jeweiligen Führers das Leben.

Wenn sich die Tintumma-Ebene überhaupt verändert hat, ist sie heute eher noch kahler und karger als zuvor. Die Akaziensträucher und Wüstenbäume unterliegen zweifellos einem dramatischen Schwund, und es scheint, als rückte die Wüste Jahr für Jahr Meter um Meter unaufhaltsam nach Süden vor. Glücklicherweise kannte unser Führer Abba die Route sehr gut, da sein Zuhause an der Grenze zur Tintumma lag und er dort mit seinen Brüdern, Frauen und Kindern in trauter Einsamkeit lebte.

Ein kleiner hellbrauner Hund namens Arlit, der von den spärlichsten Futterrationen leben konnte, trottete stets ergeben hinter Abba her. Als die Karawane weiter nach Norden kam und die Vegetation allmählich abnahm, suchte Arlit immer wieder verzweifelt ein schattiges Plätzchen unter einem vertrockneten Strauch am Wegrand. Dort legte er sich hin, hechelte heftig, so dass ihm die lange rosa Zunge aus dem sabbernden Maul hing, und ließ die Kamele so weit wie möglich vorüberziehen. Dann stand er mühevoll auf und trabte schwerfällig weiter, bis er sie wieder eingeholt hatte. Nun hielt er nach Abba Ausschau, der normalerweise ganz an der Spitze vor den Kamelen herschritt, rannte zu ihm und wedelte dabei freudig mit seinem langen dünnen Schwanz. Wenn Abba gerade schlechte Laune hatte, brüllte er Arlit an oder warf mit einem Stein nach ihm, sobald er sich zuneigungsbedürftig näherte. Man mochte es kaum mit ansehen. Nach dieser rüden Abfuhr suchte Arlit erneut Schatten und einen Moment lang Sicherheit vor der sengenden Sonne. Nachdem er sich ein paar Minuten lang erholt hatte, begann das ganze traurige Schauspiel von vorn. Schließlich erreichte dieser treue, kluge und ungeheuer liebenswerte Hund sicher das Haus von Abbas Familie, wo er wieder mit seinen Kameraden, einem Haufen magerer, streunender Mischlinge, vereint war.

Südlich der Tintumma-Ebene notierte Vischer:

> Es war großartig, wie viele Tiere wir in naher oder weiter Entfernung zu Gesicht bekamen. Überall waren Giraffen, Strauße, riesige Herden von Rappenantilopen, Schopfducker und Dorcas-Gazellen zu sehen; Großtrappe und Zwergtrappe riefen in den Büschen und flogen mit schweren Flügelschlägen über die Sanddünen hinweg. An Rindfleisch für den Kochtopf mangelte es nicht, und nach den vielen Wochen der spärlichen, schlecht gekochten Rationen sorgte das gute Essen wie-

> der für Ausgelassenheit und gehörige Raufereien unter unseren schwarzen Begleitern.

Fast all diese Tiere sind für immer verschwunden, doch Vischer erzählt auch eine wenig ruhmreiche Geschichte über sich selbst:

> Um die zeitweilige Windstille auszunutzen, ritt ich aus und wollte versuchen, eines der Tiere [eine Mendesantilope] zu erlegen. Doch eines nach dem anderen entfernte sich in gemächlichem Trab in die Wüste, wohin niemand folgen konnte. Nur ein großes Tier blieb zurück und lag auf dem Sand. Es war zwar nicht gerade fair, aber ich stieg von meinem Pferd ab und kroch vorsichtig näher, meistens auf allen Vieren, bis ich das Gefühl hatte, einen sicheren Schuss riskieren zu können. Ich feuerte und traf, ein herrlicher Kopfschuss. Um sicherzugehen, feuerte ich ein zweites Mal. Dann stieg ich auf mein Pony und galoppierte zu der Beute hinüber. Allah! Die Antilope war tatsächlich tot, aber vollkommen vertrocknet. Sie musste schon seit Monaten hier liegen. Dann kam wieder Wind auf, so dass der Sand um mich herumwirbelte und meine Schande verdeckte, und bald darauf auch die Fährte der Karawane. Schließlich fand ich sie doch noch, und niemand außer mir sah die Ironie an der Geschichte.

Heute sind davon nur ein paar verängstigte Schopfducker und vereinzelte Mendesantilopen übrig, und einmal sahen wir einen toten Fennek am Wegrand. Die Skorpione allerdings sind nicht verschwunden. Sie sind hellbraun oder gelb und haben verschiedene Größen. Laut Japper ist der Stich eines kleinen, nur zweieinhalb Zentimeter langen Tieres ebenso wirkungsvoll wie der seines doppelt so großen Kollegen. Obwohl wir ganze sechs Skorpione von unterschiedlicher Größe fanden, die friedlich unter Jappers gelber Abdeckplane lagen, wurde keiner von uns je gestochen. Japper hatte einen batteriebetriebenen Stachelstock mitgebracht, wie er zum Antreiben von Rindern benutzt wird. Damit hatte er schon häufig bei Menschen und Tieren die Stiche von Skorpionen, Hornissen und Bienen behandelt. Außerdem hatte er ihn mit großem Erfolg bei Puffotter- und Kobrabissen eingesetzt. Der Stachelstock hatte zwei Elektroden, zwischen denen Strom floss. Wissenschaftliche Untersuchungen deuten darauf hin, dass dieser Strom die Ionen in den Giftmolekülen verändert und dadurch unschädlich macht. Schon ein paar Pikser rund um den Biss und ein paar mehr um eine Schwellung reichen aus, und man kann jemandem in einer halben Minute das Leben retten.

Oder wie Japper es ausdrückt: »Wenn das Herz des Opfers schlappmachen will, kann man es mit dem Stachelstock blitzschnell ins Leben zurückholen. Das ist viel effektiver, als ihm oder ihr mit einem Hammer auf den Finger zu hauen, und außerdem viel weniger schmerzhaft.«

Während wir langsam nordwärts zogen, zitterte und schimmerte das spärliche Gestrüpp in der Sonnenglut. Dieses Phänomen und das scheinbare Ende eines Tintumma-Horizonts, den wir niemals erreichten, ließen dieses endlose Plateau so karg und kahl erscheinen – wie nackter Knochen. Das Blau des Himmels wurde von einem heißen milchigen Dunst verschleiert, der mich an die dünne Wasserfarbe erinnerte, mit der ein Maler einen nebligen Himmel erschafft. Eine rachsüchtige Sonne brannte unbarmherzig auf die ausgedörrte Erde und den brutzelnden Sand nieder und ließ den Schweiß verdampfen, bevor er aus den Poren trat. Manchmal stoben winzige Staubspiralen am Wegesrand auf, tanzten ein oder zwei Meter weit und blieben liegen, sprangen dann plötzlich wieder hoch und wirbelten in immer größeren Kreisen ins Gebüsch. Wieder blieben sie liegen, rasten unvermittelt weiter und auf uns zu. Aus einem sanften Rascheln wurde ein brausendes, knisterndes Dröhnen, in einer dicken herumwirbelnden Staubwolke wurden Blätter, Zweige und Steinchen hochgeschleudert. Dann kamen sie wieder herunter, spritzten uns kribbelnden Sand in Augen, Nase und Ohren und bliesen uns ihren heißen Atem ins Gesicht, bis sie schließlich wieder hüpfend und taumelnd in die Wüste verschwanden und uns ausgedörrt und keuchend zurückließen.

Als sich der Wind legte und die Luft klar wurde, bemerkte ich Schatten, die über den Sand hinwegglitten. Tag für Tag, bei gutem wie bei schlechtem Wetter, kreisten zwei schwarze Aaskrähen ununterbrochen über der Karawane. Voller makabrer Hoffnung warteten sie darauf, dass ein Mensch oder ein Kamel sterben würde. Die Krähen folgten uns den ganzen Weg bis nach Bilma, wo sich ihr weniger unheimlicher Verwandter, der Schmutzgeier, zu ihnen gesellte. Normalerweise schieße ich nicht, aber hätten wir Gewehre dabeigehabt, hätte ich liebend gern auf diese beiden Krähen gezielt. Ihre unheilvolle und aufdringliche Anwesenheit zermürbte mich. Wenn wir zum Übernachten Halt machten, flatterten sie auf die Erde, hüpften um unser Lager herum und schauten uns mit ihren kleinen runden Augen neugierig an, als versuchten sie herauszufinden, wer von uns zuerst aufgeben würde, Mensch oder Tier. Es wäre ihnen völlig gleich gewesen. Ich hasste diese Krähen und hatte das Gefühl, sie übten einen schlechten Einfluss auf uns aus.

Mein Kamel Pasha und einige andere schüttelten häufig den Kopf, um die Fliegen zu vertreiben, die ständig um ihre Nüstern herumschwirrten. Pasha drehte sich außerdem zu mir um und versuchte, seine Nase an der schwarzen Plastiktüte zu reiben, die links an meinem Sattel hing und in der unsere Expeditionsunterlagen steckten. Ich schmierte Pasha sogar Anti-Fliegen-Creme auf die Nase, doch auch das nützte wenig. Eines Tages schnaubte Pasha dann mit einem heftigen und entschlossenen Kopfschütteln eine fleischige, zweieinhalb Zentimeter lange rosafarbene Dasselfliegenlarve aus, die offensichtlich aus einem Ei geschlüpft war, das eine der Schwebfliegen in seinen Nüstern gelegt hatte. Ich staunte über die Größe dieser abstoßenden Larve, die zuerst oben auf Pashas Kopf landete, bevor sie zu Boden fiel. Sobald sie auf der Erde lag, krabbelte sie davon. Diese Fliegenlarven bescheren dem Kamel eine starke Nasenreizung. Japper und ich besprühten unseren Kamelen die Nüstern und rieben sie mit Creme ein, doch das half meist nur wenig und nur für kurze Zeit – die armen Kamele prusteten die abscheulichen Larven noch bis weit hinter der Grenze Libyens aus. Sie verschwanden erst, als das Wetter kälter wurde und die Schwebfliegen nicht mehr schwebten.

Ganz anders die Zecken – sie blieben uns bis zum Ende der Reise erhalten. All unsere Kamel dienten dieser besonderen Art von *Hyalomma* als Wirte, denn sie gruben sich tief in ihre verschwitzten, empfindlichen Hautfalten. Unsere Sahara-Kamele hatten es nicht gern, wenn man ihnen die Zecken herauszog, was sicherlich an den empfindlichen Stellen lag, in die diese Biester ihre winzigen Kiefer gruben. Aber Zecken können mehr als nur Reizungen verursachen. Es gilt als sicher, dass für jede Zecke, die ihren Lebenszyklus auf einem Kamel vollendet, ein bis drei Milliliter Blut verloren gehen. Für uns ein ausreichender Grund, sie herauszuziehen, wann immer es ging.

Wenn wir unser Lager aufschlagen wollten, erspähten wir häufig einen Tamariskenbusch, der uns willkommenen Schutz vor der Sonne und vor dem Wind zu bieten schien. Doch oft hatte dort bereits eine riesige Zeckenkolonie ihr Lager aufgeschlagen. Da es nicht in Frage kam, uns den Lagerplatz zu teilen, waren wir gezwungen, während der Nacht dem kalten Wind zu trotzen. In der Wüste diktiert die blutdürstige Zecke die Regeln.

Johnny stand normalerweise gegen sechs Uhr morgens auf, huschte zwischen den Küchenkisten umher, zündete ein Feuer an und kochte Tee. Wir anderen waren ungefähr eine Stunde später auf den Beinen. Weitere anderthalb Stunden dauerte es, die Reste des Abendessens zu vertilgen und die Kamele zu beladen. Als wir weiter nach Norden kamen und die Temperatur nachts häufig unter null sank, wurden unsere Körper und Finger schwerfällig und steif. Es dauerte länger, Knoten zu machen und Seile zurechtzuzurren, und nach kalten Nächten brachen wir erst um etwa neun Uhr auf. Gegen fünf Uhr nachmittags suchten wir dann den Horizont nach einem Lagerplatz ab, der uns Schutz vor dem Wind und Futter für die Kamele bieten würde, und ließen uns auf jeden Fall vor Sonnenuntergang nieder.

Für eine schnelle Luxuslimousine bedeuten 40 Kilometer am Tag gar nichts, aber bei einer Durchschnittsgeschwindigkeit von vier Stundenkilometern auf einem Kamel sind 40 Kilometer eine ziemlich weite Entfernung. Auf die gesamte Reise gerechnet schafften wir einen Durchschnitt von 24 bis 26 Kilometern pro Tag. Mir war es nur allzu recht, zu der Geschwindigkeit einer Welt zurückzukehren, die unsere Vorfahren viele Generationen lang gekannt hatten. Wir entdeckten so viele Dinge, die der vorbeirasende Autofahrer niemals sehen wird. Einen Wanderfalter mit kaputten Flügeln, eine Libelle weit entfernt von jeder bekannten Wasserstelle, Glasröhrchen, die geschmolzen und vom Blitzschlag auf dem Sand geformt worden waren. Auch Vischer bemerkte das Glas:

> An vielen Stellen entdeckte ich dünne glasartige Röhrchen, die wie Blumenstängel aus dem Sand herausragten. Die Leute nennen es »Wüstenwachs«. Anscheinend war der Sand vom Blitz geschmolzen worden, und als der Wind die losen Teilchen rundherum fortgeweht hatte, blieben nur noch diese

dünnen Röhrchen stehen. Oft fanden sich zwischen 20 und 30 dieser natürlichen Glasstängel dicht beieinander.

Hat der Mensch herausgefunden, wie man Glas herstellt, indem er sich diese bemerkenswerten Gebilde angeschaut hat?

Sieben Stunden am Stück durch eine öde Landschaft zu reiten und sich wegen des Windes nicht unterhalten zu können, fällt nicht immer leicht. Johnny brachte es häufig fertig, ein Buch zu lesen. Ich probierte es auch, doch spätestens nach einer Stunde wurde mir vom schaukelnden Gang des Kamels schlecht. Wenn ich las, konnte ich mich nicht auf Pasha konzentrieren. Mein kluges Kamel spürte dies sofort und suchte sich seinen eigenen Weg, der oft quer zur Richtung der Karawane verlief. Einmal versuchte ich, mich wie Argali durch die Tintumma zu singen. Verzweifelt kramte ich in den Ritzen meines Gedächtnisses nach alten Liedern und Melodien. Mein Repertoire stellte sich jedoch als eher beschränkt heraus. Natürlich könnte man immer noch zu einem Gefährten aufschließen und sich unterhalten. Aber wenn einem ein heulender Wind entgegenbläst, ist das recht schwierig. Also hängt man seinen Gedanken nach, die schnell ins Reich der Phantasie driften können, wenn man ihnen nicht Einhalt gebietet. Vischer erwähnt solche Sorgen weder in seinen Briefen noch in seinem Buch, und ich habe eine ganze Liste von Fragen, die ich ihm gern gestellt hätte.

Eine dieser Fragen betrifft Alkohol. Ich weiß, dass er ihn trank, weil er in seinen Briefen nach Hause von Pink Gin (Gin mit Angostura) spricht. Aber wann ist sein Alkohol ausgegangen? Unser Whisky war bereits alle, als wir nicht mal ein Drittel des Weges durch die Tintumma zurückgelegt hatten. Das war zwar vorauszusehen, aber nichtsdestotrotz ein ernstes Problem. Eine Weile hatten wir den Mao Tai des Professors als Ersatz, einen übel riechenden Schnaps, der in China sehr viel besser schmeckt als in der Sahara.

»Ich hab etwas Hefe mitgebracht«, verkündete der stets einfallsreiche Japper. »Wenn wir die mit unseren Limonen und ein bisschen Zucker mischen, könnte nach ein bis zwei Tagen vielleicht etwas dabei rauskommen, das eine berauschende Wirkung hat.«

Also trug unser Küchenkamel von nun an viele Kilometer weit ein blubberndes Behältnis mit sich herum, in dem irgendwann ein hefiger Schaum entstand. Beim Kosten verzog man zuerst das Gesicht und musste dann aufstoßen. Trotzdem redeten wir uns ein, dass sich unsere Brauerei gelohnt habe. Als die Limonen ausgingen, ersetzten wir sie durch Tee und Datteln, was vor feineren Gaumen sicher keine Gnade gefunden hätte. Wir tranken das Gebräu dennoch und taten so, als würde es nach Sherry schmecken.

Der Scheinangriff sieben nigrischer Soldaten überraschte uns alle. Einige zeigten ihre nackten Oberkörper und hatten sich Tücher um die Taille gewickelt. Andere trugen T-Shirts und kurze Hosen. Sie tauchten urplötzlich hinter einem Hügel auf, stürmten schreiend und rufend auf uns zu und hielten unseren Kamelen ihre geladenen Kalaschnikows unter die Nase. Da es sich bei allen um Tubu handelte, hatte Abba die Wogen bald geglättet, und schon kurze Zeit später waren wir abgestiegen und schüttelten ihnen die Hände. Sie hatten ihr Lager an einem Brunnen namens Karyadiyang in der Nähe von Ngurti. Anscheinend waren sie gerade erst in diese öde Hügelsenke abkommandiert worden, und es juckte ihnen in den Fingern, sich ein Gefecht mit den Banditen vom Tschadsee zu liefern. Wenn weder Banditen noch Reisende auftauchten, musste das Jucken im Finger traurigerweise trotzdem befriedigt werden. Abba erzählte mir, dass eine andere Gruppe von Soldaten im letzten Monat wahllos zehn unschuldige Hauskamele erschossen habe, »nur so zum Spaß«. Niemand erhielt eine Entschädigung für diese sinnlose, brutale Tat, und die Soldaten machten sich damit bei den hiesigen Tubu bestimmt nicht beliebt.

Als wir an jenem Abend unser Lager aufgeschlagen hatten, flüsterte Abba mir jedoch zu, dass sie unsere Papiere prüfen wollten, also sammelte ich unsere Pässe ein und reichte sie ihm. Dann fügte er hinzu, unsere Papiere würden alle in Ordnung sein, wenn ich etwas Geld dazulegte. Armes Afrika.

»Sie sollten Abba beibringen, aus großen Tassen zu trinken«, forderte mich der Professor auf, als uns eine von Abbas Frauen köstlichen, gut gezuckerten, mit Kräutern gewürzten Tee servierte. Wir hatten den Brunnen von Beduaram und Abbas Zuhause erreicht. »Die Chinesen kennen sich mit Tee aus und trinken sehr viel davon«, fügte er hinzu, vollkommen von seiner höheren Kenntnis und überlegenen Kultur überzeugt. »Diese Tassen sind zu klein. Sie sollten Abba erklären, dass große Tassen besser sind.« Manchmal konnte der Professor einfach nicht verstehen, dass andere Menschen andere Sitten hatten oder dass er in diesen Wüstenbewohnern vielleicht seinen Meister gefunden hatte. Ein libyscher Dichter, der die umfassenden Vorzüge des Teetrinkens preist, kommt zu folgendem Schluss:

> Trinke ihn im Morgengrauen und am Abend, denn das sind die schönsten Zeiten, um sich zu versammeln.
>
> Mehr als alle anderen ist dies das Getränk für Menschen in guter Gesellschaft; er schmeckt sogar noch köstlicher, wenn man ihn gemeinsam mit netten Gästen in prächtigen Zelten trinkt.
>
> Er ist das größte Geschenk Gottes an diejenigen, die gern trinken; er ist wahrhaftig ihr Elixier, besser als Kaffee oder Wein.
>
> Wir haben es uns zur Regel gemacht, ihn mit nichts zu mischen, außer mit purem Bernstein.

Ein hohes Lob in der Tat.

Abbas liebenswürdige Frau verschwand und kehrte kurz darauf mit Tellern voller geschmortem Ziegenfleisch und Pfannkuchen zurück. Da unsere Kost bisher hauptsächlich aus geschmortem Ziegenfleisch und Makkaroni bestanden hatte, waren die Pfannkuchen sehr willkommen, auch wenn sie mit saurer Milch zubereitet worden waren.

Wir hockten in Abbas geflochtener Strohhütte, einem langen, fachmännisch gebauten Raum, der angenehmen Schutz vor der sengenden Sonne bot. Er war zweifellos groß genug, um Abbas zwei Frauen und 13 Kinder unterzubringen. Die Teppiche an den Wänden und auf dem Fußboden verliehen dem Raum eine kühle, gemütliche Atmosphäre. Weitab vom Schuss hatte Abbas Großfamilie einen eigenen Weiler gegründet, in dem sie von niemandem gestört wurden. Vermutlich war dies wegen Abbas enger Blutsbande zu den Anführern der Unabhängigkeitsbewegung der Tubu auch notwendig.

Abba hatte sogar seinen eigenen Brunnen gebaut, an dem wir unsere Kamele tränkten und uns selbst sowie unsere Socken wuschen. Anders als der Brunnen in Ngurti, der von oben bis unten mit Betonringen eingefasst war, hatte Abbas Brunnen keine Einfassung. Das bedeutete, dass er spätestens alle drei Jahre in sich zusammensackte und neu gegraben werden musste.

»Vor zwei Jahren war jemand von der kanadischen Hilfsorganisation hier, der zurückkommen und mir dabei helfen wollte, den Schacht zu betonieren«, erzählte Abba wehmütig. »Zwei Jahre sind seitdem vergangen, und er ist nie wiedergekommen.« Es war offensichtlich, dass die Regierung nur sehr wenig für die Tubu getan hatte, was sicher auch ihren gegenwärtigen Aufruhr erklärte. An Abbas Brunnen erläuterte uns Japper dann, wie man sich an einem Brunnen wusch.

Percy, eines unserer 25 tapferen Kamele

Überquerung des Flusses Yobe, der Grenze zwischen Nigeria und Niger

Argali und Ehom häuten eine Ziege, N’Gigmi (Niger).

Der Professor behandelt Argali mit »chinesischen Nadeln«, N'Gigmi.

Jasper und Johnny planen die Route, Tintumma-Ebene (Niger).

Sonnenuntergang in der Sahara

Durchquerung des Großen Erg von Bilma (Niger)

Die Oase von Bilma

Salzkegel in Bilma

Johnny »operiert« Jaspers Auge.

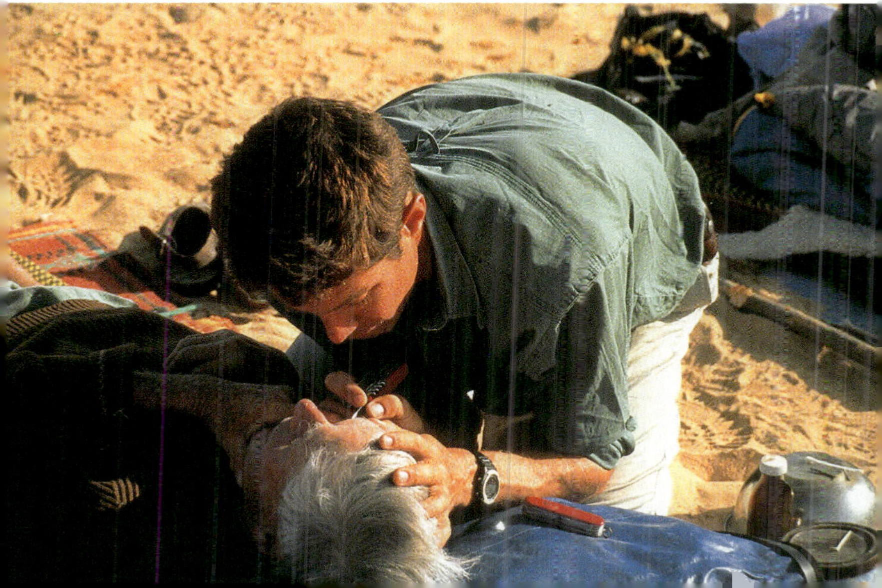

Historische Felsbilder in Yat (Niger): Kuh, Wüstendschinn, Elefant

»Zuerst wascht ihr euch vom Scheitel so weit wie möglich nach unten. Dann von den Füßen so weit wie möglich nach oben. Und dann so viel wie möglich.«

Die anderen waren schon vorgegangen, und als ich Abbas Brunnen verließ, um ins Lager zurückzukehren, wurde es bereits dunkel. Arlit oder einer seiner Kumpanen bellte unaufhörlich. Ein zweiter Hund fing an zu jaulen. Der Fußmarsch zum Camp würde etwa eine halbe Stunde dauern, doch aus irgendeinem Grund hatte ich ein ungutes Gefühl. Eine innere Stimme drängte mich, noch einmal zurückzugehen. Zuerst widerstand ich ihr, doch sie wollte nicht verstummen. »Geh zurück, geh zurück«, schien sie zu sagen. Ich habe keine Ahnung, warum ich schließlich kehrtmachte und langsam zum Brunnen zurückschlenderte. »Das ist doch verrückt«, schimpfte ich mit mir selbst. »Ich habe all meine Sachen an, meine Füße stecken in den Schuhen. Was mache ich hier also?« Als ich den Brunnen erreicht hatte, ging ich um ihn herum zu der Stelle, wo ich mich zum Waschen gebückt hatte. Dort erkannte ich im Licht des Vollmonds undeutlich zwei kleine, runde Gegenstände: die Lederbeutel mit all unserem Expeditionsgeld. Ich hob sie auf und hängte sie mir wieder um den Hals. Dann spähte ich in Abbas Brunnen und sah tief unten im Wasser den Vollmond, der sich teilweise darin spiegelte. Es heißt, wenn man im Wasser ein Spiegelbild des Vollmonds sieht, hat man gesehen, wie er seine Seele wäscht. Ich richtete ein kleines dankbares Gebet an den Heiligen, der es so gut mit mir gemeint hatte, wer immer es war. Erst sehr viel später erfuhr ich, dass dieses Ereignis an einem Tag stattgefunden hatte, als jemand zu unserer Sicherheit eine Kerze angezündet hatte.

Vischer hatte geschrieben:

> Am selben Abend kamen wir an einem ganzen Wald von Akazien vorbei. Unter einem der Bäume liegt die Tubu-Heilige Anna begraben. Der Ort heißt »Kaffar Annabe« [das Grab der Heiligen]. Die Landschaft sah hier schon aus wie der vertraute Busch in Bornu; es gab viele Dornbäume und hervorragende Kamelweiden mit stoppeligem Gras.

Ich wollte Annas Grab suchen. Das war nicht schwer. Zwei Tage nachdem wir vom Brunnen unseres Tubu-Führers fortgezogen waren, hatten wir gerade unser Lager abgebrochen, als mich Abba über einen kleinen Hügel auf einen einzelnen Baum zuführte. Weit und breit war kein anderer Baum zu sehen. Fort war der Akazienwald. Verschwunden die hervorragenden Kamelweiden. Dieser einsame, über dem Grab einer Tubu-Heiligen gepflanzte Baum hatte als Einziger überlebt. Während Abba und ich auf den Baum zuritten, drehte ich mich um und sah, dass Johnny aufgeregt hinter mir herkam. Ich merkte, dass er sehr aufgewühlt war.

»Was ist los? Wo wollt ihr hin? Die Tuareg wollen euch nicht folgen und reiten einfach weiter. Die Karawane hat sich geteilt.«

Unsere Tuareg-Hirten wollten keinesfalls in die Nähe eines Tubu-Grabs kommen, dessen Besitzerin angeblich Flammenzungen aus der Erde schießen lassen konnte.

»Ein heidnisches Heiligengrab«, befand Argali vernichtend, als ich ihn einholte. »Wir würden unsere Zeit nicht damit verschwenden, dort hinzugehen. Für was für einen Muslim hält Abba sich eigentlich?«

Nach einem tagelangen mühevollen Marsch durch die eintönige Tintumma tauchten am 13. November endlich die dunklen Hügel der Oase von Agadem am Horizont auf und kündeten eine willkommene Abwechslung von der trübseligen Umgebung an.

Denham notierte im Januar 1823: »Um drei Uhr nachmittags erreichten wir die weitläufige Oase Aghadem. Hier gibt es mehrere Brunnen mit exzellentem Wasser, Viehfutter und zahlreiche Suag-Bäume, deren rote Beeren fast so gut sind wie Moosbeeren. Mit unserer Ankunft verjagten wir etwa 100 Gazellen, die gerade die Fruchtbarkeit des Tals auskosteten. Aghadem ist ein großer Treffpunkt und von allen *kafilas* [Karawanen] und Reisenden sehr gefürchtet, da sich hier allerlei räuberisches Gesindel aufhält.«

Vischer fand die Oase 1906 unbewohnt vor, was größtenteils an den ständigen Überfällen der Tuareg lag. Eine Oase ist ein ausschließlich von Menschen geschaffener Wohnort. Sobald ihm der Mensch die Kontrolle entzieht, ist er keine Oase mehr. Mein Tagebucheintrag für den 13. November 2001 beschrieb Agadem in einem anderen Licht: Die Moosbeeren sind verschwunden, es gibt nur wenige Dattelpalmen und viele der Brunnen sind versandet. Etwa 100 Menschen wohnen in kümmerlichen Lehmhütten, die um einen Brunnen angeordnet sind. Die Hütten haben keine Dächer. Schatten spenden nur ein paar Matten, die über Lehmmauern hängen. Wie und wovon die Bewohner hier überleben, war mir ein Rätsel, da man aufgrund der Trockenheit keine Landwirtschaft betreiben kann.

Wir überquerten ein altes, steinhartes Seebett, in dem wir recht deutlich die versteinerten Fußabdrücke von Elefanten, Löwen und Straußen entdeckten – sie alle gab es in dieser Gegend schon längst nicht mehr. Später kamen wir an der Ruine eines französischen Kolonialforts vorbei – wer möchte schon hierher versetzt werden? – wo der Professor unzählige Aufnahmen mit seiner bewährten digitalen Videokamera machte und dabei eifrig zwischen den verfallenen, wie zerkrümelte Kekse aussehenden Mauern hin und her rannte. Schließlich ließen wir uns zwischen großen Tamariskenbüscheln nieder. Sie ragten aus Bergen von Sand empor, der sich an ihren langen, dünnen Wurzeln aufgeschichtet hatte. Diese Festung aus Sand beherbergte Tausende gefräßiger Zecken, die uns mit unglaublicher Hartnäckigkeit verfolgten und uns zwangen, unser Lager zu verschieben. Später wurden wir von Kindern belagert, die uns unbedingt Pfeilspitzen, Perlen und Schmuck verkaufen wollten, von denen einige recht schön gefertigt waren.

Immer wieder staunte ich über die Vielfalt der zum Teil uralten Artefakte, auf die man überall in der Wüste stößt. Wir fanden fein gezackte Pfeilspitzen in unterschiedlichen Formen und Größen, Handäxte und Werkzeug zum Ausweiden von Tierhäuten, alle verstreut auf der Strecke von Agadem nach Al Katrun. Mehr noch als die in einem Seebett erhaltenen Fußabdrücke ausgestorbener Tiere zeugten diese Gegenstände auf eindrucksvolle Weise von der Veränderung der Umwelt und der Verbreitung der Bevölkerung vor ein paar tausend Jahren. Auch Vischer sammelte solche Werkzeuge und ordnete sie im Anhang seines Buches der späten Steinzeit zu. Als reiner Hobbygeologe war ich jedes Mal fasziniert, wenn ich eines fand, und staunte immer wieder darüber, dass man sie auch heute noch, fast 100 Jahre nach Vischer, einfach so aufheben konnte. Der Professor wurde zu unserem Schiedsrichter in puncto Fundstücke und teilte sie in drei Gruppen ein: »Echt«, »vielleicht« und »Schrott«. Woher er sein ausgereiftes Fachwissen hatte, weiß ich nicht, aber wenn er sich für die Kategorie »Schrott« entschied, schien er sich immer ganz sicher zu sein. Dann handelte es sich seiner Meinung nach entweder um eine Fälschung oder aber um ein schlichtes Felsstück, das sich als Werkzeug ausgegeben hatte. Mit solch einem unechten Artefakt konnte man nur auf eine Weise verfahren: zurück in den Wüstensand.

Nachdem wir Agadem hinter uns gelassen hatten, würde es erst in Bilma neues Futter für die Kamele geben. Wir hatten den Großen

Erg erreicht. Vier Tage lang nahmen wir eine Düne nach der anderen in Angriff. Sanddünen in der Wüste heben und senken sich wie etwas Lebendiges, von Zeit Durchdrungenes; sie wirken friedlich und in ihrer abgeschiedenen Trostlosigkeit zugleich beängstigend. Wenn wir uns abends inmitten dieses endlosen Sandmeers schlafen legten, entfaltete sich über uns ein majestätisches Panorama funkelnder Sterne. Alles war still und reglos. Die Stille vor der Erschaffung der Welt. Außer uns und unseren Kamelen schien es nichts zu geben, und wir waren von einer unendlichen Ruhe erfüllt. Vor dem Morgengrauen war der Horizont manchmal von einem undurchdringlichen Dunstschleier verhüllt, so dass Sand und Himmel miteinander verschmolzen. Bei Tagesanbruch wischte dann ein diffuses Licht den Dunst und die Sterne fort, und Johnny stand auf, um Feuer zu machen und Tee zu kochen.

In den Dünen merkten wir, was wir an unserem Führer Abba hatten. Wenn er nicht so genau gewusst hätte, wo es langging, hätten wir uns hoffnungslos verirrt. Und wir waren nicht allein. Ein Tubu aus Agadem mit seinen fünf Kamelen hatte sich uns angeschlossen, der die Tiere auf dem Markt in Dirkou, einer Handelsstadt nördlich von Bilma, verkaufen wollte. Außerdem hatte er seine kleine Tochter dabei, ein süßes, barfüßiges Ding von sechs oder sieben Jahren, das ohne jede Kopfbedeckung herumlief und ein undefinierbares Baumwollkleidchen trug. Sie erwies sich als ernstes kleines Persönchen und nahm die ihr übertragene, schwierige und verantwortungsvolle Aufgabe ungeheuer wichtig. Die Kleine saß hoch oben auf dem Rücken eines der fünf Kamele, das mit den übrigen vier zusammengebunden war, und steuerte die Gruppe erfolgreich über die zahllosen Dünen. Tag für Tag erledigte sie schweigsam diese mühsame Arbeit, ohne sich jemals zu beklagen. Es war wirklich beeindruckend, wie gut sie mit den Kamelen umgehen konnte. Abends bereitete sie den Tieren ein Lager und sorgte zügig und zuverlässig dafür, dass sie gefüttert und getränkt wurden, während ihr Vater mit Abba plauderte. Japper meinte dazu: »Das solltest du mal mit einem *muzungu* [weißem] Kind probieren. Nach ein oder zwei Stunden würde es zu jammern anfangen, dass es nach Hause zu Mami will.«

An diesem Punkt unserer Reise wurde mir allmählich klar, dass wir uns jetzt wirklich und wahrhaftig im Reich der Kamele befanden. Es kam mir so vor, als hätten wir uns vorübergehend von der Zeit gelöst und wären fast unmerklich in einen Teil der Welt hinübergeglitten, den der Verbrennungsmotor trotz seiner unendlichen Wandelbarkeit nicht hatte erobern können. Hier regierte das Kamel, und hier zeigte sich, dass unsere Kamele die wahren Helden waren. Vischer hatte seine Kamele im Großen Erg von Bilma entladen müssen und seine Mannschaft das Gepäck selbst über die Dünen tragen lassen. Obwohl der Boden an einigen Stellen sehr nachgab und unsere Kamele bis zum Sprunggelenk im losen, pulvrigen Sand versanken, kämpften sie sich mit unversehrter Ladung weiter. Sie stapften und kletterten um die Dünen herum, hinauf und wieder hinunter, grunzten bei schwierigen Aufstiegen und stürzten schnell vorwärts, wenn es bergab ging. Die Lastkamele waren alle aneinander gebunden. Wenn sie einen steilen Hang hinunterstiegen, rannte der kleine Adam immer wieder an der Kamelreihe entlang und bemühte sich dafür zu sorgen, dass alle Tiere ein gleichmäßiges Tempo einhielten. Sollte das nicht gelingen, konnte eine Leine reißen und die ganze Karawane durcheinander kommen.

Denham hatte mit ähnlichen Problemen zu kämpfen: »Beim Abstieg auf den Hängen lassen die Kameltreiber größte Vorsicht walten: Die Araber hängen sich mit all ihrem Gewicht an den Schwanz des Tieres, um ihm von hinten Halt beim Hinunterklettern zu geben. Ohne diese Vorsichtsmaßnahme kippt das Kamel nach vorn um, und die gesamte Ladung, die es trägt, fällt ihm über den Kopf.«

Daran hat sich nichts geändert. Als Johnnys Kamel Albert eine steile Düne hinunterschlitterte, begann es plötzlich zu traben. Da Johnny nicht damit gerechnet hatte, fiel er herunter und landete unsanft im Sand. Die zierlichen Tuareg-Sättel thronen hoch oben vor dem Kamelhöcker. Wenn man einmal die Balance verliert, stürzt man nur allzu leicht herunter, und zwar viel tiefer als etwa von einem großen Pferd. Johnny war ziemlich außer Atem und hinkte stark, aber ich war erleichtert, dass er sich nichts gebrochen hatte. An jenem Abend schlugen wir früh unser Lager auf. Der wortkarge Asalik grub ein flaches, breites Loch in den Sand und errichtete darin ein riesiges Feuer. »Wir können ihm mit Tuareg-Medizin helfen«, sagte er zu mir. Die Kohlen glühten über eine Stunde und wurden dann herausgenommen, so dass nur eine warme Kuhle zurückblieb. Johnny humpelte herüber und konnte überredet werden, sich fast nackt für drei Stunden in dieses heiße Sandbad zu legen. Die Behandlung, zu der unser Professor ein paar obskure chinesische Pillen beisteuerte, erwies sich als erfolgreich. Am nächsten Morgen ließ die Steifheit in Johnnys Beinen bereits nach.

Ein Tuareg-Sattel ist zwar gefährlich, aber auch wunderschön. Vorne gabelt sich der verlängerte Sattelknopf in drei messingüberzogene Zacken, um die der Reiter seinen Turban wickeln kann, wenn er ihn nicht benutzt, oder auch das Ende des Seils, mit dem er das Kamel führt (das *teresum*). Die Rückenlehne des Holzsattels hat häufig die Form einer Moschee und ist auf der Rückseite mit türkisfarbenen, schwarzen und blauen Lederstreifen verziert. Unter meinem Sattel war praktischerweise der Sicherheitsgurt aus einem Auto angenäht worden, der mir als Sattelgurt diente.

Der Reiter führt ein Bein links und ein Bein rechts am verlängerten Sattelknopf vorbei und stellt die nackten oder bestrumpften Füße auf dem gekrümmten Kamelhals ab. Nun übt man bei jedem Schritt mit einem Fuß oder beiden Füßen Druck aus, um das Kamel anzutreiben. Fehlt diese Fußberührung, hebt das Kamel den Kopf, wölbt den Hals und ist nicht mehr unter Kontrolle zu halten.

Das *teresum* wird durch einen Ring gezogen, den das Kamel an der rechten Nüster trägt. Dann wird es unter seinem Kinn entlanggeführt und vom Reiter auf der linken Seite des Kamelhalses gehalten. Soll das Kamel nach links gehen, streckt der Reiter den Arm nach links aus. Soll es nach rechts gehen, lenkt man es rechts mit dem Zügel. Zuerst fühlt es sich komisch an, und es dauert ein paar Tage, bis man die Kraft und das nötige Selbstvertrauen hat. Aber nach dreieinhalb Monaten hat man allmählich den Bogen raus.

Normalerweise bringt man ein Kamel leicht dazu, sich hinzuknien. Man muss nur das *teresum* nach unten ziehen und dem Kamel aufmunternd zurufen. Für gewöhnlich ist ein Kamel immer bereit, sich auszuruhen, also stellt das kein Problem dar. Nur beim Aufsteigen muss man aufpassen. Wenn das Kamel aufsteht, während der Reiter gerade ein Bein über den Sattel schwingt – was einige Tiere sehr gern tun –, fällt der Reiter unsanft in den Sand. Manche Kamele geben grimmige Laute von sich, wenn man aufzusteigen versucht, drehen den Kopf um und zeigen die Zähne. Argali zwickte seinem Kamel beim Aufsteigen immer in die Oberlippe, damit es nicht zu früh aufstand. Mein Pasha protestierte, versuchte aber nie zu beißen. Alle Tuareg konnten ein Kamel in Bewegung besteigen. Sie sprangen in die Halskrümmung hinauf und kletterten von da aus in den Sattel. Aber für mich kam das nicht in Frage.

Während wir die Dünen überquerten, war Jappers Kamel zur Sicherheit hinter Argalis Tier angebunden, und Japper thronte auf einem Lastsattel. Das führte jedoch zu Problemen, wenn er mal pinkeln musste. »He, Argali«, rief er dann vergeblich. »Halt, stopp!« Doch seine Worte verhallten meist im Wind und Argalis Kamel stapfte unverdrossen weiter. Urinieren heißt auf Hausa *fitsari*, daher bekam Jappers Kamel den Spitznamen FitzHarry, um die Sache einfacher zu machen. Wenn sein Reiter jetzt rief: »FitzHarry! FitzHarry!«, hörte ihn Argali und verstand sofort.

Japper, Johnny und ich waren recht stolz darauf, immer gut rasiert zu sein, und da wir alle eine Abneigung gegen Rasierapparate hatten, bevorzugten wir die Nassrasur. Doch in den Sanddünen südlich von Bilma schienen sich unsere Bartstoppeln in Eisen zu verwandeln. Selbst kochendes Wasser und eine neue Klinge halfen nicht viel. Japper und Johnny gefiel es gar nicht, Nadeln im Gesicht zu tragen, und mir ging es genauso. Aber wir konnten nichts dagegen tun. Unsere Gesichter waren vollkommen ausgetrocknet und die Stoppeln zeigten das nur zu deutlich.

»He, John, kommen Sie mal hier rauf, und bringen Sie die britische Flagge mit!« Wir kampierten in den Dünen und das Licht der untergehenden Sonne ließ unser kleines Lager in einer Vielzahl hübscher Schatten und Schattierungen erstrahlen. Der Professor war auf halbem Weg auf einer Düne stehen geblieben und hielt die chinesische Nationalflagge in der Hand.

»Kommen Sie, kommen Sie. Das Licht ist gut.«

Ich kroch aus meinem Schlafsack und kletterte die Düne hinauf. Als ich den Professor eingeholt hatte, wollte er wissen, warum ich keinen Union Jack mitgebracht hätte. Ich antwortete, dass ich es nicht für nötig gehalten hätte.

»Nicht für nötig gehalten?« Er schaute mich mit großen Augen an. »Aber wir sind auf einer chinesisch-britischen Forschungsexpedition durch die Sahara. Wie können Sie da ohne Flagge kommen? Hanns hätte auf jeden Fall eine Flagge dabeigehabt.« Er war ernsthaft bestürzt und verwundert. »Na, macht nichts«, fügte er hinzu. »Dann machen Sie bitte ein Bild von mir mit der chinesischen Flagge. Wenn wir nicht Großbritannien und China zusammen haben können, nehmen wir eben nur China.«

Wir erreichten die Kuppe der Düne, wo der Professor die knallrote Flagge mit den kommunistischen Sternen auseinander rollte. Dann streckte er die Arme aus und hielt stolz die Fahne hoch. Ich nahm seine Kamera und begann zu fotografieren.

»Gut. Sehr gut. Dieses Foto wird in ganz China veröffentlicht werden.«

In diesem Moment merkte ich, dass noch jemand die Düne hinaufstapfte. Kurz darauf erschien Argalis Wuschelkopf. Er starrte den Professor durchdringend an und sah ganz und gar nicht begeistert aus.

»Was soll das?«, fragte er mich auf Hausa. »Für wen hält er sich? Will China Anspruch auf Niger erheben?«

Es galt eine politische Auseinandersetzung abzuwenden. Ich berichtete dem Professor, dass Argali annahm, er wolle Niger für China beanspruchen. Der Professor war aufrichtig schockiert.

»Nein, nein. China ist ein guter Freund von Niger. Wir lieben Niger. Afrikaner sind sehr gut. Chinesen mögen Afrikaner.« Der Professor verstand nicht, weshalb Argali so wütend war.

»Nein«, entgegnete Argali aufgebracht. »Keine Fotos mehr. Sagen Sie ihm, das hier ist Niger und nicht China. Wir hatten schon eine Kolonialmacht. Wir brauchen nicht noch eine.«

»Aber Sie müssen Argali sagen, wir mögen Niger. China mag Gaddafi. China ist ein Freund von Afrika.«

»Kann sein, dass China Gaddafi mag, aber Niger mag ihn nicht«, erwiderte Argali schroff.

Wir durchquerten eine Reihe von Oasen mit so wohlklingenden, bildhaften Namen wie Dibbela, Zoo Baba und Zoo Karimi. Vischer kannte sie unter den Kanuri-Namen Zo Gana und Zo Kura, die unseren lateinischen »magna« und »parva« entsprechen. Jede dieser unbewohnten Oasen klammerte sich an ein Bruchstück des hügeligen, an vielen Stellen von Sanddünen verdeckten Grats, der nach Norden führte. Dass diese Oasen auch zu prähistorischer Zeit schon bewohnt gewesen waren, erkannten wir an den Steinwerkzeugen, die wir in jeder einzelnen von ihnen fanden.

Zu Beginn des 20. Jahrhunderts verließen die Tubu die Zoo-Oasen wegen der brutalen Raubzüge von Arabern und Tuareg. Vischer beschreibt sehr anschaulich, wie so eine *rhazzia* vonstatten ging:

> Wir erreichten eine kleine Senke, die unter dem Namen Zo Kura bekannt ist. Hier gab es eine üppige Vegetation, Gras und Sträucher; und zwischen ein paar kleinen Hügeln lagen sieben Wasserlöcher mit klarem Wasser. Nach unserem anstrengenden Marsch waren wir froh, an einem so herrlichen Ort rasten zu können – er sah aus wie eine Insel im Ozean aus Sand.
> Unterwegs zeigte mir Hadji Zaid stolz eine Stelle, wo sich sein Volk gegen eine *rhazzia* von Uled Sliman verteidigt hatte ... Das war vier Jahre her, und der treue Hadji war selbst auch beim Kampf dabei gewesen. Die Araber hatten sich die heißeste Zeit des Jahres ausgesucht und kamen aus dem Tibesti herunter, als die Tubu, die vermutlich selbst gerade auf Raubzug waren, nicht damit rechneten. Ohne große Schwierigkeiten nahmen sie alle Kamele, Frauen und Kinder mit, die sie finden konnten, brannten Dörfer nieder, fällten Palmen und eilten davon, bevor die Ehemänner von dem Unglück hörten. Zwischen den Sanddünen wähnten sie sich sicher genug, um eine Weile zu verschnaufen, doch sie hatten sich verrechnet. Denn die Tubu hatten bereits von dem Unglück erfahren und erreichten Zo Kura auf einer anderen Route vor den Arabern. Als die schwerfällige Karawane der Räuber langsam eine der

steilen Dünen erklomm, stürzten sich die Tubu von oben auf sie. 40 Araber wurden mit Schwertern oder Wurfeisen getötet, die anderen flohen in die Wüste, wo sie von den Tubu verfolgt wurden, bis sie verdursteten. Wir fanden ein ausgebleichtes Skelett mit dem Gesicht nach unten auf einem Dünenhang, und in seiner ausgetrockneten Wirbelsäule steckte noch immer die kurze Eisenspitze eines Tubu-Speeres ... Wären wir den Arabern begegnet, so wäre das vielleicht unser spannendstes, aber sicher auch unser letztes Erlebnis gewesen.

Ich erzählte Abba diese Geschichte, der sie bestätigte. »Mein Großvater hat an diesem Kampf teilgenommen. Als kleiner Junge bekam ich die Geschichte immer wieder erzählt. Ich habe die Skelette von Toten gesehen. Mein Großvater sagte, dass die Düne, wo das Gemetzel stattfand, ganz rot vor Blut war. Die Tubu werden den Arabern oder den Tuareg nie vertrauen – niemals.«

Am 20. November kampierten wir knapp 18 Kilometer vor Bilma, einem wichtigen Etappenziel unserer Reise. Seit Tagen stellte ich mir die alte Lehmstadt Bilma mit ihrem Fort, der fruchtbaren Oase und den Salinen vor, deren Erträge überall in der Sahara und darüber hinaus verkauft wurden. Ich hatte die Geschichten über die einstigen Bewohner der Oase von Bilma, den So, gehört, die mit einem enorm hohen Wuchs gesegnet waren. Sie konnten die Früchte von der höchsten Palme pflücken, und wenn sie sich schlafen legten, ragten ihre Bäuche angeblich wie Hügel empor. Sie konnten den Tschadsee in anderthalb Tagen erreichen und am folgenden Tag mit einem Elefanten oder einem Nilpferd unter jedem Arm zum Abendessen nach Hause zurückkehren. Doch Allah hatte ihnen kein Wissen geschenkt, und daher wussten sie auch nicht, wie man kämpft. Als dann die Leute aus dem Norden und Osten kamen (die Vorfahren der Tuareg und der Tubu), wurden sie entweder umgebracht oder in die Wüste getrieben. Die Geschichten über die So ähneln stark denen über eine andere hoch gewachsene Menschenrasse, die im nördlichen Kenia in der Nähe des Turkanasees lebte, wo ihre Gräber noch immer zu sehen sind.

Inzwischen wurde meine Zuneigung für mein Kamel Pasha nur noch von meiner Bewunderung für seine Leistung in den Dünen übertroffen, die es sicher und souverän bewältigt hatte. Pasha erhielt seinen Namen nach dem Pferd, auf dem Vischer mit viel Mühe und Geduld und trotz aller klimatischen Widrigkeiten den ganzen Weg von Tripolis bis nach Kukawa zurückgelegt hatte. Wie er das geschafft hat, vermag ich mir nicht vorzustellen. Angeblich braucht man in der Sahara *ein* Kamel, um das Wasser für *ein* Pferd zu tragen, und damit ist noch nicht das Futter berücksichtigt, das transportiert werden muss.

Pasha das Kamel hatte sich anfangs aufsässig und widerspenstig gezeigt. Da ich aber wusste, dass der beste Weg zum Herzen eines Tieres durch seinen Magen führt, teilte ich unterwegs meinen Beutel Datteln mit ihm. »He, Pasha«, rief ich dann, und das Kamel schwenkte den Kopf und den langen Hals zu mir herum und fing die Dattel auf, die ich ihm zuwarf. Ebenso elegant spuckte es den Stein aus. Bald hörte Pasha auf mich wie ein Hund. Aber die Doppelnatur eines Kamels bestimmt auch sein Verhältnis zu den übrigen Kamelen in der Karawane. Pasha war stets fest entschlossen, seinen Anteil – oder sogar mehr – vom Futter zu bekommen. Wenn er den Eindruck hatte, er wäre zu kurz gekommen, biss er einem Rivalen schon mal heftig in den Widerrist. Diese Geste konnte natürlich ebenso gern erwidert werden. Während unserer Dünenüberquerung konnte ich Pasha zehn Tage lang nicht reiten, weil der Sattel an zwei großen Fleischwunden gescheuert hätte, die ihm bei einem Biss zugefügt worden waren.

Vischer stellte einen interessanten Vergleich zwischen den Verhaltensweisen von Pferden einerseits und Kamelen andererseits an:

> Es war Dattelzeit, und wir kauften reichlich davon für unsere Ponys und Kamele. Die Araber sagen, frische Datteln seien hervorragendes Futter für Pferde, aber man sollte sie unter allen Umständen erst längere Zeit nach dem Füttern tränken. Später kostete mich die Missachtung dieser Regel auf unserem Marsch beinahe meine zwei Pferde. Es ist amüsant zuzuschauen, wie sie ihre Datteln fressen und dabei den Stein vorsichtig aus jeder Frucht fallen lassen. Ich habe Pferde häufig bemitleidet, weil sie so vom Menschen abhängig sind, aber das kann natürlich an ihrer Domestizierung liegen. Es lohnt sich, einem Pferd nach einem langen Marsch zuzusehen: Mag es auch noch so erschöpft oder hungrig sein, es will weder rasten noch fressen, solange es mit einem anderen Pferd raufen oder spielen kann. Man stellt ihm sein Futter hin, doch das Pferd trampelt unachtsam darauf herum und verdirbt es, und wenn man ihm eine Decke gegen Regen oder Kälte über den Rücken schnallt, zieht es sie herunter und trägt sie lieber um den Bauch. Kamele werden dagegen fortgetrieben, um sich ihr Futter selbst zu suchen, und wenn sie dann abends ins Lager zurückkehren, machen sie keinerlei Schwierigkeiten. Acht Kamele legen sich im Kreis zusammen und kauen still ihr Stroh, ein paar Hand voll Datteln oder ein bisschen Gras, ohne etwas davon zu verschwenden oder Lärm zu machen.

Der letzte Satz stimmt meiner Erfahrung nach nicht ganz. Wenn die Kamele Hunger haben, kämpfen sie um ihr Futter, wie Pashas Widerristbisse zeigen, und sie machen dabei eine Menge Lärm. Aber auch unsere Kamele kauten gern ihr Stroh.

Gegen Mittag erreichten wir Jetko, einen dunklen, bedrohlichen Felsen in der Form eines winzigen Tafelbergs, der am südlichen Rand der alten Oase aufragte. Jetko singt angeblich, wenn er den Einwohnern von Bilma eine herannahende Karawane ankündigen will. Ich war einmal am Halbmondsee in der Nähe von Dun Huang in China, wo der Sand angeblich auch singt. Man meint damit das dumpfe Grollen, das in den vibrierenden Teilen der Sanddünen entsteht, wenn der Wind darüber hinwegfegt. Leider hat noch keine Düne für mich gesungen.

Laut Vischer kommt das Geräusch zustande, »wenn der Wind aus einer bestimmten Richtung durch Ritzen des zerklüfteten Felsens weht«. Tatsächlich sang der Berg für Vischer, und zu seinem Erstaunen »bemerkten wir weit im Westen auf den gewölbten, leuchtenden Hängen der Dünen lange dunkle Flecken, die fast unmerklich immer größer wurden und näher kamen, wie der große Schatten einer Wolke. Sie entpuppten sich als eine Absin[Tuareg]-Karawane mit mehr als 8000 Kamelen und 1000 Mann.«

Wie die Oase von Bilma solche Mengen von Kamelen aufnehmen konnte, ist mir schleierhaft – noch so eine Frage, die ich Vischer gern gestellt hätte.

Jetko sang nicht, um unsere bevorstehende Ankunft anzukündigen, doch während wir uns Bilma langsam näherten, begannen unsere Herzen zu singen, und wir vergaßen die gezerrten Muskeln, wunden Hinterteile und den tückischen Wüstensand.

5

»... eine Forschungsreise und alle damit verbundenen Unannehmlichkeiten ...«

MAJOR DIXON DENHAM

Die Glühbirnen flimmerten ebenso wie Agi Marda Tahers Fernseher im Takt der heftigen Spannungsschwankungen des Generators, einer der wenigen, die in Bilma überhaupt funktionierten. Auf der Mattscheibe war ein Nachrichtensprecher der CNN zu sehen, der aufgeregt von Taliban-Kämpfen in Afghanistan und Milzbrandalarm in Amerika schwatzte. Allerdings schien er diese Informationen mitten in einem elektrischen Schneesturm zu verkünden. Meinen Augen gefiel das gar nicht, und der unbeständige Stromfluss, der die Stimme des Sprechers immer wieder an- und abschwellen ließ, war unerträglich für Ohren, die an stille Wüstennächte gewöhnt waren. Japper, der niemals fernsieht, wandte sich an unseren Gastgeber und meinte: »Ich glaube, die junge Französin auf dem anderen Kanal schont die Augen mehr.« Johnny schwankte. Ich stimmte Japper vollkommen zu, aber der Professor, ein berüchtigter Fernsehjunkie, bekam gerade seine erste Dosis seit über einem Monat und starrte wie in Trance auf den Bildschirm. Er war überglücklich, bekam er nicht nur seine Fernsehration, sondern er hatte auch die Batterien für seine Videokamera aufladen können. Diese Sorge hatte ihn während der gesamten Expedition beschäftigt, und nun hatte er seine fast leeren Batterien gerade noch rechtzeitig zu Tahers Generator bringen können.

Heute Morgen hatten wir unser Lager, das wir etwa anderthalb Kilometer vor Bilma aufgeschlagen hatten, verlassen und waren zu Fuß in die Stadt gegangen. Abba hatte uns zum alten französischen

Kolonialfort geführt, einem gut erhaltenen Lehmbau mit einem hohen Turm in der Mitte, wo fröhliche nigrische Polizisten in lockerer Atmosphäre unsere Pässe stempelten. Vischer wurde hier von Kommandant Gadel und dem Stabsarzt De la Jarrige empfangen. »Nur wenige *›ententes‹* können so *›cordiales‹* gewesen sein«, erzählt Vischer, begeistert von der freundlichen Aufnahme. Allerdings kannten seine aufbrausenden schwarzen Reisegefährtinnen die Bedeutung des Wortes *entente* wohl nicht und fingen sofort wieder zu streiten an. Um ihre erhitzten Gemüter zu beruhigen, mussten sie Ziegelsteine schleppen, mit denen eben jenes Fort gebaut wurde, das jetzt unter der Kontrolle der nigrischen Armee steht.

Denhams Ankunft in Bilma im Jahre 1823 vermittelt ein ganz anderes Bild. Seine Karawane war offensichtlich sehr von den attraktiven, verführerischen Einwohnerinnen Bilmas beeindruckt:

> Am 12. erreichten wir Bilma, die Hauptstadt der Tibbu und den Amtssitz ihres Sultans. Wie üblich kam er uns in Begleitung von etwa 50 Soldaten und doppelt so vielen Angehörigen des Geschlechts, das wir schön nennen, ungefähr anderthalb Kilometer weit entgegen. Viele der Männer hatten Pfeil und Bogen dabei, und alle trugen Speere. Als Boo-Khaloom [Denhams Führer] sich näherte, schwenkten sie sie über ihren Köpfen, und nach dieser Begrüßung bewegten wir uns alle auf die Stadt zu. Die Frauen tanzten und warfen sich dabei schreiend und singend herum, wie wir es noch nie gesehen hatten. Ihr Äußeres war sehr viel ansprechender als das der Frauen aus den kleineren Städten: Einige hatten äußerst gefällige Züge, und ihre ebenmäßigen perlweißen Zähne stachen wunderschön von ihrer glänzend schwarzen Haut ab. Die dreieckigen, öltriefenden Haarflechten, die an drei Seiten

> herabhingen, die Korallenstücke an der Nase und die großen Halsketten aus Bernstein verliehen ihnen ein verführerisches Aussehen. Einige von ihnen trugen einen *sheish*, einen Fächer aus weichem Gras oder Haar, um die Fliegen zu verscheuchen, andere einen Zweig, einen Fächer aus Straußenfedern oder ein Palmblatt: Alle hielten etwas in den Händen, das sie beim Gehen über dem Kopf schwenkten. Bekleidet waren sie mit einem Gewand aus Soudan [Hausa-Stoff], das auf der linken Schulter geknotet wurde und die rechte Brust frei ließ ... Ungeachtet ihrer spärlichen Bekleidung wirkte ihre Erscheinung oder ihr Benehmen in keiner Weise unanständig ... Während die Musik immer lauter und schneller wird, vollführen sie plötzlich die wildesten Bewegungen, rollen mit dem Kopf, knirschen mit den Zähnen und schütteln voreinander die Hände, springen auf und nach allen Seiten, bis die eine oder andere so erschöpft ist, dass sie zu Boden sinkt.

Leider lief unsere eigene Ankunft sehr viel nüchterner ab. Die Reihe der Sultane von Bilma ist inzwischen zu Ende gegangen, und es gab keine herumtollenden, verführerisch tanzenden Mädchen, die wir bewundern konnten. Nach einem Besuch bei der Polizei sollten wir uns bei der Zivilbehörde melden, um unsere Pässe prüfen zu lassen. Also wurden wir vom Fort zur Dienststelle des *sous préfet* Taher geleitet. Während des nun folgenden Gesprächs fand ich heraus, dass es sich um den Enkelsohn Mai Sidis handelte, eines Tubu-Häuptlings, den Vischer nördlich von Bilma getroffen hatte. Vischer beschrieb ihn als »halb blind, taub, ziemlich lahm und über 100 Jahre alt«. »Er lebt vollkommen zurückgezogen in einer dunklen Hütte ... und besitzt abgesehen von übersinnlichen Kräften keine Macht über seine Stammesgenossen.« Weiterhin berichtete Vischer: »Es gibt keine Gefängnisse und keine Richter in der Oase, aber alle

Männer tragen Waffen, und die Frauen klären ihre Meinungsverschiedenheiten mit Messern oder Dolchen, die jede von ihnen bei sich hat, und keine Frau mit Selbstachtung würde jemals unbewaffnet aus dem Haus gehen.«

Taher, ein kultivierter Mann mit Brille, war so verblüfft darüber, dass ich so viel über seinen Großvater wusste, dass er uns alle zum Abendessen einlud. So saßen wir nun in seinem Haus – dem einzigen in ganz Bilma, das mit Zement gebaut war – und bekamen eine Mahlzeit aus Ziegen- und Hammelfleisch, Reis und Kartoffeln vorgesetzt, die unseren geschrumpften Mägen wie ein Festessen vorkam. Aber als Aperitif bekamen wir das Fernsehen zwangsverabreicht.

Japper brauchte mit Sicherheit etwas, das die Augen schonte: Am Morgen hatte er über Sand geklagt, der sich im Weiß seines rechten Auges zu einem Kügelchen verdichtet hatte. Dieses Kügelchen machte ihm schon seit ein paar Tagen zu schaffen, doch inzwischen schien sich eine dicke Gewebsschicht darüber gebildet zu haben, die das Ganze in einen kleinen, harten und äußerst unangenehmen Knoten verwandelt hatte.

Da wir über keinen Stabsarzt verfügten, hatte Johnny sich erboten, in die Rolle des Augenchirurgen zu schlüpfen. Man braucht schon starke Nerven und eine außergewöhnlich ruhige Hand, um eine solche Operation mit einer Rasierklinge durchzuführen. Ich wandte mich ab, als sich Johnny über Japper beugte, um die harte Gewebsschicht durchzuschneiden. Japper zuckte nicht einmal, als unser Wüstenarzt mit größter Sorgfalt die Membran aufschlitzte, damit das winzige Sandkügelchen herausgleiten konnte. Es floss kein Tropfen Blut dabei und die Operation wurde ein voller Erfolg, denn zwei Tage später war Jappers Auge verheilt. National Geographic hatte uns eine Vielzahl von Medikamenten zur Verfügung gestellt, damit wir für alle absehbaren Gesundheitsprobleme gerüstet waren. Man konnte es ruhig Ironie nennen, wenn ausgerechnet eine Wilkinson-Sword-Klinge von meinem Rasierzeug zum wichtigsten Utensil unserer medizinischen Ausrüstung wurde.

Während des Abendessens gab mir Taher den Rat, so viel Gras zu kaufen, wie unsere Kamele tragen konnten. Darauf hatte mich auch Adam bereits hingewiesen, als er mir zugeflüstert hatte: »Wir müssen ausreichend Futter für die Kamele kaufen. Keiner von uns weiß, was uns jetzt erwartet, nicht einmal Abba.«

Abba selbst nahm meine Aufmerksamkeit jedoch mit einem persönlichen Problem in Anspruch. Seit einigen Tagen beklagte er sich bereits, er sei erschöpft. Hier in der verhältnismäßig luxuriösen Umgebung von Bilma kam er zu mir, um mir mitzuteilen, dass er uns verlassen wolle.

»Aber wir wollen von hier nach Dirkou reisen, wo dein Bruder vor ein paar Wochen erschossen worden ist. Du wirst nur deshalb so gut von uns bezahlt, damit du uns sicher durch das turbulente Tubu-Gebiet führst, und das liegt noch vor uns.«

Doch Abba schien kein schlechtes Gewissen zu haben, an das ich appellieren konnte, und mir war auch nicht ganz klar, warum er gehen wollte. Der Grund war sicher nicht seine Erschöpfung. Es steckte auf jeden Fall mehr dahinter, aber dann sagte ich mir, dass er wohl einfach nur nach Hause wollte.

Trotzdem brach er eine Abmachung und seinen Vertrag mit Sidi, wonach er uns bis Al Katrun geleiten sollte, und ich würde unsere Versicherungspolice für das Tubu-Gebiet nicht so ohne weiteres aufgeben. Abba schlug einen Tubu-Führer namens Ibrahim vor, den er kannte und der uns von Dirkou aus begleiten würde. Dort wollten wir unsere Vorräte für die lange und beschwerliche Reise nach Libyen aufstocken.

Ich beschloss, einen meiner seltenen Ausflüge in die Satellitentechnologie zu unternehmen und auszuprobieren, ob ich vielleicht

Sidi in Agadez erreichen konnte. Ich hatte keinen Kontakt mehr zu ihm gehabt, seit wir N'Gigmi verlassen hatten, und nach mehreren erfolglosen Versuchen wollte ich schon aufgeben. Doch beim zwölften Mal kam ich endlich durch. Sidi trieb sich anscheinend gerade im Aïr-Gebirge herum, und in seiner Abwesenheit kümmerte sich ein Verwandter namens Mohammed um seine Geschäfte. »Befehlen Sie ihm einfach mitzukommen«, empfahl mir Mohammed. »Sagen Sie ihm, er muss mitkommen.«

Offensichtlich kannte er Abba nicht. Ich reichte Abba das Telefon, und innerhalb von Sekunden brannte seine schwache Sicherung durch.

»Zwingen! Zwingen!«, donnerte er und stampfte wütend mit dem Fuß auf. »Nicht mal der Präsident von Niger kann mich dazu zwingen, etwas zu tun, das ich nicht will. Kein Mensch auf Erden kann mir vorschreiben, was ich zu tun habe. Vor allem keiner, der von solch niederer Abstammung ist wie ein Tuareg.«

Unsere Tuareg hörten sein Gebrüll und schüttelten die Köpfe. »Alle Tubu sind unzuverlässig und nicht vertrauenswürdig«, stellte Argali fest. »Das wissen wir alle, und sogar dein Vischer hat es in sein Buch geschrieben. Nichts hat sich geändert, und am wenigsten der Charakter der Tubu.«

Es hatte keinen Zweck, Abba überzeugen zu wollen, denn er hatte sich richtig in Rage geredet. Daher beschloss ich, die Sache auf sich beruhen zu lassen, bis er wieder ansprechbar war. In der Zwischenzeit lockte ein Besuch in den berühmten Salinen von Bilma.

Die Salinen liegen westlich der Stadt, und der Weg dorthin führt an Bilmas natürlichen Quellen vorbei, die für so viele Wüstenreisende und Zugvögel Erlösung bedeuten. Vischer berichtete von riesigen Entenschwärmen, die er an den Quellen gesehen habe. Seine Karawanenjungen fingen viele der Vögel, die aus dem Süden, vermutlich vom Tschadsee, heranflogen und erschöpft landeten, sobald sie das Ufer der verlockenden Teiche erreicht hatten. Wir entdeckten Schmutzgeier und schwarze und weiße Raben, die Vischer ebenfalls bemerkt hatte, und zu unserer Überraschung einen einzelnen Reiher, der auf einem Bein im Wasser stand und mit kleinen, runden Augen einen Fisch beobachtete.

Hinter den Quellen stößt man auf die Ruine eines alten Kanuri-Forts, dessen zerklüftete Mauern langsam zu kleinen Lehmhügeln verfallen, und daneben liegen Häuser, die den Ärmsten der Armen von Bilma gehören. Westlich des Forts befinden sich die Salzgruben, die ohne maschinelle Hilfe aus dem krustigen Salzfelsen gegraben werden. An den Stellen mit den reichsten Ablagerungen werden hier einen bis eineinhalb Meter tiefe Löcher unterschiedlichen Durchmessers in den Boden getrieben. Um das Salz aus dem Stein zu lösen, werden die Löcher mit Wasser gefüllt. Nach ein paar Tagen ist die Oberfläche von einer Kruste aus Salzkristallen bedeckt, die an eine dünne Eisschicht erinnert. Man zerbricht sie und lässt die einzelnen Teile auf den Grund sinken. Nun bildet sich eine neue Kruste, mit der ebenso verfahren wird, und noch eine und noch eine, so dass sich das Loch nach und nach mit Salzkristallen füllt. Diese werden herausgeholt und in zwei handelsübliche Formen gebracht, die leicht mit dem Kamel transportiert werden können: größere Kegel namens *kantu*, die etwa so groß sind wie Verkehrshütchen, oder flache Fladen namens *kunkuru*, die aussehen wie Schildkrötenpanzer.

Das Salinengebiet liegt inmitten einer weiten offenen Fläche, auf der seit Jahrhunderten die Karawanen kampiert haben, bevor sie mit dem berühmten Bilma-Salz beladen ihren Heimweg antraten. Obwohl die Karawanen seit Vischers Zeiten sehr viel kleiner geworden sind – damals bestanden sie zum Teil aus über 8000 Kamelen –, fand ich es doch erhebend, mehr als 1500 Kamele zu sehen, die darauf warteten, beladen zu werden. Wir konnten kein einziges

Fahrzeug in der Nähe der Salzbrunnen entdecken, was darauf hindeutete, dass alles Salz weit und breit wie seit Jahrhunderten von Kamelen transportiert wurde. Denhams Beschreibung der Salzgewinnung in Bilma, die er 80 Jahre vor Vischer verfasst hatte, könnte auch von heute stammen:

> Kunst wurde angewandt, um Natur zu gewinnen; seichte Schächte wurden gegraben, die sich schnell mit Wasser füllten, und nach der Verdunstung blieben dicke Salzschichten zurück. Um sie herum wurden hohe Dämme errichtet, anscheinend als Schutz vor dem Wind. Das Wasser ist jetzt sehr gesättigt; im Sommer bildet sich eine dicke Kruste, die später abgebaut wird ... Ich fand heraus, dass das Salz am Ende der Trockenzeit eingesammelt wird, und zwar in großen Mengen ... Die durchsichtige Sorte wird in Säcke gepackt und nach Bornu und in den Sudan verschickt; eine rauere Sorte wird zu harten Säulen geformt, die raschen Absatz finden. Eine Säule wiegt fünf Kilogramm ... Im letzten Jahr haben angeblich allein die Tuaricks schon 20000 Säcke Salz abtransportiert.

Die Salzkarawanen der Tuareg, *tarhalamt* genannt, erfüllen als einzige Salzkarawanen der Sahara noch ihren Zweck. Die Karawanensaison beginnt am Ende der Regenzeit im September, wenn die Tuareg-Kamele frisch und ausgeruht sind und sich an saftigem Gras satt fressen konnten. Die Kamele werden in den Nomadenlagern der Tuareg im Aïr-Gebirge mitten in Niger versammelt, wo die kräftigsten Kamele der ganzen Sahara gezüchtet werden. Hier wurden auch unsere eigenen Kamele im September 2001 gekauft. Da es zwischen Aïr und Bilma nur eine spärliche Vegetation gibt legt die Karawane auf dem Hinweg in regelmäßigen Abständen Kamelfutter für den Rückweg ab. Die Einwohner von Bilma und den übrigen

Salz abbauenden Oasen warten sehnsüchtig auf die Ankunft dieser Karawanen, da ihr Überleben von der frischen Hirse abhängt, die von den Tuareg gebracht wird. Sie tauschen sie gegen die beiden wichtigsten Oasenerzeugnisse ein: Salz und Datteln. Auf dem kleinen Markt in der Nähe der Salinen findet ein reger Tauschhandel statt, und ich fand es faszinierend, selbst zu erleben, dass wie zu Vischers Zeiten kein Geld den Besitzer wechselt. Wenn alle Geschäfte erledigt sind, begibt sich die Karawane auf die mühsame Rückreise ins Aïr-Gebirge. Obwohl die Kamele noch von der Hinreise geschwächt sind, muss jedes von ihnen auf der Rückreise bis zu 180 Kilo Salz tragen, und das auf einer kahlen, unmarkierten und sich stetig verändernden Strecke. Wir sollten bald am eigenen Leibe erfahren, welche Gefahren und Unwägbarkeiten sich auftaten, wenn man mit erschöpften Kamelen viele Kilometer weit durch eine windgepeitschte Landschaft zog, in der es absolut keine Vegetation gab.

Das Salz aus Bilma hat sowohl als Vieh- als auch als Kochsalz einen sehr guten Ruf und kann später zu einem Preis getauscht oder verkauft werden, der fast das Zehnfache des ursprünglichen Kaufpreises beträgt. Wie ehemals mit den Sklaven lässt sich also damit ein guter Gewinn erzielen. Daher machen sich die Tuareg kurz nach ihrer Heimkehr im Frühjahr erneut auf, um ihr Salz in den Hausa-Städten im Süden weiterzuverkaufen. Dann bleiben sie eine Weile auf den Weiden des nördlichen Hausalands, während ihre Kamele kalben, und kehren kurz vor Beginn der Regenzeit im Juni ins Aïr-Gebirge zurück. Wenn sie wieder in ihrer Bergheimat angekommen sind, ist es fast schon wieder Zeit für die Herbst-*tarhalamt*.

Seit dem Ende der Kolonialherrschaft wurden die Sahelländer Westafrikas von sesshaften Afrikanern regiert, die den Tuareg seit Jahrhunderten misstrauisch und feindselig gegenüberstanden. Die Folge war, dass die Tuareg politisch an den Rand gedrängt wurden.

Zusätzlich wurde die Region seit den 1970er Jahren von einer Reihe verheerender Dürreperioden geschwächt, die das Vieh der Nomaden vernichteten und die Tuareg zwangen, sich in den südlicheren Städten als Nachtwächter oder Arbeiter zu verdingen. Die Einmischung des Menschen und die häufige Überweidung empfindlicher Grasflächen führte dazu, dass die Wüste in einem noch nie da gewesenen Ausmaß in bis dato fruchtbare, landwirtschaftlich genutzte Gebiete vordrang. Dass es die Karawanen noch gab, bewies der majestätische Anblick dieser 1500 Kamele, über den ich zugleich staunte und dankbar war. Zumindest fürs Erste sind diesem kahlen und doch so schönen Teil der Welt die schrecklichen Auswirkungen des Verbrennungsmotors erspart geblieben.

»Wir müssen mehr Gras kaufen. Wir werden drei Wochen nach Al Katrun brauchen und aller Wahrscheinlichkeit nach unterwegs keines bekommen. Wir müssen noch einen Tag in Bilma bleiben.«

»Noch einen, Adam?«

»Ja, es ist zu riskant, ohne genug Gras aufzubrechen.«

Das Dumme war nur, dass es angesichts der knapp 2000 Kamele, die in und um Bilma lagerten, gar nicht so einfach war, Gras zu kaufen. In Bilma wuchs kein Kamelgras, daher musste es von Kamelkarawanen über unzählige Wüstenkilometer hierher transportiert werden. Gras war ein absolut unentbehrlicher Rohstoff und stand daher hoch im Kurs. Kein Wunder, dass es mich acht Dollar pro Ballen kostete.

»Aber wir können nicht ewig hier bleiben, Adam.«

»Wir können nicht ohne Gras aufbrechen.«

Die Tage verstrichen. Adam fragte immer wieder hartnäckig bei Händlern nach, die ihm antworteten, dass am nächsten Tag mehr Gras erwartet würde oder am übernächsten oder ... Währenddessen verstrich die Zeit unaufhaltsam.

Allmählich bekamen wir zwölf große Bündel zusammen. Adam stellte einmal mehr seine Fingerfertigkeit mit Seilen und Knoten unter Beweis und flocht ein perfektes Fischnetz um jedes Bündel, damit es nicht auseinander fiel, wenn man es über eine Kamelflanke hängte. Er hatte mir verraten, dass er nach einer zweiten Frau Ausschau hielt, und sein Geschick mit den Seilen hätte sicherlich die Blicke des hübschesten Mädchens des Aïr auf sich gezogen.

Aber reichten zwölf aus? Adam meinte nein. Ehom und Argali meinten ja, während der geheimnisvolle Asalik seine Gedanken für sich behielt. Am vierten Tag einigten wir uns darauf, dass zwölf Ballen ausreichten, machten Agi Marda Taher noch einmal unsere Aufwartung und brachen auf nach Dirkou. Diese florierende Stadt, zu Vischers Zeiten noch völlig bedeutungslos, wurde von libyschen Lkw angefahren, und daher konnte man auf dem dortigen Markt angeblich alle wichtigen Vorräte kaufen – für entsprechendes Geld.

Der felsige Grat, dem wir nun folgten und der sich nordwärts aus Bilma herausschlängelte, lag im Herzen des Tubu-Gebietes und bildete einen natürlichen Schutzschild für eine Reihe kleiner Oasen, die wie eine punktierte Linie von Süden nach Norden führten, während sich im Westen und Osten ein riesiges, scheinbar endloses Sandmeer erstreckte. Einmal stießen wir unterwegs auf einen Hund, der ganz allein auf eine Schafherde aufpasste, ohne dass irgendwo ein Mensch zu sehen war.

Zu Vischers Zeiten hatten die Tubu in den Hügeln gelebt und waren immer wieder von arabischen Banditen und Tuareg heimgesucht worden. Als die Kriege und der Sklavenraub aufgehört hatten, waren sie heruntergekommen und hatten sich in den Vorhügeln niedergelassen, doch jetzt, da die Unabhängigkeitskämpfe in vollem Gange waren, hatten sich die Rädelsführer in die Felsschluchten zurückgezogen, um sich vor den nigrischen Soldaten zu verbergen. Wir kamen an Überresten ihrer Siedlungen vorbei.

All das wusste ich von Abba. Nachdem er drei Tage lang geschmollt hatte, war er auf den Boden der Tatsachen zurückgekehrt und redete wieder mit mir. Er habe seine Meinung geändert und werde uns nun doch bis Al Katrun begleiten. Als dies einmal feststand, war er wieder ganz der Alte – selbstsicher und hochmütig. Asalik schaute ihn nur schweigend an und dachte sich seinen Teil. Zweifellos wäre er den ganzen verräterischen Tubu-Stamm am liebsten ein für alle Mal losgeworden.

Dirkou ist eine öde, windige Stadt mit Häusern aus verkrusteten Salzblöcken, zusammengekauert am Rande einer gelben Wüstenlandschaft, die sich bis zu den großen wellenförmigen Dünen am westlichen Horizont hinzieht. Ich ging mit Abba zu einem Soldatenzelt am südwestlichen Rand von Dirkou, um routinemäßig unsere Pässe kontrollieren zu lassen. Anders als bei der Polizei in Bilma saßen hier gereizte, mürrische Soldaten, die uns sorgfältig ignorierten und stundenlang in der glühend heißen Sonne warten ließen. Wahrscheinlich hofften sie auf ein anständiges Bestechungsgeld.

In der Zwischenzeit hatte Johnny eine ganz passable Bar in der Innenstadt von Dirkou gefunden und es nach einem kurzen Flirt mit einer neckisch-schüchternen Schönen der Nacht geschafft, der Dame Informationen über die einschlägigen Handelsplätze der Stadt zu entlocken. Nicht dass es viel zu entlocken gab, aber so konnte er unseren Proviant doch an den für uns günstigeren Orten kaufen. Johnny besorgte Vorräte für drei Wochen und als willkommene Extrazulage drei Flaschen Feuerwasser, die unter dem Markennamen »Nigerwhisky« vertrieben wurden. Unseren abgestumpften Gaumen schmeckte er besser als der teuerste Malzwhisky.

Knappe 40 Kilometer weiter nördlich kampierte eine Armee-Einheit in der Nähe der Oase Anai in den Hügeln. Es gab Gerüchte, dass sie in den kahlen Tälern ausgeschwärmt waren, um nach Tubu-

Dissidenten zu suchen, die ein paar Wochen zuvor den Tumult auf dem Markt von Dirkou angezettelt hatten. Wie zu Vischers Zeiten wird Anai von einem erstaunlich gut erhaltenen Kanuri-Fort dominiert. Hierher flüchteten die Tubu-Dorfbewohner vor den Raubzügen der Tuareg oder Araber, bevor die Franzosen für eine gewisse Stabilität in der Region sorgten. Es schien, als könnte das Fort bald wieder für ähnliche Zwecke genutzt werden, denn die Atmosphäre in Anai knisterte vor unterdrückter Anspannung und Feindseligkeit. Diese Stimmung färbte sogar auf Johnny ab. Als ich ihn bat abzusteigen, brummte er, er wolle keine Befehle befolgen, wenn er nicht verstünde, warum. Auch die Tubu waren verdrossen. Die Soldaten hantierten nervös mit ihren Waffen herum und forderten uns höflich, aber sehr bestimmt auf weiterzureisen.

Wenig hat sich in 100 Jahren verändert. Als Vischer im Jahr 1906 in Anai eintraf, wurde er vom Stammeshäuptling Abdullah Indini empfangen. Er erzählte ihm, es komme häufig vor, dass die Einwohner in die Hügel fliehen und zusehen mussten, wie ihr Besitz zerstört wurde. Er sprach davon, dass Häuser in Brand gesteckt und Palmen gefällt wurden, von denen die Existenz der Bewohner abhing und die erst nach einer Generation wieder die gleiche Größe erreichten. Anscheinend ließen sich frustrierte Invasoren besonders gern an den Palmen aus, wenn sie mit ihrer Beute nicht zufrieden waren. Heute sind die Palmen zwar unversehrt, doch kurz vor unserer Ankunft waren einige Bewohner wieder in die Hügel geflohen.

Außerhalb der Oase machten wir Halt, um so viel Brennholz wie möglich aufzuladen. Wir mussten es mit einer stumpfen Axt und einem *panga* – zur Freude des Professors *made in China* – von steinharten Akazien und Tamarisken abschlagen. »Wir werden mindestens drei Wochen kein Brennholz mehr finden«, erklärte Abba.

Vier Tage später trafen wir in Sequedine ein, das ebenfalls mit einem gut erhaltenen Kanuri-Fort aufwarten konnte. Das Dorf lag außerdem an einem wichtigen Knotenpunkt einiger ungeteerter Straßen, die aus Libyen, Algerien, Bilma und Agadez herführten. Es gab hier auch Salinen, zwar nicht so große wie in Bilma, aber wir bemerkten dennoch einige Tuareg-Salzkarawanen, die sich bereitmachten, um Salz aufzuladen.

Am nächsten Tag, dem 1. Dezember, zogen wir in nordöstlicher Richtung zu der unbewohnten Oase Yat. Als wir uns gerade über ein ödes, baumloses Plateau schleppten, wurde der Wind plötzlich stärker und trieb uns piksende Sandkörner direkt ins Gesicht. Vor dem Wüstenwind gibt es kein Entrinnen. Mehr noch als seine Stärke drückt seine Unbarmherzigkeit aufs Gemüt. Jede Stimme wird übertönt, jeder Augenblick davon erfüllt. Unablässig dröhnt einem der Wind in den Ohren und betäubt die Sinne. Nur ein Turban kann etwas Abhilfe schaffen. Wir bewegten uns nicht mehr im Schutz der Hügel, und zum ersten Mal, seit wir Kukawa verlassen hatten, war der Himmel bedeckt. Das strahlende Blau, unter dem wir uns so lange vorwärts gekämpft hatten, war nun durchgängig hinter einer trüben, formlosen Wolkenschicht verborgen. Als die Hügelkette, der wir den ganzen Weg seit Bilma gefolgt waren, allmählich verschwand, wurde mir klar, dass wir *terra nova* betraten.

Auf diesem Streckenabschnitt überwand Japper mit seinem Einfallsreichtum die Schwierigkeiten, auf die man stieß, wenn man bei schneidendem Gegenwind auf einem Kamel eine Zigarette rauchen wollte. Normalerweise leuchtete das glühende Ende nur kurz auf und erlosch, bevor Japper dazu kam, mehr als ein paar befriedigende Züge zu machen. Nun hatten wir Milch in über 100 kleinen runden Büchsen gekauft, einer üblichen westafrikanischen Verpackungsgröße, die sehr nützlich bei Wüstendurchquerungen ist. Japper bohrte ein Loch vom Durchmesser einer Zigarette in die Seite der Dose und ein Luftloch in den Deckel, damit die Glut nicht ausging. Jetzt konnte Japper das brennende Zigarettenende in das seitliche Loch der Dose stecken und seinen Glimmstängel wie eine Pfeife rauchen. Von nun an wurde auf dieses Raucherzubehör nicht mehr verzichtet, und Japper paffte zufrieden seine kenianischen Sportsman-Zigaretten, weil er wusste, dass sie mindestens eine Minute lang brennen würden.

Yat überraschte mich: Die Oase wurde von einem großen dunklen Hügel im Westen überragt, den Vischer in einem bezaubernden Aquarell eingefangen hatte, und es gab dort Wasser, Dattelpalmen, Kamelgras und die prachtvolle Dumpalme mit ihren herrlich nussigen Früchten. Aber warum war die Oase verlassen? An diesem fruchtbaren kleinen Fleck musste man doch leben können? Yat schien Menschen viel mehr zu bieten als etwa die Oase von Agadem, wo 100 Seelen ums Überleben kämpften, während die Palmen um sie herum verwelkten und das Gras für ihre Herden mit jedem Jahr weniger wurde.

»Sie sind alle nach Sequedine abgewandert«, erklärte Abba geheimnisvoll. Doch die Oase war bereits zu Vischers Zeiten unbewohnt, und auch Denham und Clapperton fanden sie 80 Jahre früher verlassen vor. Barth war vollkommen erschöpft und fast blind von dem grell in der Tageshitze leuchtenden Sand in Yat eingetroffen. Argali, der stets empfindlich reagierte, wenn es um Übersinnliches ging, murmelte etwas über Dschinns und rastlose Seelen. »Vielleicht«, mutmaßte er, »gibt es zu viele Dschinns in Yat, als dass man sich hier wohl fühlen könnte.«

Wie dem auch sei, wenn es nicht die Dschinns waren, mussten andere übel wollende Geister in Yat herumschweben. Als Vischers Karawane aus den öden, trostlosen Wüsten des Nordens eintraf, freuten sich die Damen schon auf das luxuriöse Leben in Bilma und beschlossen, am Brunnen ihre Gewänder zu sichten, damit sie Bilma in vollem Staat besuchen konnten. So schreibt Vischer:

> Die wunderschönsten Kleider kamen in den Kisten und Schachteln zum Vorschein. Zuavenjacken aus Tunis und lange Seidengewänder aus Ägypten, alte Schirme aus Tripolis und allerlei glänzende Seidenschals und Taschentücher. Alles wurde gewaschen und geschrubbt, und noch bevor es dunkel wurde, war das Gras um unser Lager herum wie ein Mosaik mit Hunderten von bunten Kleidungsstücken bedeckt.
> Die Frauen waren nun in guter Stimmung, und um diesen schönen Tag in bester kriegerischer Manier zu beenden, veranstalteten sie einen fürchterlichen Kampf untereinander.

Den Preis für den lächerlichsten Zank in Yat haben sich jedoch Denham und Clapperton verdient, zwischen denen es zu einem wahren Zerwürfnis kam. Anscheinend hatte sich ihr Verhältnis schon seit einer Weile verschlechtert, und Denhams arrogante und autoritäre Art ärgerte den empfindlichen, engstirnigen Clapperton ganz besonders. Dies veranlasste ihn zu »offener Meuterei«, wie Denham es nannte, doch erst in Yat verwandelte sich der beiderseitige Groll in einen handfesten Streit. Die »kleine Meinungsverschiedenheit«, wie sich Dr. Walter Oudney vorsichtig ausdrückte, der die beiden Forscher begleitete, wurde in Briefen festgehalten, die sich die beiden Männer in Yat gegenseitig schrieben. Es ist schon eine haarsträubende Vorstellung, dass zwei erwachsene Männer in einer abgeschiedenen Oase in ihren Zelten saßen und eine erbitterte Debatte in Form von Briefen führten. Denham schrieb:

> Ich hatte sehr gehofft, dank einer beiderseitigen Neigung zu freundschaftlicher Zusammenarbeit würden unsere Forschungsreise und alle damit verbundenen Unannehmlichkeiten zumindest harmonisch verlaufen, aber … das scheint leider nicht möglich zu sein.

Clapperton antwortete darauf aus seinem Zelt:

> Was die freundschaftliche Zusammenarbeit und die Harmonie betrifft, wird mir jeder Teilnehmer oder ehemalige Teilnehmer dieser Mission zugestehen, dass ich mein Möglichstes zur Erreichung dieses hehren Ziels getan habe. Da Major D. meine Meinung zu diesem Thema hören wollte, möchte ich ihm Folgendes mitteilen: Er hat diese Situation selbst herbeigeführt, indem er sich mit jeder einzelnen Person, die an dieser Mission teilgenommen hat oder ihr unterstellt war, angelegt und sie mit seiner strengen Art eingeschüchtert hat.

Nun nahm das Ganze eine sehr viel hässlichere Wendung. Denham schrieb:

> Ich würde meine Pflicht vernachlässigen, wenn ich noch längerer darauf verzichtete, Ihnen in schärfster Form darzulegen, dass Ihr Verhalten letzthin sowohl privat als auch in der Öffentlichkeit als zutiefst unschicklich angesehen werden muss. Ich muss leider sagen, dass Ihr Benehmen für die Mission und für unser Land eine ebensolche Schande ist wie für Sie als Offizier und unseren gegenwärtigen Interessen in höchstem Maße schadet.

Clapperton brachte den Brief direkt zu Oudney und bat ihn, seine Meinung dazu schriftlich festzuhalten. Oudney schrieb: »Wie Ihr privates oder öffentliches Benehmen in irgendeiner Form den Interessen der Mission geschadet hat oder ihnen schaden wird, vermag ich nicht zu erkennen.«

Denham beeilte sich ihn aufzuklären und behauptete, alle Araber der Karawane seien darüber informiert, dass Clapperton eine homosexuelle Beziehung zu einem seiner arabischen Dienstboten unterhalte.

Als er das hörte, schickte Oudney per Boten einen Brief an Colonel Hanmer Warrington, den britischen Generalkonsul in Tripolis. Darin merkte er an, dass Abdullady – der Mann, auf den sich die Behauptung bezog – »offensichtlich über 40 und sehr hässlich« sei. Oudney war überzeugt, Abdullady habe die Anschuldigung erfunden, um eigene Interessen voranzutreiben. Doch damit war die Sache nicht erledigt. Der Generalkonsul leitete Oudneys Feststellungen an die Kolonialverwaltung in London weiter, und sein Begleitschreiben zeigt sehr deutlich, welche Reaktionen eine solche Anschuldigung im Jahr 1823 hervorrufen würde:

> Es ist mir wirklich peinlich, auf ein Thema eingehen zu müssen, über das Sie sicher ebenso ungern lesen möchten, wie ich darüber schreibe. Das beiliegende Schriftstück ist mir zugeleitet worden. Großer Gott! Möge es sich als unmöglich erweisen, dass der »böse Geist« oder der Groll den Menschen dazu bringen kann, das erste und letzte Attribut des Christentums zu vergessen: »Was du nicht willst, das man dir tu, das füg auch keinem andern zu.«
> Eine infamere, schändlichere, teuflischere Andeutung ist wohl nie angewandt worden, um den Ruf eines Menschen zu zerstören, und ich scheue mich nicht eine Sekunde, im Angesicht meines Gottes zu sagen, dass sie falsch, böswillig und gegen das zukünftige Glück eines Einzelnen gerichtet ist.
> Ich weiß zwar nur wenig über Lieutenant Clapperton, aber *was* ich über ihn weiß, veranlasst mich dazu, mit meinem Leben zu beschwören, dass er die menschliche Natur niemals durch ein solch abstoßendes und verwerfliches Verhalten entehren würde.

Selbst als Clapperton und Denham zwei Jahre später heil in Tripolis angekommen waren, alle Gefahren überstanden hatten und sich ihres wohlverdienten Ruhmes gewiss waren, hatte Denham seine Anschuldigung noch immer nicht widerrufen.

Unsere Schwierigkeiten in Yat waren weniger theatralischer Natur. Ich wusste aus Vischers Bericht, dass er hier Felsmalereien gefunden hatte, und tatsächlich entdeckten wir in der Nähe des Brunnens, der noch immer frisches, trinkbares Wasser lieferte, die Felsgravuren, die er abgezeichnet hatte: spindeldürre Strichmännchen, Kamele und Tuareg-Zeichen. Leider mussten wir feststellen, dass sie mit modernen Kritzeleien à la »Ali liebt Amina« entweiht worden waren. Davon würde die Bradshaw Foundation, die uns Gelder für die Erkundungsreise gespendet hatte, sicher weniger gern Fotos bekommen. Nachdem wir also das Lager aufgeschlagen hatten, ermutigte ich unser Team, auszuschwärmen und bisher unentdeckte Exemplare zu finden. Nach über einer Stunde wurden wir fündig. Südöstlich des Brunnens gab es weitere Felsen. Hier spürten wir eine wahre Fülle von Kunstwerken auf, von denen sich einige als uralt herausstellten. Wir entdeckten höchst detaillierte Zeichnungen von Tieren, die längst von hier verschwunden waren, wie zum Beispiel Elefanten und Giraffen. Andere zeigten kopulierende Rinder, Menschen mit Speeren, Phallussymbole, alte Tuareg-Schriftzeichen und Dschinns. Einige wurden zwar von späteren Gravuren überdeckt, aber andere waren in ursprünglichem Zustand und unverfälscht. Viele dieser Bilder befanden sich zudem auf Felsen, die dem Künstler großes Klettergeschick abverlangten.

»Wahrscheinlich haben sie die Bilder an diesen unzugänglichen Stellen geschaffen, um von ihren Frauen wegzukommen«, mutmaßte Argali scharfsichtig.

Soweit ich wusste, waren diese Felsgravuren nicht von früheren Reisenden erfasst worden. Während wir Dutzende von Fotos machten, ließen wir uns alle von dem aufregenden Gefühl hinreißen, die »Ersten« zu sein.

Die Bilder der Elefanten und Giraffen gaben uns am meisten zu denken. Wie langte konnte es her sein, dass Menschen in Yat einen Elefanten gesehen hatten? Wahrscheinlich waren die Römer direkt für die Auslöschung der Elefanten in der Nordsahara verantwortlich. Der Hauptgrund bestand im Bedarf an Tieren, die zur Ergötzung der Zuschauer bei den Zirkusspielen benötigt wurden. Von Augustus wissen wir, dass in 26 Spielen 3500 afrikanische Tiere getötet wurden. Pompeius zeigte 600 Löwen gleichzeitig, davon 315 männliche. Darüber hinaus wurden Elefanten damals wie heute wegen des Elfenbeins gejagt, von dem Unmengen nach Rom transportiert wurden. Nicht zuletzt landete er auch im Kochtopf. Laut Plinius stellte der Knorpel eines Elefantenrüssels eine besondere Delikatesse der römischen Küche dar. Natürlich würden die in den Fels gezeichneten Tiere im heutigen Klima von Yat nicht überleben, aber man sollte sich allein die Anzahl der Tiere, die von den Römern abgeschlachtet wurden, einmal vor Augen führen.

Vischer hatte in Yat von Springmäusen und Heuschrecken berichtet. Ich ärgerte mich, dass Abba eine der unglaublich schönen und ziemlich harmlosen langschwänzigen Springmäuse, deren Hinterbeine an ein winziges Känguru erinnerten, unnötigerweise gejagt, gefangen und getötet hatte. Bei der Rückkehr von unserer Suche nach den Felsmalereien hatten wir die Maus an einen kleinen Grashügel gelehnt vorgefunden, »damit wir sie fotografieren können«, wie Abba stolz verkündete. Was die Heuschrecken betraf – Vischers Mannschaft entdeckte einen ganzen Schwarm von ihnen, und sofort verließen alle Afrikaner die Karawane, um sie einzusammeln. Dann kehrten sie siegesgewiss zu ihren Feuerstellen zurück, rissen den Heuschrecken die Flügel aus und steckten die Tiere mit dem Kopf nach unten in die heiße Asche. Als sich die Beine nicht mehr rührten, zogen sie die Heuschrecken heraus, rissen ihnen die Köpfe ab und ließen sich die knusprigen gerösteten Körper schmecken. Vischer bestätigte, dass ihr Geschmack sehr gut sei und irgendwo zwischen dem einer Garnele und dem einer jungen Sprotte liege. Er bedauerte nur, keinen Wildhonig dabeizuhaben, um sie zu würzen. Die Afrikaner behaupteten, dass sie gut für das Blut seien, und davon abgesehen bildeten sie sicherlich eine willkommene Abwechslung von Vischers üblicher Reisekost.

Als der Professor und ich einen kleinen Schwarm erspähten, krabbelten wir hektisch herum und versuchten, eine Hand voll zu fangen, was uns jedoch nicht gelang. Sie befanden sich leider nicht mehr im »Hüpfstadium«, flogen am Ende einfach davon und ließen uns keuchend und schwitzend auf dem Felsen zurück. So mussten wir darauf verzichten, unsere tägliche Mahlzeit aus Makkaroni und Kohl mit gerösteten Heuschrecken aufzupeppen.

Wer mich kennt, wird schnell bestätigen, dass mein Verhältnis zu mechanischen Gerätschaften ungefähr so ist wie jenes zwischen Wasser und Öl: zwei Dinge, die einfach nicht zueinander passen. Mechanisch funktionierende Gegenstände, mögen sie nun so groß wie ein Auto oder so klein wie ein Feuerzeug sein, üben keinen Reiz auf mich aus. Die Geräte nehmen unweigerlich Anstoß an meiner mangelnden Aufmerksamkeit und Zuneigung und rächen sich, indem sie kaputtgehen. Mir ist ein Kamel (oder ein Pferd) sehr viel lieber als ein Auto, und ein Streichholz benutze ich lieber als ein Feuerzeug. Das sind Lebewesen und Gegenstände, mit denen ich mich wohl fühle und mit denen ich in den meisten Fällen zurechtkomme. Nicht dass ich stolz auf diese Schwäche oder diese Einstellung bin. Es handelt sich dabei einfach um eine Tatsache.

Daher schien es mir unvermeidlich, dass das Satellitentelefon, welches von meiner unzuverlässigen Hand bedient und verwahrt wurde, irgendwann während unserer Reise den Geist aufgab. Und in Yat, wo die Luft von böswilligen, schelmischen Geistern erfüllt zu sein schien, trat genau dieser Fall ein.

Jaspers Sohn Simon hatte am 30. November heiraten wollen, und natürlich wollte sich Jasper vergewissern, ob er denn nun tatsächlich eine neue Schwiegertochter hatte. Doch wie sich herausstellte, war es nicht einfach, eine Telefonverbindung zwischen Yat und Jaspers Ranch in Kenia herzustellen. Wir versuchten es unzählige Male, und so tippte ich eilig die Nummern ein, um endlich durchzukommen. Beim Eingeben der PIN tippte ich dann aus Versehen einmal zu viel und erhielt die mysteriöse Aufforderung »PUK eingeben«. Wie ich schon erwähnt hatte, war die Bedienungsanleitung in Arabisch verfasst. Die Abkürzung PUK kam darin zwar häufig vor, aber die arabischen Schriftzeichen links und rechts daneben sagten mir nichts. Auch die übrigen Mitglieder unseres Teams vermochten den geheimnisvollen Zeichen keine Botschaft zu entlocken, als ich sie um Hilfe bat. Argali und Ehom sprachen zwar Arabisch, konnten es aber nicht lesen. Im Nummernverzeichnis des Telefons gab es den Eintrag »Hilfe«. Die brauchte ich jetzt dringend. Doch anscheinend steckten alle Hotline-Mitarbeiter gerade in einer verlängerten Mittagspause. Ich schaffte es nicht einmal bis zum »Bitte bleiben Sie am Apparat«.

Johnny, der ein ausgesprochener Technikfreund ist, kam schließlich auf die Idee, mit unserem GPS Abhilfe zu schaffen, das wir bis dahin kaum benutzt hatten. Das GPS verfügte über eine E-Mail-Funktion, die allerdings so viel Strom brauchte, dass sich die Batterien in Windeseile leerten. Diese konnten aber nicht direkt über die Solarzellen aufgeladen werden, daher musste man sehr vorsichtig mit dem Gerät umgehen. Ich gab es also vertrauensvoll in Johnnys zuverlässige Hände. Schließlich bekamen wir über Burundi, England und die USA unsere PUK, und das eigensinnige Telefon verhielt sich wieder ganz normal.

Als Japper nebenbei bemerkt endlich seine Ranch erreichte, erfuhr er von seiner Frau Jill, dass Simons Hochzeit auf Ende Dezember verschoben worden war.

In Yat gab es für uns nichts als Überraschungen. Kaum war das Satellitentelefon wieder funktionstüchtig, da erhielt ich eine Nachricht von einer Kuratorin unserer Stiftung zum Schutz des Wildkamels.

»Ein deutscher Fotograf namens Carsten Peter würde Sie gern auf eigene Kosten begleiten. Wären Sie damit einverstanden?«

Eine lange Pause trat ein, während ich diese ungewöhnliche Nachricht verarbeiten musste.

»Wie lange kann er denn kommen?«

»Zwölf Tage.«

»Zwölf Tage? Das ist ziemlich wenig.«

»Tja, er meint, es lohne sich. Er ist ein ziemlich guter Fotograf. NATIONAL GEOGRAPHIC gefallen seine Arbeiten. Sie haben schon drei seiner Fotos als Titelbilder für die Zeitschrift verwendet.«

Ich grübelte über diese neue Entwicklung nach. Einer der praktischen Gründe für die Saharadurchquerung war paradoxerweise der gewesen, auf das Schicksal des hoch gefährdeten wilden Zweihöckrigen Kamels, das in China und der Mongolei lebt, aufmerksam zu machen. Pasha und unsere übrigen tapferen einhöckrigen Kamele trugen also unwissentlich dazu bei, ihre zweihöckrigen Vorfahren zu retten. Eine Fotostory würde dafür sorgen, die Notlage des wilden Kamels in der Öffentlichkeit bekannter zu machen. Falls wir einen Artikel im NATIONAL GEOGRAPHIC bekamen, bedeutete das mehr als nur einen Reisebericht.

»Wissen Sie, wie er so ist?«

»Ich bin ihm noch nicht begegnet. Er macht einen sehr engagierten und ernsten Eindruck. Und er ist gewillt, für den Flug und die Zeit mit Ihnen selbst zu zahlen. Er wird Sie nichts kosten.«

Es war riskant, aber ich war bereits zu dem Schluss gekommen, dass es sich lohnte, dieses Risiko einzugehen.

»Schön, dann freuen wir uns darauf, ihn zu sehen. Wo will er denn zu uns stoßen?«

»In Al Katrun.«

Die Verbindung brach ab und meine Gedanken überschlugen sich. Was für ein Mensch würde Carsten Peter sein? Würde er in das Team hineinpassen? Lauter Unwägbarkeiten. Doch die Begegnung mit unserem neuen Expeditionsmitglied lag vorerst noch in weiter Ferne. Jetzt mussten wir erst einmal eine Strecke in Angriff nehmen, die einstmals von Sklavenknochen übersät gewesen war und auf der angeblich noch immer verstreute Kamelkadaver lagen.

Bis Al Katrun waren es noch zweieinhalb Wochen. Ich hatte mir die Reise im Geiste in einzelne, voneinander unabhängige Etappen eingeteilt. N'Gigmi, Agadem, Bilma, Anai, Yat. Von Yat aus schaute ich nur auf das nächstliegende Ziel: El War an der Grenze zwischen Niger und Libyen. Hinter El War lag Vischers »heulende Wildnis« und hinter dieser öden Wüste die Oase Tejerri. Erst nach Tejerri lautete das Ziel Al Katrun. Im Moment schien es mir beinahe unmöglich, über El War hinauszudenken. Nur so funktionierten meine Gedanken: Schritt für Schritt, Oase für Oase. Erst wenn wir heil in einer Oase oder an einem Orientierungspunkt angekommen waren, fasste ich das nächste Ziel ins Auge. Carsten Peters Ankunft in Al Katrun und die Schwierigkeiten, die sich eventuell daraus ergaben, schienen mir jetzt noch zu weit weg, als dass ich ernsthaft darüber nachdenken wollte. Die Aussicht auf einen Artikel im NATIONAL GEOGRAPHIC war zwar interessant, stand jedoch hinter dem vorrangigen Ziel zurück, die Reise erfolgreich hinter uns zu bringen. Jetzt lag erst einmal die Straße nach El War vor uns. Die Karte zeigte die nackten, unabänderlichen Tatsachen: Die Strecke war kahl und felsig und besaß keinerlei Vegetation.

»Warten Sie ab, bis Sie sie gesehen haben«, hatte mich ein französischer Reisender, der die Route kürzlich mit einem Jeep entlanggefahren war, in Bosso vorgewarnt. »Man würde es nicht für möglich halten, dass so viele Kamele auf einer einzigen Strecke sterben.«

Denham hatte außer Kamelen noch etwas anderes gesehen:

> Während der letzten zwei Tage waren wir täglich an durchschnittlich 60 bis 80 oder 90 Skeletten vorbeigekommen. Um die Brunnen in El-Hammar herum lagen jedoch so viele, dass man sie nicht mehr zählen konnte. Die Skelette zweier Frauen, deren gesunde, ebenmäßige Zähne darauf hinwiesen, dass sie noch jung gewesen waren, fand ich besonders schockierend: Sie hatten beim Sterben die Arme umeinander geschlungen und lagen immer noch so da, obwohl das Fleisch unter der brennend heißen Sonne längst dahingeschwunden war und nur noch die nachgedunkelten Knochen übrig waren, außerdem die Fingernägel und ein paar Sehnen der Hände. Bei einer von ihnen schaute noch ein Teil der Zunge zwischen den Zähnen hervor. Wir waren jetzt sechs Tage durch die Wüste gereist, ohne irgendwo auch nur die geringste Vegetation zu entdecken.
>
> Während ich gegen Mittag auf meinem Pferd saß, übermannte mich die Sonne, die um diese Zeit sehr kraftvoll war, und so döste ich vor mich hin, als ich plötzlich von einem lauten Knacken unter den Hufen aufgeschreckt wurde. Wie ich feststellte, war mein Ross ohne jede Scham oder Furcht auf zwei intakte menschliche Skelette getreten. Dabei hatte es ihre spröden Knochen mit den Hufen zerbrochen und mit einem Stolpern den Kopf vom Rumpf abgetrennt, so dass er wie ein Ball vor ihm herrollte.

Das hatte sich auch nicht geändert, als Vischer die Reise 83 Jahre später unternahm. In einem unveröffentlichten Brief, den er an seine Familie schrieb, ruft er uns ins Gedächtnis, wem diese Skelette vermutlich gehörten:

> Jede Karawane hatte zwischen 50 und 100 Sklaven dabei. Sie wurden mit Peitschen angetrieben, immer auf die nächste Hügelkuppe am Horizont zu, wo es angeblich Wasser geben sollte. Wer hinfiel, wurde zum Sterben am Wegrand liegen gelassen. Die meisten Skelette finden sich auf den steilsten, felsigsten Abschnitten der Route und an den Wasserlöchern, weil diese häufig mit Sand zugeweht waren und die erschöpften Sklaven gezwungen wurden, sie direkt nach ihrer Ankunft freizuschaufeln. Wir legten große Entfernungen zurück, Tag für Tag im schneidenden Wüstenwind. In den letzten zwei Wochen sind wir 152 Stunden marschiert und haben 750 Kilometer zurückgelegt. Der längste Marsch hat 16 Stunden gedauert. Ich musste also ein strenger Zuchtmeister sein, was ich furchtbar fand. Die Frauen waren schlimmer als die Männer. Selbst nachdem sie zehn Stunden lang unter der sengenden Sonne marschiert waren, stritten sie sich wie die Furien.

Genau dieser bevorstehende Streckenabschnitt hatte den hämischen Bezirksleiter von N'Gigmi zu der Äußerung veranlasst, ich sei zu alt und würde es nie schaffen. »Sie werden sterben, genau wie die Sklaven vor so vielen Jahren«, hatte er lachend verkündet. »Wir werden übers Radio davon erfahren.«

6

»Kick on, John. Kick on.«

BERTIE HILL, EHEMALIGER MASTER OF FOXHOUNDS, DULVERTON WEST

Die acht uniformierten Soldaten, die sich in Hufeisenform auf der offenen Fläche verteilt hatten, standen stocksteif da und zielten mit dem Finger am Abzug ihrer Kalaschnikows genau auf mich. Ich hatte Pasha angehalten, war abgestiegen, hatte die Pässe des Teams eingesammelt und marschierte nun in gerader Linie auf die Mitte ihres Halbkreises, eine Entfernung von knapp 50 Metern. Die übrigen Expeditionsmitglieder standen neben ihren hockenden Kamelen. Wer auf einem Kamel oder Pferd sitzt, hat immer eine einschüchternde Wirkung auf jemanden, der mit den Füßen auf der Erde steht. Und diese speziellen Soldaten sollten sich gewiss nicht eingeschüchtert fühlen.

Wir waren in Madama angekommen, dem letzten nigrischen Kontrollpunkt vor dem unfruchtbaren Niemandsland, das sich 40 Kilometer weit bis zum libyschen Grenzposten erstreckte. Laut Karte ist der Grenzverlauf nicht genau gekennzeichnet. Wie recht die Kartografen doch hatten.

Kurz zuvor waren die Soldaten aus ihrem alten französischen Kolonialfort gebraust (und mitten aus dem Film *Drei Fremdenlegionäre*). Mit Ausnahme ihres Offiziers hatten sie alle hinten in einem offenen Jeep gesessen, auf dem hinter dem Führerhaus ein großes Maschinengewehr aufgebaut war – zu unserer Erleichterung in den Himmel gerichtet. Der Jeep hatte mit kreischenden Bremsen gehalten, die Soldaten waren herausgesprungen und hatten sich in diesem überaus feindseligen Halbkreis aufgestellt. Sie trugen fesche

Kampfanzüge aus Khaki, wirkten perfekt gedrillt und machten einen misstrauischen, angespannten Eindruck. Die nach außen getragene Effizienz, die man hier in Madama spürte, war uns noch an keinem anderen Grenzposten begegnet. Lag das daran, dass die libysche Armee nicht weit weg war? Ich umklammerte unsere Pässe und kam mir vor wie in einem alten Western – nur dass ich mich nicht wie John Wayne fühlte.

Der diensthabende Offizier stand in der Mitte des Hufeisens und schaute mich unverwandt an. Mit klopfendem Herzen ging ich langsam auf ihn zu. Sein Gesicht hatte starre Züge, seine Augen blickten kalt und streng. Ich lächelte gezwungen und streckte die Hand aus.

»Guten Tag«, sagte ich auf Hausa. »Wie geht es Ihnen? Wir wollen uns bei Ihnen melden.«

Die Kalaschnikows zeigten noch immer direkt auf mich. Einen Moment lang starrte mich der Offizier nur schweigend an. Ob er unter Drogen steht?, fragte ich mich. Als ihm bewusst wurde, welche Sprache ich gesprochen hatte, entspannten sich seine Züge. Das Hausa hatte Wirkung gezeigt. Er lächelte und bedeutete seinen Soldaten, die Gewehre herunterzunehmen.

»Sprechen Sie Französisch?«

»Leider nein, können wir weiter Hausa sprechen?«

Ich reichte ihm die Pässe und Reiseunterlagen und er gab sie an den Soldaten zu seiner Rechten weiter.

»Wir werden sie uns ansehen«, sagte er. »Wohin wollen Sie?«

»Nach Tripolis.«

Er schaute mich ungläubig an. Diese Reaktion sollten wir noch häufiger ernten, wenn wir auf diese oder eine ähnliche Frage antworteten.

»Sie bekommen Ihre Papiere zurück, wenn wir sie überprüft haben. In der Zwischenzeit können Sie dort Ihr Lager aufschlagen.«

Er zeigte auf einen Platz, wo der Abfall früherer Karawanen herumlag: Plastiktüten, Flaschen und rostige Blechbüchsen. Die Reisenden, die vor uns hier kampiert hatten, waren offensichtlich länger aufgehalten worden.

»Wie lange wird das dauern?«

Der Offizier grinste und zuckte die Achseln.

»So lange, wie es nun mal dauert. Das hängt ganz davon ab, welchen Eindruck Sie hinterlassen.«

Ich ging einmal an dem Halbkreis entlang und schüttelte jedem Soldaten die Hand. Der Offizier rief dem Jeepfahrer etwas zu, und der ließ den Motor an. Dann stieg er ins Führerhaus, seine Männer sprangen hinten auf, und der Jeep brauste so schnell davon, dass er mir eine dicke Ladung Sand ins Gesicht wirbelte. Sie rasten auf das alte französische Fort zu und verschwanden, so dass ich nur kehrtmachen und zur Karawane zurückschlendern konnte.

»Ich wünschte, ich hätte diese Szene fotografiert«, seufzte Japper.

Wir schlugen unser Lager auf. Bald kauten unsere Kamele auf vertrockneten Akazienbüschen und den Überresten vorgekauter Tamarisken herum. Sie hatten Hunger, die Reise nach Madama war nicht einfach gewesen und sicher stand uns noch Schlimmeres bevor. Schließlich bekamen wir unsere Pässe zurück, gestempelt und genehmigt um Punkt vier Uhr. Wir waren froh, dass es nicht länger gedauert hatte, doch inzwischen war es zu spät, um noch aufzubrechen. Also bereiteten wir uns auf eine Nacht zwischen herrenlosen Fahrzeugen, Drahtresten von Heuballen und sonnengebleichten Kamelgerippen vor. Selbst Barth hatte den Boden in Madama damals als »zu sehr mit Knochen übersät« bezeichnet.

An jenem Abend bildete sich ein ungewöhnliches gekräuseltes Wolkenband am Himmel, eine scheinbar unendliche Folge kleiner Wellen, die in der untergehenden Sonne glühten. Als der Feuerball hinter dem Horizont verschwand, breitete sich ein zerfurchtes blutrotes Dach wie ein riesiger Schirm über uns aus. Unsere Kamele standen auf einem nahen Hügel, so dass sich ihre Silhouetten gegen einen atemberaubenden leuchtenden Hintergrund abzeichneten. Kamele, Soldaten und Blut. Diese drei Bilder verschmolzen zu einem und schienen perfekt zu Madama zu passen.

Seit unserer Abreise aus Yat vor fünf Tagen hatten wir mit einem kalten Nordostwind zu kämpfen, und ich stellte fest, dass ich mich nach gezuckertem Tee sehnte, den ich normalerweise nicht ausstehen konnte. Zwei oder sogar drei gehäufte Teelöffel mussten in meinen rostigen Blechbecher wandern und gut umgerührt werden, bevor ich bereit war, den Tee zu trinken. Dieses Land war kahl und trostlos, übersät mit Kamelkadavern und, als besondere Note des 21. Jahrhunderts, zwei ausgebrannten Jeeps. Ich hatte bereits mehr als 100 tote Kamele gezählt und machte mir Sorgen, wie lange unser Futtervorrat reichen würde. Glücklicherweise stießen wir auf ein paar windzerzauste Akazien. Die unteren Äste waren schon von anderen hungrigen Kamelen abgefressen worden, aber unsere Tuareg nahmen die Gefahr auf sich, von den leidigen Dornen zerkratzt zu werden, und kletterten auf die Bäume. Sie schlugen die höheren Äste ab, damit die Kamele außer unserem kostbaren Gras etwas zu fressen hatten. Warum den Kamelen die langen, extrem spitzen weißen Dornen nichts ausmachen, werde ich nie begreifen. Aber je höher man auf eine Akazie klettert, desto kleiner werden die Dornen, bis es ganz oben schließlich gar keine mehr gibt. Im Gegensatz zu den Zweihöckrigen Kamelen in der Wüste Gobi schienen unsere Dromedare dem Tamariskenbusch trotz Hunger nichts abgewinnen zu können. Sie knabberten nur lustlos daran herum.

Auf der Reise durch diese unfruchtbare Landschaft kamen wir an einer Fülle von außergewöhnlich geformtem vulkanischen Gestein vorbei. Einige Exemplare waren lang, dünn, röhrenförmig und hohl, andere nierenförmig und wieder andere geformt wie kleine Schalen mit einem festen Deckel. Als wir auf eine dieser brüchigen Schüsseln einschlugen, zerfiel sie beinahe in zwei Hälften. Zu unserem Erstaunen enthielt sie ein ockerfarbenes Pulver, das Eisenerz sein musste. Auch Vischer und Denham hatten hier die Spuren massiver Vulkanausbrüche entdeckt und wie wir über die wunderschönen, sonderbaren Formen gestaunt, die die Natur inmitten solch turbulenter Vorgänge geschaffen hat. Mein spektakulärster Fund war ein vollkommen kugelförmiger Stein. Die anderen hatten ähnliche Stücke aufzuweisen, aber niemand hatte eines, dessen Form so außergewöhnlich und vollkommen war wie die meiner steinernen Billardkugel.

»Viktor«, sagte der Professor, dem das englische Wort für »Vulkan« nicht einfiel. »In Afrika gab es große und kleine Viktore.«

Nun erläuterte er uns seine Theorie über das Ausmaß und die Häufigkeit der Vulkanausbrüche auf dem afrikanischen Kontinent.

»In Mittelafrika gab es große Viktore, die machten so: whsssssss!« Seine Augen funkelten hinter seiner Brille, und er breitete weit die Arme aus. »In Nordafrika gab es kleine Viktore, die machten so: whss.« Diesmal hob er die Arme nur leicht an. »Deshalb finden wir all diese interessanten Stücke in der Nähe der Hügel: Die Viktore waren nur ganz klein, und so wurden die Stücke nicht sehr weit weg geschleudert.«

Der Professor schien so überzeugt von seiner faszinierenden Theorie, dass niemand sie in Frage stellen oder ihm widersprechen wollte. Jedes Mal, wenn wir später weitere vulkanische Gesteinsstücke fanden, schauten wir uns an und bemerkten weise, dass sie da waren, weil es in der Nähe einen kleinen Viktor gegeben hatte.

In der dritten Nacht nach Yat kampierten wir in einer felsigen Mulde, in der wir unsere Ladung zu einem großen Haufen aufgetürmt hatten, um uns vor dem kalten, böigen Wind zu schützen. Plötzlich stellte sich unerwarteter Besuch ein. Ein Fennek und sein

Weibchen kamen um drei Uhr morgens und wollten schon mal vom Makkaronifrühstück kosten, das wir für den nächsten Tag auf dem Deckel der Küchenkiste hatten stehen lassen. Der Fennek ist dem Löffelhund sehr ähnlich, der in Ostafrika heimisch ist. Er zeichnet sich durch lange, runde Ohren und Augen aus, die so faszinierend und anziehend wirken wie die eines Buschbabys. Jasper und ich stützten uns lautlos in unseren Schlafsäcken auf und beobachteten, wie die beiden verschwörerischen Diebe gekonnt mit der Schnauze den Deckel vom Frühstückstopf wegschnippten. Leider wurden sie dabei vom Professor erwischt, der sofort anfing zu brüllen, zu schimpfen und mit Sachen nach ihnen zu werfen, bevor ich das Fennek-Foto des Jahres schießen konnte. Doch die beiden ließen sich nicht beirren, kehrten später noch einmal zurück und machten sich dann mit Argalis kostbarem Holzkochlöffel davon. Der fand das gar nicht witzig und brummte während seines Morgengebets immer wieder ungehalten vor sich hin. Wie diese Füchse in einer Wildnis überleben können, wo es keinerlei Leben zu geben scheint, ist mir ein Rätsel. Sie müssen ein riesiges Territorium haben.

Nachdem wir Madama verlassen hatten, stapften wir langsam vorwärts und zogen die Köpfe vor dem starken Nordostwind ein. Plötzlich tauchte ein Bus aus nördlicher Richtung auf, der sicher nach Sequedine fuhr. Ich habe ja schon viele überladene Busse gesehen, aber keiner war so voll wie dieser. Das Fahrgestell verschwand förmlich unter einem Berg von Männern mit Turbanen, verschleierten Frauen, Betten, Fahrrädern, Krimskrams, Ziegen und Schafen.

»Nicht gut«, brummte der Professor. »In China nur 30 Fahrgäste pro Bus. Nicht mehr. Die Polizei würde das nicht erlauben. Sehr gefährlich, nicht gut.«

Kurz darauf tauchte die Kuppe des einzeln stehenden Berges Emi Madama am Horizont auf. Sein Spitzname lautet Ko Karama, »der verzauberte Berg«, weil er zwei oder drei Tage lang näher zu kommen scheint, sich dann jedoch wieder entfernt, wenn man mit der Karawane darauf zumarschiert. Auch Vischer, der aus nördlicher Richtung kam, bestätigte dieses seltsame Gefühl, und wir machten die gleiche Erfahrung. Den Namen Ko Karama erhielt der Berg von den Sklaven, die von den arabischen Händlern hier entlanggetrieben wurden.

Inzwischen hatten zwei unserer Kamele Blut im Urin. Die Tuareg glaubten, die Tiere hätten irgendetwas Falsches gegessen, und Japper schloss sich dieser Vermutung an. Abba klagte über Nierenschmerzen, und Japper verdrehte sich beim Aufsteigen das Knie, das er nun zusätzlich zu seinem wund geriebenem Hintern spürte. Wir kamen noch an vielen weiteren toten Kamelen vorbei, und als wir Halt machten, behandelte der Professor Abba mit chinesischer Medizin.

Endlich hörte der Ko Karama auf sich zu entfernen. Wir ritten genau westlich dieses gewaltigen Tafelbergs vorbei, dessen zerfurchte Flanken aus der roten Wüste aufragten und von einer glatten und sicher auch rutschigen schwarzen Felsdecke gekrönt wurden. Am östlichen Horizont entdeckten wir einen weiteren Geländepunkt: einen abgeschiedenen, kegelförmigen Berg namens Fezzan. Vischer hatte in der Nähe des Ko Karama an einem Brunnen namens Bir Ahmer Halt gemacht, um seine Wasservorräte aufzustocken, aber unser Wasser würde noch bis zur nigrisch-libyschen Grenze am Tummo-Gebirge reichen, daher konnten wir Bir Ahmer getrost übergehen.

Während der Expeditionsvorbereitungen hatte meine größte Sorge den Wasservorräten gegolten. Ich hatte nicht vorausgesehen, dass das Problem zum gegenwärtigen Zeitpunkt der Reise eher der Futtermangel sein würde. Da das Wetter kalt war, brauchten die Kamele nicht viel zu trinken. Wenn ein Kamel unterwegs nur wenig zu fressen bekommt, ist es zudem nicht ratsam, es allzu häufig zu tränken. Zu viel Wasser im Körper eines Kamels kann ohne eine ausgleichende Menge Nahrung zu Koliken führen. Zu keinem Zeitpunkt der gesamten Reise sehnten sich die Kamele nach Wasser. Nein, sie wollten Gras, Dattelpalmblätter oder Akazienbüsche.

Der 10. Dezember 2001 war ein wunderschöner Tag, an dem die Wüste unter einem strahlend blauen Himmel leuchtete. Obwohl es kalt war, hatte sich der Wind glücklicherweise vollkommen gelegt. Der Ko Karama wurde hinter uns immer kleiner, bis er schließlich in einem zauberhaften, schimmernden Dunst am Horizont versank. Nachdem wir zwei weitere Stunden über eine ausgedehnte, mit Steinen übersäte Sandebene gewandert waren, kamen wir an fünf grotesk geformten rostroten Felsspitzen vorbei, die über 15 Meter in die Höhe ragten. Sie erinnerten mich an *yardangs*, die alten, erodierten Landformen, die man nördlich des Lop Nur in der Gashun Gobi in China findet. Sie erhoben sich einfach so aus dem Sand und waren mit roten Schieferplättchen bedeckt, die das Klettern wohl sehr erschweren würden. Wir hatten noch nichts Derartiges gesehen, und bei dem strahlend blauen Himmel und der kristallklaren Luft hatten sie eine beeindruckende Wirkung auf die Sinne.

Um drei Uhr erspähten wir den Tummo-Gebirgszug, der zu beiden Seiten der Grenze verlief und über einer Fata Morgana aus Wasser vor uns am Horizont zitterte. Als wir näher kamen und die Berge beständiger und massiver aussahen, wirkten sie plötzlich seltsam beschnitten, als hätte eine unsichtbare Hand mit einem riesigen scharfen Messer ihre Gipfel abgesäbelt und allen eine einheitliche flache Kuppe verpasst. Dann schien sie die Zauberhand mit dunkler Schokolade übergossen zu haben, die an den Seiten heruntergelaufen war.

Am nächsten Tag hatte ich Geburtstag, und Johnny zauberte drei Fläschchen Rotwein von British Airways hervor, die er seit unserem

Flug aus England versteckt hatte. Ich fand eine zerbeulte Dose Anschovis in meiner Tasche, und so wickelten wir die würzigen Fische um süße Kekse, die die Reise aus Maiduguri überstanden hatten. Dieser Leckerbissen bildete das Hors d'œuvre zu unserem letzten Schlückchen Nigerwhisky. Dann war der Flugzeugwein an der Reihe. Wir genossen unser Gelage in dem vollen Bewusstsein, dass es sich hierbei um unseren letzten Alkohol handelte. Von nun an würden wir auf dem Trocknen sitzen. Zum krönenden Abschluss der Geburtstagsorgie saßen wir alle um ein schwelendes Lagerfeuer herum und sangen die unterschiedlichsten Lieder. Der Professor erwies sich als der Stimmbegabteste von uns und trug die kommunistischen Lieder seiner Heimat in einem kräftigen Bariton vor.

Am nächsten Tag hielt ein mit Heuballen beladener Lkw an, als wir durch die Ausläufer des Ehrfurcht gebietenden tiefschwarzen Tummo-Gebirges wanderten. Als der Fahrer unseren krassen Futtermangel bemerkte, lud er kurzerhand vier Ballen ab und schenkte sie uns. Eine außerordentlich großzügige Geste. Von ihm bekamen wir die unheilvolle Information, dass wir erst in Tejerri wieder Futter würden kaufen können, und das lag fünf Tagesmärsche entfernt.

Denham hatte die Landschaft, die wir gerade durchquerten, sehr anschaulich beschrieben:

> So hohe Berge wie diese [das Tummo-Gebirge oder El War] hatten wir seit dem Fezzan nicht mehr gesehen: Der höchste Gipfel mochte 150 bis 180 Meter messen. Sie sahen sehr beeindruckend aus und waren nach der langen Ebene, die wir soeben verlassen hatten, eine Wohltat für das Auge. Seit acht Tagen hatten unsere Kamele nun kein Wasser mehr getrunken; sie waren schwach und hatten von den steinigen Pässen hier im El War wunde Füße. Nachts kam ein Wirbelsturm auf ...«

Als Denham endlich Wasser fand, kommentierte Oudney:

> Mehrere unserer Kamele sind heute betrunken. Ihre Augen wirken matt und leblos, sie torkeln und machen einen berauschten Eindruck. Der Grund dafür sind die Datteln, die sie direkt nach dem Trinken gefressen haben. Wahrscheinlich bewirken sie im Magen eine alkoholische Gärung.

Eine Stunde nachdem wir die Heuballen aufgeladen hatten, erreichten wir ein Militärlager, wo zu meiner Überraschung gut gelaunte, tüchtige Soldaten unsere Papiere prüften und uns weiterwinkten. Die einzigen englischen Wörter, die sie verstanden, waren Manchester United. Bei der Erwähnung dieses magischen Mantras gab es viel Gelächter, Händeschütteln und Rückenklopfen. Sind alle libyschen Beamten so?, fragte ich mich. Sind alle Libyer so zuvorkommend, freundlich und großzügig? Irrigerweise nahm ich an, dass dies der offizielle Grenzposten war und wir von ein paar Fußballfans fröhlich nach Libyen hineingewunken wurden, auf einer Straße, die normalerweise für Ausländer verboten war. Meine Wertschätzung des britischen Botschafters stieg gewaltig und ich dachte mir, dass er einen wirklich guten Draht zum libyschen Sicherheitsdienst haben musste. Zu der Zeit wusste ich noch nicht, dass sich der eigentliche Grenzposten knapp 20 Kilometer weiter nördlich befand und die Sache dort ganz anders aussehen würde.

Wir erkannten ihn schon aus anderthalb Kilometer Entfernung: einen weißen Betonklotz neben einem sandfarbenen Felshügel, das einzige Merkmal in einer windgepeitschten Ebene. Wir erkannten zwei, vielleicht drei heruntergekommene Gebäude, eines davon mit einem klappernden Wellblechdach und einem Antennenmast in der Ecke. Die Gebäude schienen verlassen zu sein. Als wir näher kamen, fragte ich mich schon, ob es sich überhaupt um den libyschen

Grenzposten handelte. Alte Lkw-Reifen, rostige Speiseölbüchsen, Drahtreste von Heuballen – überall lag der Müll herum, den frühere Karawanen und Lkw hinterlassen hatten. Ich zählte außerdem über 30 Kamelgerippe, von denen einige so verdreht dalagen, als hätten die Tiere einen qualvollen Tod gehabt. Eine Holzjalousie klapperte mit der Gleichmäßigkeit einer tickenden Uhr im böigen Wind. Ich ließ den Blick über die Einöde schweifen und suchte vergeblich nach einem Strauch, Grasbüscheln oder Heuresten, nach irgendetwas Essbarem für unsere hungrigen, erschöpften Kamele. Doch ich fand nichts.

Die Gebäude waren von Kieshaufen umgeben, die man wahllos an verschiedenen Stellen aufgeschichtet hatte.

»Die stammen noch aus dem Krieg gegen Tschad«, erklärte Argali. »Das sind Schutzanlagen, hinter denen sich die Soldaten bei einer Schießerei mit dem Feind verstecken konnten.«

Erst jetzt fiel mir auf, dass Hunderte, vielleicht Tausende davon hinter den Gebäuden in allen Richtungen aufgeschichtet waren. Ein Hügel nach dem anderen, so weit das Auge reichte. Die ganze Ebene war übersät von diesen absurden Zeugnissen des Krieges.

Als wir noch etwa 100 Meter von den Gebäuden entfernt waren, bedeutete uns Ehom stehen zu bleiben. Er hatte jemanden entdeckt. Anscheinend gab es hier doch Leben und es war sicher nicht ratsam, noch näher heranzugehen. Wir ließen die Kamele niederknien und stiegen ab. In diesem Moment wehte der Wind eine schwarze Plastikfolie in unsere Richtung, die herumfegte wie ein bösartiger Derwisch. Mit einem erschrockenen Brüllen sprangen drei der Kamele taumelnd wieder auf und rissen sich von ihren Haltestricken los. Einen Moment lang wurde unsere sonst so disziplinierte Karawane von Verwirrung und Chaos erfasst, als die Tuareg brüllend und rufend hinter den Kamelen hereilten und versuchten, sie wieder einzufangen.

Zehn Minuten später war wieder Ordnung eingekehrt. Drei Männer in khakifarbenen Sweatshirts, verwaschenen Jeans und Sandalen bewegten sich langsam auf uns zu. Sie machten keinen feindseligen Eindruck, trugen keine Waffen und hatten es offensichtlich nicht eilig. Wie wir bald merken sollten, war den Beamten des Polizeipostens in El War die Bedeutung des Wortes »dringend« gänzlich unbekannt.

»Hallo, Bridget. Bist du das?«

Ich hatte es geschafft, Bridget Brind von der britischen Botschaft in Tripolis gleich beim ersten Versuch zu erwischen. Allah musste es gut mit mir meinen.

»Willkommen in Libyen. Wie geht es euch?«

»Gut, aber wir werden am Grenzposten El War aufgehalten. Unsere Papiere sind alle in Ordnung. Sie haben unsere Pässe und Visa überprüft, es gibt kein verwaltungsmäßiges Problem, aber sie wollen uns nicht ziehen lassen. Angeblich dürfen Ausländer die Grenze in El War nicht passieren. Eine Genehmigung dafür muss aus Tripolis kommen, über Sabha, Murzuk und Al Katrun. Sie wollen uns nicht weglassen, solange keine Genehmigung von oben kommt.«

Schweigen. Bridget dachte nach.

»Ich kenne jemanden beim libyschen Sicherheitsdienst, der gut Englisch spricht. Ich versuche ihn zu erreichen, es kann aber sein, dass das erst morgen klappt.«

Morgen war ein Donnerstag. In Libyen wurde freitags nicht gearbeitet. Das Ende des Ramadan, des muslimischen Fastenmonats, würde wahrscheinlich auf Samstag fallen, was einen zusätzlichen Feiertag am Sonntag und Montag bedeuten konnte. Das hieß, dass wir noch tagelang hier festsitzen würden, falls nicht schnell eine für uns positive Entscheidung getroffen wurde. Heute war der 12. Dezember. Carsten Peter sollte am 18. in Al Katrun eintreffen, und bis dahin würden wir mindestens sechs Tage brauchen. Und vorher hatten wir noch einen der härtesten Wüstenabschnitte der ganzen Reise zu bewältigen: Vischers »heulende Wildnis«.

»Danke, Bridget. Hier ist ein Polizist namens Ahmed, der Arabisch spricht und das Funkgerät bedient. Könntest du ihm sagen, dass wir keine Spione oder ausländischen Terroristen sind, die sich als Kameltreiber verkleidet haben?«

Ahmed, ein untersetzter, dunkelhäutiger Araber mit scharfem Verstand und einem schnellen Lächeln, sprach auch Hausa. Er hatte mir bestätigt, dass sein Vorgesetzter nicht befugt war, uns durchzulassen. Ich hatte bereits mehrmals den Namen des Leiters des libyschen Sicherheitsdienstes erwähnt und darauf hingewiesen, dass unsere Reise von seiner Stelle abgesegnet worden war. Sogar die China-Karte hatte ich ausgespielt.

»Wir haben einen angesehenen, wichtigen chinesischen Regierungsbeamten bei uns. Er untersucht die Beeinträchtigungen der Umweltbedingungen in der Sahara und vergleicht sie mit ähnlichen Gegebenheiten in der Wüste Gobi. China ist mit Libyen befreundet. Sie wollen ihn doch sicher nicht verärgern.«

Der diensthabende Offizier hatte Professor Yuan ungläubig gemustert. Zu diesem Zeitpunkt der Reise hatte die Haut des Professors durch Sonne und Wind eine tiefdunkle Färbung angenommen, und mit seinem kopfverbandartigen Turban sah er, offen gesagt, lächerlich aus. Einen unwahrscheinlicheren höheren Regierungsbeamten Chinas konnte man sich kaum vorstellen. Doch ich lernte dabei etwas über Libyen, das sich später noch viele Male bestätigen sollte. Die Beamten zeigten sich stets freundlich und entgegenkommend, arbeiteten aber in einem Sicherheitssystem, in dem eine Genehmigung zu unserer Weiterreise nicht auf lokaler Ebene, ja nicht einmal auf regionaler Ebene erteilt werden konnte. Die

Entscheidung konnte nur in Tripolis gefällt werden. Im Prinzip ist Libyen ein streng kontrollierter Polizeistaat, in dem selbst unbedeutende Entscheidungen nur ganz oben getroffen werden.

Bridget sprach also mit Ahmed, der stolz war, sich mit einer Beamtin der britischen Botschaft unterhalten zu dürfen. Doch er konnte nichts für uns tun, solange sein Boss nicht die Anweisung erhielt, uns gehen zu lassen.

»Ich versuche meinen Bekannten im Büro zu erreichen. Ruf mich morgen früh um neun an, dann erfährst du, was er gesagt hat.«

Obwohl wir so unter Zeitdruck standen und kein Futter mehr für die Kamele hatten, blieb uns nichts anderes übrig, als zu warten. Abba, dem unsere Notlage schmerzlich bewusst war, fragte mich, ob er mit dem Telefon einen Freund in Al Katrun anrufen dürfe. Falls er ihn erreiche, erklärte er, wolle er ihn bitten, einen Pick-up zu mieten, der uns Heuballen bringen solle. Al Katrun war 290 Kilometer weit weg. Die Kosten würden sich auf 12,50 Dollar pro Ballen belaufen. Was sein muss, muss sein, dachte ich mir, als ich ihm das Telefon reichte. Ob wir nun am Grenzposten blieben oder aber weiterziehen durften – Heu brauchten wir in jedem Fall.

An diesem Abend ließen uns die Polizisten als freundliche Geste eine frische Hammelkeule zukommen. Abgesehen vom Cornedbeef war das unser erstes Fleisch seit zwei Wochen. Also knabberten wir genüsslich an den Hammelknochen mit reichlich Bohnen, die wir auf dem Markt in Maiduguri gekauft hatten. Bald darauf sollten wir alle außer Johnny diese kulinarische Entscheidung bereuen.

In der Nacht fegte ein unerbittlicher, kalter Wind über unsere Karawane und die trostlose Landschaft hinweg. Doch das Herz wurde mir aus einem anderen Grund schwer: Unsere Kamele hatten den letzten Rest des Futters vertilgt. Jetzt lag unser Schicksal in den Händen von Bridget. Um neun Uhr rief ich sie wie vereinbart an. Ihre Nachricht war knapp und direkt.

»Ich habe gestern zweimal mit meinem Bekannten beim Sicherheitsdienst gesprochen und er hat mir bestätigt, dass es kein Problem gibt. Er hat versprochen, persönlich in Al Katrun anzurufen und die Anweisung zu geben, euch nach Libyen einreisen zu lassen.« Sie nannte mir seine Telefonnummer. »Wenn ihr in den nächsten Stunden nichts von ihm hört, schlage ich vor, dass ihr ihn selbst anruft. Er spricht gut Englisch und wir haben immer die Erfahrung gemacht, dass er seine Versprechen hält. Die Botschaft kann euch jetzt nicht mehr weiterhelfen. Das Ganze ist jetzt Sache der Libyer. Viel Glück. Ich hoffe, wir sehen uns im Februar in Tripolis.«

»Könntest du mir noch einen letzten Gefallen tun? Bitte versuche meiner Kuratorin in England die Nachricht zu übermitteln, dass der deutsche Fotograf Carsten Peter nicht in Al Katrun auf uns warten soll. Er soll uns entgegenkommen.«

»Ich tue mein Bestes.«

Mir war nur allzu bewusst, dass ich jetzt vollkommen auf mich allein gestellt war. Ich musste Bridgets Kontaktmann unter allen Umständen heute erreichen, denn der nächste Tag war Freitag und das Ende des Ramadan stand bevor. Beim vierten Versuch kam ich schließlich zu dem redegewandten Sicherheitsbeamten durch. Er teilte mir mit, dass die Telefonverbindung nach Al Katrun nicht funktioniere, er aber versuchen werde, ein Fax zu schicken. Das verwirrte mich, denn ich hatte immer gedacht, eine Telefon- und eine Faxleitung wären ein und dasselbe.

»Machen Sie sich keine Sorgen, in ein, zwei Tagen bekommen Sie die Erlaubnis, nach Libyen einzureisen.«

Der einzige Trost in dieser misslichen Lage war, dass Argali in der Nähe unseres Lagers etwas Gras entdeckte, das im Sand vergraben worden war. Zwar würde eine bestimmte Karawane bei ihrer Rückreise darunter leiden müssen, aber immerhin würden unsere Kamele dank dieses glücklichen Funds einen weiteren Tag zu fressen haben. Unter den gegebenen Umständen erwies es sich als schwierig, das Team bei Laune zu halten. Grenzposten sind keine ansprechenden Orte. Und dieser spezielle Grenzposten, an dem der pfeifende Wind über tote und hungrige Kamele hinwegfegte, war erst recht kein Ort, an dem man gern verweilte. Ich konnte es kaum erwarten, endlich von hier fortzukommen. Aber wann?

Tatsächlich ergab es sich so, dass der Bescheid am gleichen Abend eintraf. Ahmed kam grinsend zu uns herübergerannt und rief immer wieder das eine englische Wort, das er kannte: »Okay, okay, okay!«

»Willkommen in Libyen«, fuhr er dann auf Hausa fort. »Sie dürfen nach Libyen einreisen. Hier sind Ihre Papiere und Pässe. Alle gestempelt und unterschrieben.« Er grinste mich an. »Falls Sie nicht gehen wollen, können Sie natürlich gern hier bleiben und mit uns das Ende des Ramadan feiern.«

»Danke, Ahmed, aber wir reisen morgen so früh wie möglich ab.«

Am 14. Dezember lautete mein Tagebucheintrag wie folgt: »Wir brachen auf in die heulende Wildnis, eine alte Wüste ohne Leben, die man schnell durcheilen will.«

Was ich dagegen nicht in mein Tagebuch eintrug, war, dass etwas durch Japper, den Professor und mich hindurcheilte, und der Hauptverdächtige waren die Bohnen aus Maiduguri. Da wir davon überrascht wurden, als wir schon wieder unterwegs waren, brachte uns dieses kleine Problem ständig und vor aller Augen in Verlegenheit, wenn wir schnell absteigen und uns so weit wie möglich entfernen mussten, bevor uns die Natur in die Hocke zwang. Besonders für Japper war das unangenehm, da er nicht gerade der schnellste Läufer war.

An unserem ersten Tag in Libyen passierte uns etwas Seltsames, und das zu unserem Glück, als wir gerade nicht absteigen mussten.

Wir wanderten gerade durch eine außergewöhnliche Landschaft aus bunten Felsen, von denen einige zartlila gefärbt waren, als gegen Mittag ein Fahrzeug aus nördlicher Richtung auf uns zukam. Einen Moment lang hob sich meine Stimmung und ich freute mich, dass Abbas Heuhändler so schnell gekommen war. Doch der Fahrer stellte sich als Tunesier heraus, der überrascht war, Europäer und einen Asiaten mit Kamelen reisen zu sehen. Er wollte unbedingt Fotos von uns machen, was Japper urkomisch fand.

»Ich habe noch nie erlebt, dass Einheimische Fotos von Touristen machen wollen«, stellte er fest.

In ebendieser Gegend schrieb Vischer:

> Überall um uns herum ragten unzählige Hügel mit schwarzen Gipfeln auf, übersät von gelben und roten Felsen mit hellen Sandflecken dazwischen, und wunderschönen purpurfarbenen Schatten ... Während wir durch den roten Sand stapften und stolperten, der die Hänge bedeckt, kamen wir an einem großen Haufen Kamelknochen vorbei. Das waren die Überreste einer Karawane aus Bilma, die der strengen Kälte in den Wintermonaten zum Opfer gefallen war. Hadji Zaid [Vischers Führer] war ganz in der Nähe wegen der Kälte nicht weitergekommen. Der Nordostwind ließ das Wasser im Fell der Kamele gefrieren und lähmte sie, so dass sie sich weigerten aufzustehen und sich nicht auf ihren steifen Beinen halten konnten.

Denham stellte bei der Durchquerung dieser Gegend einen weiteren Vorzug der Tiere fest. Die Karawane stieg gerade zu einer Ebene aus Lehm, Sand und Kies hinab, als eines ihrer schwer beladenen Kamele mit dem linken Vorderbein in ein tiefes Loch geriet. Dadurch stand das rechte Vorderbein nach vorn vom Körper ab:

Schnell wurde die Ladung heruntergenommen und etwas Erde weggegraben, damit das rechte Bein unter dem Körper gekrümmt und das linke aus dem Loch gezogen werden konnte. Zum Glück war das Kamel unverletzt, so dass es wieder beladen werden und weitergehen konnte, als wäre nichts geschehen. Wäre das Gleiche mit einem Pferd oder Maulesel passiert, so hätte sich das Tier entweder das linke Vorderbein gebrochen oder aber die Schulter ausgerenkt. Das Kamel mag dagegen zwar sehr steif aussehen, besitzt aber die beweglichsten Gelenke, die ich je bei einem großen Tier erlebt habe.

Als wir an jenem Abend unser Lager aufschlugen, gab es kein Futter für die Kamele. Das ganze Land war eine einzige große Wüste und die Landschaft vollkommen unfruchtbar. Extreme Hitze und Kälte hatten Felsen und Steine zerbersten lassen. Der Wind hatte sie überall verstreut und lose Erde abgetragen, wo Gras hätte wachsen können. Folglich war weit und breit kein einziger Grashalm zu sehen.

»Diese Kamele können bis nach Kairo gehen«, sagte Adam, »aber wie ein Auto brauchen sie Brennstoff, wenn sie nicht stehen bleiben sollen. Sie können nicht mit leerem Tank reisen.«

Diese erste Nacht ohne Gras war grausam. Zum Schutz vor dem Wind ließen wir uns an einer Ansammlung alter, felsiger Grabsteine nieder. Die hungrigen Kamele standen erwartungsvoll um uns herum und schauten uns bemitleiderregend an. »Was soll das?«, schienen sie zu fragen. »Wir haben den ganzen Tag hart für euch gearbeitet. Wo ist unser Futter?« Ich schämte mich. Am nächsten Morgen bestätigte ihr übel riechender Atem – falls es überhaupt einer Bestätigung bedurfte –, dass ihre Mägen die ganze Nacht nichts zu verdauen gehabt hatten. So waren wir doppelt gestraft, einmal mit ihrem üblen Atem und einmal mit unseren eigenen rumorenden Mägen.

Wir wanderten noch zwei Stunden weiter. Ich musste die ganze Zeit an verhungernde Kamele denken, und mir grauste. Inzwischen hatte ich weit mehr als 1200 Skelette am Wegrand gezählt. Irgendwann waren es so viele gewesen, dass ich das Zählen aufgegeben hatte. Gegen zwei Uhr drehte Argali plötzlich den Kopf seines Kamels herum und ritt allein in nordwestlicher Richtung weiter. Ich beobachtete, wie er das Kamel anhielt und heruntersprang. Er hockte sich einen Moment lang hin, wandte sich dann um und rief den anderen Tuareg zu, alle Kamele herüberzubringen.

Ich bin überzeugt, dass auf diesem Streckenabschnitt drei Wunder geschahen. Dies war das erste, auch wenn es einen traurigen Beigeschmack bekommen sollte. Argali hatte den verlassenen Lagerplatz einer anderen Karawane entdeckt. Im Gegensatz zu uns hatte sie offensichtlich reichlich Futter dabeigehabt, wenn man es so nennen konnte. Sie hatten Hirse transportiert. Ihre Kamele hatten sich satt gefressen und die Reste lagen auf dem Boden verstreut. Für uns das Manna des Himmels. Wir luden das Gepäck ab und ließen unsere ausgehungerten Kamele fressen. Gierig stürzten sie sich auf die Nahrung und schlangen hinunter, was sie konnten. Eines von ihnen, ein kleines, kastriertes weißes Männchen, das jeden Tag klaglos geschuftet hatte, fraß zu hastig. Es begann zu husten und zu röcheln. Anscheinend hatte es sich verschluckt und war dabei zu ersticken.

»Ein Halm steckt in seiner Kehle fest«, stellte Adam fest.

Eine Dose Speiseöl wurde hinuntergespült, um das Hindernis in der Luftröhre zu beseitigen. Vergeblich. Das Kamel rang würgend nach Atem. Argali schob ihm einen Stock in den Hals, um den Getreidehalm herauszuschieben. Die Tuareg taten ihr Bestes, doch schließlich starb das arme Ding mit einem letzten herzzerreißenden Keuchen. Ich war sehr geknickt – hatte ich mir doch fest vorgenommen, die Reise, wenn möglich, zu überstehen, ohne ein Kamel zu verlieren. Jasper wollte etwas Fleisch von dem toten Kamel mitnehmen, doch die Tuareg wollten nichts davon hören.

»Wenn ihr Fleisch herausschneiden wollt, könnt ihr das tun«, erwiderte Argali, »aber wir werden euch nicht dabei helfen.«

Dies stand im Gegensatz zu Vischers Erlebnis, als eines seiner Kamele fast in derselben Gegend *batal* oder nutzlos wurde. Um sein Leiden zu verkürzen, erschossen sie es. »Innerhalb von 20 Minuten lagen nur noch die Füße und ein paar unbrauchbare Teile am Boden. Alles war zerschnitten und aufgeteilt worden, und so setzte das arme Kamel seine Reise in den Süden auf den Rücken seiner Brüder fort. Selbst nach seinem Tod tat das brave Tier seiner Karawane etwas Gutes. Schon ging es mit fröhlichem Gesang weiter, den Blick auf das schwarze Gebirge [Tummo] gerichtet und voller Vorfreude auf einen vollen Brunnen und eine gute Mahlzeit aus Kamelfleisch.«

80 Jahre zuvor schilderte Denham eine ähnliche Erfahrung in grausigeren Einzelheiten:

> Vier Kamele brachen auf unserem heutigen Marsch zusammen. Wenn das passiert, stehen die Araber mit gezückten Messern daneben und warten mit bestialischer Ungeduld darauf, sie auf ein Zeichen des Besitzers in das arme Tier hineinzurammen und einen Teil des Fleisches für ihr Abendessen herauszuschneiden. Zwei der Tiere mussten wir auf der Stelle töten, die anderen beiden würden sich hoffentlich in der Nacht wieder erholen. Ich war dabei, als das eine Kamel geschlachtet wurde. Da es keine Zeit zu verlieren gilt, wird dem Kamel ein Messer ins Herz gestoßen, während sein Kopf nach Osten gewandt ist. Es stirbt innerhalb eines Augenblicks. Doch noch bevor dieser Augenblick zu Ende ist, graben sich bereits ein Dutzend Messer in den Kadaver, um sich die besten Stücke zu sichern. Das Herz, welches als größter

Leckerbissen gilt, wird herausgerissen, das Fell von Brust und Lenden abgezogen, ein Teil des Fleisches von den Knochen abgeschnitten oder besser abgerissen und in Beutel geworfen, die extra zu diesem Zweck mitgebracht worden sind. Der Rest des Kadavers wird für die Krähen, Geier und Hyänen zurückgelassen.

Das Brennholz, das wir aus Anai mitgenommen hatten, war zu Ende gegangen. An jenem Abend kochten wir auf der Glut von getrocknetem Ziegenkot, mit dem die Ziegenledertaschen des toten Kamels gepolstert gewesen waren. Alle Lastkamele trugen Ziegenkot, damit die Ladung nicht an ihren Rücken scheuerte. Er erzeugte zwar nicht so viel Hitze wie Brennholz, funktionierte aber immer noch besser als Kamelkot, auf den wir zurückgreifen mussten, als der Ziegenkot alle war.

Als ich am nächsten Morgen um elf Uhr einen Pick-up sah, der auf uns zukam, hob sich meine Stimmung. Abbas Freunde waren also seiner Bitte um Heu nachgekommen. Als das Fahrzeug jedoch nah genug war, erkannte ich verwirrt und entsetzt, dass es leer war. Nicht ein einziger Ballen lag auf der Ladefläche.

»Sie kommen, um das Geld zu holen«, bemerkte Abba beiläufig. »Geben Sie ihnen 300 Dollar, dann bringen sie 30 Ballen.«

»Abba zweigt 50 Dollar für sich selbst ab«, flüsterte mir Asalik zu. »250 sind ein angemessener Preis.«

»Ich gebe Ihnen 250, 300 sind zu …«

Ich kam nicht dazu, den Satz zu beenden, da Abba wieder einen seiner heftigen Wutanfälle bekam.

»Wenn Sie den Preis nicht zahlen wollen, gibt's auch kein Heu«, stieß er abgehackt hervor und stapfte in die Wüste davon. Wie auch schon bei anderen Gelegenheiten zuvor, so kam er auch diesmal nach einer Stunde unauffällig zurückgeschlichen.

Ich wusste, dass 250 Dollar, die auch die Kosten für den gemieteten Pick-up beinhalteten, bereits eine exorbitante Summe und meine Expeditionsgelder knapp waren. Also redete ich mit dem Fahrer, der sich mit mir ohne größere Einwände auf 250 Dollar einigte. Mit dieser Summe hatte er auch gerechnet, bevor Abba seine Provision aufgeschlagen hatte. Der Fahrer wendete seinen Wagen in Richtung Al Katrun.

»Wir brauchen zwei Tage.«

»Wir haben kein Futter für die Kamele. Bitte kommen Sie so schnell wie möglich zurück.«

Ich wünschte ihm eine gute Fahrt, hoffte inständig, dass er sich beeilen möge, und fragte mich gleichzeitig, ob ich ihn oder den Wagen jemals wiedersehen würde.

Sowohl Japper als auch dem Professor ging es gesundheitlich immer noch schlecht. Es gab einige Diskussionen darüber, ob die Bohnen aus Maiduguri oder aber die madigen Datteln für unseren Zustand verantwortlich waren. Letztendlich kam es aber auf das Gleiche heraus, und für uns alle außer Johnny ging die tägliche Qual weiter. Einmal brachte der Professor sogar versehentlich die Tuareg in Harnisch, als er gezwungen war, sich hinter den einzigen natürlichen Schutz weit und breit zu hocken – einen Steinhaufen. Wie sich herausstellte, markierte dieser die Ruhestätte eines toten Wanderers, daher wurde die Tat des Professors verständlicherweise als Sakrileg aufgefasst.

»Sagen Sie ihm, er kann in der ganzen Wüste hingehen, wo er will, aber nicht hinter Steinhaufen«, forderte mich Adam auf, der sich besonders empört zeigte. »Wir sind alle nur Menschen, wir verstehen das, wir kennen sein Problem.«

In dieser Nacht legte sich zum ersten Mal seit Tagen der Wind. Ich steckte vorsichtig die Nase aus dem Schlafsack und schaute in ein unermessliches Sternenmeer hinauf, das sich wie ein funkelnder

Teppich in weitem Bogen von einem Horizont zum anderen erstreckte. In dieser trostlosen Wüste, in der kein Lebewesen zu Hause war, erschien mir unser Planet so kalt und leblos wie jeder beliebige ferne Stern. Die Kamelkarawane hätte auch über den Mond laufen können. Nur ein Satellit in der Umlaufbahn, der blinkend über den Himmel zog, gab mir die schwache, aber tröstliche Gewissheit, dass ich mich in einer Welt voller Leben befand.

Am nächsten Tag geschah das zweite Wunder, als wir einen weiteren verlassenen Lagerplatz fanden. Diesmal waren die Kamele der Karawane mit Gras gefüttert worden, und die Überreste waren zum Teil von Flugsand bedeckt. So krochen wir alle auf der Erde herum und kratzten mit den Händen kleinste Grasstückchen zusammen. Wir trennten das Gras vom Sand und bildeten so lebensrettende Futterhäufchen, die gerade ausreichten, damit unsere Karawane langsam weiterziehen konnte.

Am nächsten Abend waren wir dann guter Dinge, weil der Pickup mit so viel Heu kam, dass es bis nach Tejerri reichen würde. Abbas Freunde hatten uns nicht im Stich gelassen und waren nicht mit dem Geld abgehauen. Wir ließen die Kamele so viel fressen, wie sie wollten, bis auch sie Reste im Sand liegen ließ – so konnte noch eine weitere hungrige Kamelkarawane überleben, falls sie hier vorbeikam. Der Professor, dessen Magen den neuesten Tabletten gegen Durchfall getrotzt hatte, die NATIONAL GEOGRAPHIC hatte beschaffen können, hatte vier Tage lang nichts gegessen. Schließlich fühlte er sich in der Lage, sein selbst auferlegtes Fasten zu brechen, und auch Japper und ich, die wir größte Qualen erlitten hatten, befanden uns auf dem Wege der Besserung. Unsere Mägen erholten sich ebenso wie die der Kamele.

Am Abend des folgenden Tages geschah das dritte Wunder vor dem Hintergrund eines von Wolkenstreifen durchzogenen scharlachroten Sonnenuntergangs. Wir kamen an einen Militärposten, der mitten in der Wildnis an einem großen Felsen lag. Es handelte sich offensichtlich um einen beweglichen Grenzposten, mit dem man unvorsichtige Schmuggler fangen wollte. Libyen ist vollkommen »trocken«, daher hatten es die Beamten vermutlich am meisten auf Alkoholschmuggler abgesehen. Wir ließen ihre langatmige Durchsuchung bereitwillig über uns ergehen. Ebenso wie die Polizei in El War waren sie weder feindselig noch übertrieben diensteifrig. Sie taten einfach nur ihre Pflicht. Vermutlich hatten sie schon gehört, dass wir kommen würden, denn sie schienen sich über die vier Ausländer mit einer Kamelkarawane nicht zu wundern.

Jetzt, da unsere Kamele satt waren, wollte ich so schnell wie möglich nach Tejerri weiter, und Carsten Peters Ankunft war mein wichtigster Gedanke. Wir lagen zwei Tage hinter unserem vereinbarten Terminplan zurück und ich wollte ihn auf jeden Fall treffen bevor er nicht mehr daran glaubte, uns noch zu sehen, und nach Tripolis zurückkehrte. Leider ließen sich die Soldaten viel Zeit. Das gesamte Gepäck musste abgeladen, durchsucht und wieder aufgeladen werden. Die Durchsuchung kostete uns ganze drei Stunden Marschzeit. Als wir endlich abgefertigt waren, ging die Sonne unter, so dass wir gezwungen waren, keinen Kilometer vom Grenzposten entfernt zu kampieren.

Als wir an jenem Abend unser Lager aufgeschlagen hatten, wanderte Argali allein in die Wüste hinaus. Er hatte etwas im Sand liegen sehen und wollte nachschauen, was es war. Bei seiner Rückkehr hielt er etwas unter seinem langen wallenden Gewand versteckt. Er rief mich und verzog das Gesicht zu einem breiten Grinsen.

»He, John, ich habe hier was, das dich interessieren wird.«

Ich spazierte zu ihm hinüber.

»Stell dich mit dem Rücken zu den Soldaten, ich will euch Ungläubigen etwas geben, das sie nicht unbedingt sehen müssen. Vielleicht beobachten sie uns mit Feldstechern.«

Wie befohlen, kehrte ich dem Grenzposten den Rücken zu, und Argali überreichte mir eine 0,7-Liter-Flasche Johnny Walker Red Label Whisky. Ich traute meinen Augen nicht und schaute Argali ungläubig an. Man kann sich nicht so ohne weiteres vorstellen, dass jemand Whiskyflaschen mitten in der Sahara findet.

Argali brach in schallendes Gelächter aus. »Ich dachte, ihr wollt vielleicht ein bisschen von eurer eigenen Medizin haben«, sagte er. »Da drüben liegt ein Sack, und es sind noch mehr Flaschen darin. Wahrscheinlich hat ein Whiskyschmuggler Angst bekommen, als er die Soldaten gesehen hat, und hat seine wertvolle Ladung über Bord geworfen.«

Japper und die anderen staunten ebenfalls nicht schlecht über Argalis Entdeckung, und Johnny ging eine zweite Flasche holen. Ich hielt es für unklug, unseren Schutzengel zu erzürnen, indem wir noch mehr mitnahmen, und fand, dass wir damit eine ungesunde Habgier an den Tag legen würden. Außerdem kehrte nachts vielleicht der Besitzer des Sacks zurück, um sein Feuerwasser wieder an sich zu nehmen. Am Abend feierten wir unseren überraschenden Fund in Sichtweite der flackernden Sturmlaternen des Grenzpostens. Dabei achteten wir darauf, unser geistiges Feuer, das nach so vielen Tagen und Nächten der Entbehrung wieder entfacht worden war, lieber in Zaum zu halten. Wie die der Kamele brauchten auch unsere Mägen eher Nahrung und Wärme. Die Kamele hatten am nächsten Morgen keinen übel riechenden Atem mehr, wir vermutlich schon.

Wir fanden bald heraus, dass ein Lkw, der in der Nähe des Soldatenlagers parkte, den Whisky abgeworfen hatte. Sie tüftelten bereits an einem Plan zur Wiederbeschaffung. Erstaunlicherweise hatten sie nichts dagegen, dass wir uns zwei ihrer Flaschen stibitzt hatten, und boten Argali sogar an, ihn nach Tejerri mitzunehmen. Ich hielt das für eine gute Gelegenheit. Argali konnte nach Carsten Peter suchen, ihm Bescheid sagen, dass wir unterwegs waren, und ihn, falls nötig, zu uns bringen.

Erst sehr viel später erfuhren wir, dass genau in diesem Moment in London und in Kischinjow, der Hauptstadt Moldawiens, Kerzen für uns angezündet worden waren.

Gegen ein Uhr am 19. Dezember kam ein Pick-up mit Argali und Carsten Peter auf uns zu, der Post und Gemüse mitbrachte. Wir freuten uns sehr über das Gemüse, hatten wir doch schon seit Tagen keines mehr gegessen. Vor allem die Gurken schmeckten köstlich, und wir schlangen sie hinunter wie Bananen. Ohne Carsten und seine extrem umfangreiche Fotoausrüstung fuhr der Pick-up wieder ab. Zum Glück hatten wir zwei unbeladene Kamele, die sie tragen konnten. Wir kamen an dem alten Fort von Tejerri vorbei (das auch Vischer erwähnte) und kampierten kurz vor der Stadt in der Nähe einiger Tamariskenbüsche, in denen es von Zecken nur so wimmelte. Die Erleichterung, die »heulende Wildnis« überstanden zu haben, war bei allen spürbar.

Carsten Peter war 42 Jahre alt, groß und blond. Er machte einen sehr souveränen und motivierten Eindruck und schien sich gut an harte Bedingungen anpassen zu können. Vor allem schien er Humor zu haben, eine sehr wertvolle Eigenschaft. Glücklicherweise war in den letzten Tagen nirgendwo auf der Welt ein Vulkan ausgebrochen, weder ein großer noch ein kleiner Viktor, denn Carsten hatte sich darauf spezialisiert, bei solch spektakulären geologischen Ereignissen anwesend zu sein. Dies hatte ihm bereits mehrere Titelfotos für die Zeitschrift NATIONAL GEOGRAPHIC eingebracht – beruflicher Höhepunkt eines Fotografen.

Aber zuerst mussten wir ein oder zwei Dinge klarstellen.

»Haben Sie ein Begleitfahrzeug oder sonst irgendeine motorisierte Unterstützung dabei?«

»Tut mir Leid, Carsten, aber wir sind nur mit Kamelen unterwegs.«

Er dachte kurz nach. »Aber wie kann ich mich dann von der Karawane entfernen, um sie von weitem zu fotografieren?«

»Entweder auf einem Kamel oder auf Ihren eigenen zwei Beinen.«

»Haben Sie Funkgeräte dabei, dass ich in Verbindung bleiben kann, wenn ich die Karawane zum Fotografieren verlasse?«

»Nein, so etwas haben wir leider nicht.«

»Da habe ich ja ein ganz schön hartes Programm vor mir.«

»Hart finde ich eher, dass Sie nur elf Tage bei uns bleiben können. Das ist eine sehr kurze Zeit für eine Expedition, die vielleicht dreieinhalb Monate dauern wird. Können Sie nicht länger bleiben?«

»Vielleicht. Mal sehen, wie es läuft.«

Er hatte sich seinen Turban so fachmännisch um den Kopf gewickelt, als hätte er das schon häufiger getan.

»Waren Sie schon mal in der Sahara?«

»Ja, aber ich habe noch nie versucht, sie auf einem Kamel zu durchqueren.«

Eine Gruppe neugieriger Tubu, herausgeputzt in wallenden Gewändern und blauweißen Turbanen, stattete unserem Lagerplatz an diesem Abend einen Besuch ab. Sie sprachen nicht nur Tubu, sondern auch Hausa und Kanuri und brannten sehr darauf zu erfahren, wohin wir reisten und was wir damit bezweckten. Außerdem wollten sie wissen, wie ihre Stadt ausgesehen hatte, als Vischer sie besucht hatte. Sie ließen sich in einem Halbkreis um mich herum nieder und ich übersetzte ihnen Vischers Schilderung seines Besuches in Tejerri fast 100 Jahre zuvor. Carsten begann, im Hintergrund Fotos zu schießen, was mich etwas aus dem Konzept brachte. Obwohl Vischer auffallend ähnliche Wetterbedingungen vorfand wie wir, war das damalige Verhalten der Tubu aus Tejerri, der Großväter der kleinen Gruppe, die nun vor mir saß, doch ein ganz anderes gewesen. Sie hatten sich mit ein paar abtrünnigen Tuareg zusammengetan und versucht, Vischers Karawane auszulöschen.

7

»But who are ye in rags and rotten shoes,
You dirty-bearded, blocking up the way«

JAMES ELROY FLECKER, HASSAN:
THE STORY OF HASSAN OF BAGDAD AND HOW HE CAME
TO MAKE THE GOLDEN JOURNEY TO SAMARKAND

Vischer beschrieb Tejerri wie folgt:

> Am Abend trafen wir in Tejerri ein und stellten unsere Zelte auf dem großen Karawanenlagerplatz südlich des Dorfes vor den Mauern der Burg von Tejerri auf.
> Tejerri selbst ist größer als Al Katrun [heute nicht mehr], obwohl die niedrigen Hütten, die teilweise verfallen sind und alle zusammengedrängt auf einer leichten Anhöhe um das rissige alte Fort herum standen, genauso erbärmlich aussahen. Die hohen Mauern des alten Forts, die aus der schwarzen Menge der Häuser emporragten, verliehen der ganzen Szene ein eindrucksvolles, wenn auch etwas abstoßendes Aussehen.
> Die Einwohner waren Tubu. Außerdem gab es viele Sklaven aus Bornu, und alle schienen Kanuri zu sprechen [was noch heute so ist].

Inzwischen gibt es viele Dattelpalmen, die für einen Reisenden aus Niger einen willkommenen Anblick darstellen. Das Fort ist größtenteils verfallen, und die Oase wirkte auf uns weder eindrucksvoll noch abstoßend, sondern war einfach nur ein Ort der Wohltat.

Genau hier in Tejerri überlebte Vischer einen schweren Tuareg-Überfall. Man hatte ihn immer wieder gewarnt, dass die Tubu nicht vertrauenswürdig seien, und drei Tage zuvor hatten Tubu-Treiber ein paar seiner Kamele gestohlen. Er war in Tejerri geblieben, um zu versuchen sie zurückzubekommen. Seinem Bericht nach hatten die Tubu in Tejerri verschleierte Gesichter wie die Tuareg [heute nicht mehr], und ihr Begrüßungsritual passte zu ihrer räuberischen Natur. Beide Beteiligten blieben in kurzer Entfernung stehen, griffen nach ihrem Schwert, ihrer Schusswaffe oder besser noch nach beidem, hockten sich hin und erkundigten sich langatmig und ausführlich nach Gesundheit, Verwandten, Kamelen und Land. Dabei bewegten sie sich jedoch strikt auf neutralem Boden. Ich konnte diesen Brauch zwar in Tejerri nicht feststellen, hatte jedoch in Niger bemerkt, dass Tubu-Männer eine Hand auf den Griff ihres Dolches oder Schwertes legten, wenn sie sich begrüßten.

In einem unveröffentlichten Brief an seine Familie erzählt Vischer, was passierte:

> Angeblich befand sich der Feind ganz in der Nähe. Erinnerungen an meine Ausbildung im Kadettenkorps wurden wach und ich versuchte, mir die Lektionen ins Gedächtnis zurückzurufen, die uns Old Wirewhiskers eingehämmert hatte! Es schien keinen Zweifel zu geben, dass es zum Kampf kommen würde. Ich musterte meine Truppen, zehn Mann mit Winchester-Gewehren und vier mit langen arabischen Hinterladern, deren Wirksamkeit vor allem in dem Krach lag, den sie machten. Jeder Schütze bekam zusätzlich 25 Patronen, so dass alle über 50 Schuss verfügten. Die Frauen wies ich an, starken schwarzen Kaffee zu kochen und auszuschenken, damit niemand einschlief.
>
> Ich stieg auf mein Pferd und unternahm einen Patrouillenritt in der Umgebung, wobei ich jeder Palmenansammlung besondere Aufmerksamkeit schenkte. Hin und wieder galoppierte

ich zum Lager zurück, um mich zu vergewissern, dass noch alle wach waren. Doch ich stellte bald fest, dass dies unnötig war, denn bis auf den letzten Mann waren alle so nervös, dass sie sowieso nicht schlafen konnten. Abgesehen davon war die Nacht bitterkalt, die Männer zitterten und hielten sich krampfhaft an ihren Waffen fest.
Entschlossenes Handeln war jetzt gefragt, denn nicht nur würde uns der Feind beim geringsten Anlass an die Kehle springen, sondern die Tubu standen auch bereit, sich auf die Seite des Gewinners zu schlagen, sobald sie sahen, wer der Stärkere war.
Während ich das Gelände erkundete, hörte ich zweimal ein Geräusch und erhaschte im undeutlichen Licht der Sterne einen Blick auf die schattenhaften Gestalten von Kamelen und Reitern. Ich eröffnete sofort das Feuer, woraufhin sie in der Nacht verschwanden, wie weggezaubert.
Um zwei Uhr morgens erschienen drei türkische Gendarmen aus Al Katrun mit einem erschreckenden Brief vom örtlichen Garnisonskommandanten. Er warnte vor einer Bande von mehr als 100 Tuareg und Arabern, die fest entschlossen sei, meine Karawane zu überfallen!
Gleich im Morgengrauen stiegen Hadji Zaid (der Tubu-Pilger, der die Listen und Schlichen seines Volkes kannte) und ich auf die Pferde und ritten los, die Lage zu erkunden. Schließlich spürten wir den Feind auf, der sich hinter einem kleinen Hügel versteckt hielt, und stellten Kontakt her. Ziiiiisch!, kam die erste Kugel zurück und sauste über unsere Köpfe hinweg. Ein alter Soldat in Malta hatte mir einmal geraten, beim Kampf mit Afrikanern stelle man sich am besten ohne Scheu offen hin und trete ihnen mutig entgegen – dann würden sie zielen, feuern und daneben schießen! Ich postierte Hadji Zaid

> hinter mir, um die Pferde zu halten und mir Rückendeckung zu geben. Nachdem ich in Stellung gegangen war und den Feind gesichtet hatte, beschloss ich, den Kampf zu beginnen, und eröffnete das Feuer. Ein gegnerisches Gewehr wurde zum Schweigen gebracht. Dann sanken hintereinander vier Kamelköpfe zu Boden. Gleichzeitig verschwanden mehrere schwer bewaffnete Zuschauer, die die umliegenden flachen Hügel gesäumt hatten, wie Ratten in einem Loch. Wir beschlossen, die Begegnung mit dem Feind zu beenden, saßen auf und zogen uns ins Lager zurück, das anderthalb Reitstunden entfernt lag.

In bester Kriegstradition gruppierte Vischer seine Mannen neu und ging in die Offensive:

> Salven wurden aus den Hügeln auf uns gerichtet und ließen überall um uns herum den Sand aufspritzen. Der zuverlässige Wespi-Karabiner trat wieder in Aktion. Sorgfältig anvisiert und mit stetigem Feuer beschossen, wurden fünf der feindlichen Gewehre zum Schweigen gebracht, und elf Kamelköpfe sanken zu Boden. Der Wespi-Karabiner machte seinen Erfindern alle Ehre und war ein Pfahl im Fleische der Tuareg, den sie nicht so leicht vergessen werden. Während eines Gefechts sind die Kamele angebunden, damit sie nicht aufspringen und durchgehen können. Deshalb sieht man am Horizont nur ihre langen Hälse und die Köpfe, die langsam hin und her schwanken. Ein Kamel riss sich allerdings tatsächlich los, ging durch und galoppierte mitten durchs Kreuzfeuer. Eine meiner Salven traf es von hinten. Als es auf uns zuraste, konnte ich es fassen und einfangen. Inzwischen ging der Tag zu Ende, und bei Sonnenuntergang wurde der Kampf eingestellt, so dass

ich meine Truppe zurückzog. Wir marschierten ins Lager zurück, wo wir bereits sehnsüchtig erwartet wurden.
Der Pöbel des Dorfes, der von einer beträchtlichen Anzahl Tubu unterstützt wurde, hatte die Gelegenheit genutzt und Vorbereitungen für einen Überfall auf mein Lager getroffen, um sich mit allerlei Gepäck aus dem Staube zu machen. Meine Freunde unter den Tubu hatten es bisher zusammen mit den Frauen des Lagers geschafft, sie in Schach zu halten, doch allmählich wurde es eng. Als wir kamen, machten sich die Möchtegern-Plünderer wie räudige Hunde davon.
Und wo steckten die türkischen Gendarmen die ganze Zeit? Ich möchte hier und jetzt in aller Deutlichkeit sagen, dass Hanns und alle gleich gesinnten, freiheitsliebenden Bürger herrschsüchtige Schutzmänner, Wildhüter und Polizisten nicht ausstehen können. Diese traurigen Relikte aus einem vergangenen Zeitalter braucht man vielleicht, um mit Trinkern fertig zu werden und sie nach Hause zu bringen, aber bestimmt nicht, damit sie mit ihren großen Füßen und derben Zügen in eine anständige, gesetzestreue Truppe hereintrampeln. Jetzt, da ich mir das von der Seele geredet habe, sei hinzugefügt, dass es sich bei unseren türkischen »Helden« um einen zaghaften, furchtsamen und untauglichen Haufen handelte. Als ich ihnen sagte, sie könnten gehen und sich ausruhen, zogen sie überaus erleichtert von dannen.
An jenem Abend erhielten wir die Bestätigung, dass die Tuareg ihre Zelte abgebrochen und sich dorthin zurückgezogen hatten, wo sie hergekommen waren – mit gestutzten Flügeln und eingekniffenem Schwanz. Es war uns gelungen, sie zu verjagen, so dass der Weg wieder frei war und wir unsere Reise fortsetzen konnten.

Obwohl Vischer die örtlichen Gendarmen nicht gerade in rosigem Licht darstellt, hatten die türkischen Behörden anscheinend nichts dagegen, dass er so wirkungsvoll zur Selbsthilfe griff, denn sie schrieben später an seine Familie: »Unterwegs wurde Mr Vischer von Tuareg überfallen. Er wehrte ihre Angriffe ab, indem er grundsätzlich nur ihre Kamele tötete und ihnen so die Möglichkeit zur Verfolgung nahm. Die Einwohner hielten das für eine sehr noble Geste, sie verehrten ihn und sprachen fromme Gebete für ihn ... Die Tubu bekamen einen Schreck, als sie die Kamele der Tuareg untersuchten und dabei feststellten, dass sie alle mit einem Kopfschuss getötet worden waren. Schließlich möchten wir noch hinzufügen, dass sich hier eine Legende gebildet hat, die seinen Besuch als Heiligenerscheinung ansieht.«

Im Gegensatz zu Vischer verbrachte Denham hier 100 Jahre früher eine recht angenehme Zeit. Wie üblich fand er die jungen Mädchen sehr hübsch. Doch er bemerkte auch ein großes Loch über dem Haupttor der damals noch intakten Burg, das sich auf den Torweg darunter öffnete. Wie Denham erfuhr, hatte eine Frau kürzlich einem Angreifer, der durch das Tor kam, einen großen Stein auf den Kopf geworfen. Der Eindringling war auf der Stelle tot gewesen, und sowohl der Burg als auch der Oase war ein Großangriff erspart geblieben.

Abba verließ uns in Tejerri und fuhr mit einem Lkw nach Al Katrun weiter. Als Ersatzführer vermittelte er uns einen befreundeten Tubu namens Sidi. Da Abbas Vertrag sowieso in Al Katrun auslief, sollte die Strecke bis dahin eine Art Probelauf mit Sidi werden. Wenn wir ihn mochten und er uns, würden wir ihn als Führer bis Tekertiba anstellen, einer schrumpfenden Oase nördlich von Murzuk.

Sidi geleitete uns durch eine weit auseinander gezogene Reihe von Dörfern, die entlang einer schmalen Landsenke zwischen Tejerri und Al Katrun lagen. Al Katrun mit seiner Verbindung ins nördlich gelegene Sabha und zum Straßennetz nach Tripolis ist die wichtigste Stadt auf diesem fruchtbaren Streifen Land, der über viel Wasser verfügt und von einer niedrigen Hügelkette gesäumt wird, die den Boden vor den wandernden Sanddünen im Osten schützt. Der höchste Punkt dieser Hügelkette ist Ras el Tejerri, ein aufgeschichteter Erdwall am nördlichen Rand von Tejerri.

Wir kamen an erstaunlich vielen massiven, quadratischen Lehmburgen und eingefallenen Mauern und Gräben vorbei, ein Beweis dafür, wie umkämpft dieses Gebiet in den vergangenen Jahrhunderten war. Einige Burgen schienen berberischen oder vielleicht römischen Ursprungs zu sein. Jahrhundertelang dienten diese Festungen mit ihren weiten Höfen und tiefen Brunnen als Verteidigungsanlagen gegen Angriffe von außen. Der unerwartete Angriff von außen, dem wir plötzlich ausgesetzt waren, nahm allerdings eine recht ungewöhnliche Gestalt an. Und wir hatten keine schützenden Lehmmauern – nur Schlafsäcke aus Synthetik.

An einem unserer Lagerplätze auf halbem Weg zwischen Tejerri und Al Katrun hatten Japper und ich unsere Schlafsäcke in eine sandige Mulde gelegt. Ein paar unserer Kamele, denen wir zur Sicherheit an den Vorderbeinen Hobbles, also Fußfesseln, angelegt hatten, waren herübergekommen und hatten sich ganz in der Nähe niedergelassen. Sie begannen, auf nahrhafter Luzerne und Klee herumzukauen, und ihr offensichtlicher Genuss klang wie Musik in meinen Ohren. Im Bewusstsein ihrer tiefen Zufriedenheit lehnte ich mich unter den Sternen zurück, lauschte dem gleichmäßigen Wiederkäuen um mich herum und döste langsam ein.

»Auuu!«, schrie ich auf, als etwas Schweres auf meinem linken Oberschenkel landete und mich aus dem Tiefschlaf riss. Im ersten Moment dachte ich, jemand hätte mich angegriffen. Überzeugt, dass wir überfallen wurden, kämpfte ich mich aus dem engen

Schlafsack und rechnete schon damit, dass das wenig robuste Material von einem Messer aufgeschlitzt werden würde. Während ich mich mit Bändern und Reißverschlüssen abmühte, stieß Japper, der neben mir schlief, einen etwas zurückhaltenderen Schrei aus: Der Angreifer hatte ihm auf das Schienbein und den linken Knöchel geschlagen. Aber es handelte sich dabei nicht um einen Tuareg oder Tubu. Sondern um ein Kamel.

Als sich der erste schwache Lichtstreifen am Himmel zeigte, hatte das Kamel, das uns am nächsten saß, beschlossen, dass es an der Zeit sei, seinen Magen zu füllen. Also rappelte es sich auf wackligen Füßen auf und stolperte mit seinen Hobbles über unsere Beine. Kamele treten normalerweise nicht auf liegende Menschen, daher mussten seine gefesselten Beine die Ursache für diesen versehentlichen Ausrutscher sein. Ich hatte mich eigentlich nur erschrocken, aber für Japper war die Sache ernster und sehr schmerzhaft.

Etwa zehn Jahre zuvor war sein Knöchel von einem Kamelbullen verletzt worden, den er aus Pakistan nach Kenia eingeführt hatte. Die Heilung war langwierig gewesen, und nun musste er eine neuerliche Knöchelverletzung hinnehmen – diesmal vom Zehennagel des Kamels, der sich in sein Fußgelenk gegraben hatte. Japper, dessen verstimmter Magen sich erst allmählich wieder an normale Kost gewöhnte, hatte dieser Unfall gerade noch gefehlt. Zwar hatte er sich bereits entschieden, uns in Al Katrun zu verlassen und von dort aus über Tripolis nach Kenia zurückzukehren, um Ende Dezember bei der Hochzeit seines Sohnes Simon anwesend sein zu können, doch es war wirklich Pech, dass er nun ausgerechnet wegen eines unserer Kamele mit einem humpelnden Fuß nach Hause fahren musste, vor allem weil er sich mehr als jedes andere Expeditionsmitglied um das Wohlergehen der Kamele gekümmert hatte. Jeden Tag hatte er sie untersucht, Sattelwunden und kleinere Verletzungen behandelt und so sichergestellt, dass sie reisetauglich blieben. Nun hatten sie seiner eigenen Reisefähigkeit unwissentlich ein Ende gesetzt.

»Bin das wirklich ich?«

Ich starrte das langhaarige, sonnengebräunte und windgegerbte Spiegelbild mit den tief liegenden Augen an, das mir aus dem gesprungenen Spiegel in Abdul Aziz' Friseursalon in der Innenstadt von Al Katrun entgegenblickte. Der Spiegel war in einer Ecke verzogen, was das Bild des Wilden zusätzlich entstellte. Ich war ein wenig schockiert.

Seit unserer Abreise aus Kukawa vor genau zwei Monaten hatte ich mein Gesicht nicht mehr im Spiegel gesehen. Zwar hatte ich mich so gut und so oft wie möglich rasiert, aber ich hatte die Finger meiner linken Hand benutzt, um das Rasiermesser sicher über die zerfurchten, wettergegerbten Konturen meines Kiefers zu führen. Jetzt musste ich der Wahrheit ins Auge sehen – und das war kein schöner Anblick.

Tags darauf war der erste Weihnachtstag und zugleich Jappers letzter Tag bei uns. Ich verspürte das dringende Bedürfnis, mich feierlicher als sonst zu fühlen und auch so auszusehen. Eine Rasur und ein Haarschnitt hatten oberste Priorität gehabt, seit wir etwa anderthalb Kilometer westlich von Al Katrun unser Lager aufgeschlagen hatten. Ich wollte das Image des verrückten Professors loswerden, das mein zerzaustes Aussehen vermittelte, und mich dem Luxus einer fachmännischen Rasur hingeben. Armer Abdul, er bekam einen gehörigen Schreck, als er seinen ungewöhnlichen Kunden erblickte.

Abdul war um die 40, rundlich und mit einem schmutzigen weißen Hemd und einer fleckigen hellbraunen Hose bekleidet. Er hatte einen irritierenden Tic, der bewirkte, dass sein Kopf alle zehn

Sekunden unwillkürlich nach links zuckte. Da unsere Kommunikation auf Zeichensprache beschränkt war, zeigte er mir auf einer Karte, dass er aus Ägypten stammte. Ich fragte mich gedankenverloren, ob seine Hand das blitzende Rasiermesser auf einem sicheren Kurs um meinen drei Tage alten Backenbart herumführen würde. Dann hielt er mit einer Hand eine Schere und mit der anderen ein Haarschneidegerät hoch und wedelte damit vor meiner Nase herum. Auf einmal verstand ich, was er wollte. Sollte er mir die Haare mit der Schere oder mit dem Haarschneider schneiden? Ich zeigte eindringlich auf die Schere, und schon kurz darauf stürzte er sich mit hemmungslosem Enthusiasmus auf meine angegraute Mähne. Kaum hatte er die erste Furche gegraben, da wusste ich, dass alles zu spät war: Ich würde skalpiert werden. Als er sein Barbierkunstwerk vollbracht hatte, dachte ich mir, dass er ebenso gut die Haarschneidemaschine hätte benutzen können. Ich war geschoren wie ein alter Schafbock im Hochsommer.

Nachdem er mir das Gesicht eingeseift hatte, schloss ich die Augen. Entweder der alte Schafbock würde als toter Hammel enden, oder er würde eine anständige Rasur verpasst bekommen. Zu meinem Glück trat der zweite Fall ein. Ohne Haare, dafür aber mit einem Kribbeln von der Kopfhaut bis zum Kinn verließ ich den grinsenden Abdul und fühlte mich äußerlich und innerlich erleichtert. Es ist schon fantastisch, wie sehr einem ein Friseur den Tag verschönern kann, auch wenn er einen Tic und eine stumpfe Rasierklinge hat.

Ich fand es bitter nötig, dass mir jemand den Tag verschönerte, da ich zuvor die kommunale und die staatliche Polizeibehörde, den Sicherheitsdienst und das Zollamt besucht hatte. Alle hatten unbedingt unsere Pässe, Unterlagen und Visa sehen wollen. Alle Ämter waren ohne Ausnahme spärlich eingerichtet und mussten dringend gestrichen werden. Die Beamten erwiesen sich als sorgfältig und höflich, schienen jedoch in ihrem Handeln sehr eingeschränkt zu sein. Die Verwaltung in Al Katrun konnte nur dann tätig werden, wenn eine Entscheidung von höherer Stelle abgesegnet worden war.

Im Zollamt lehnte sich ein unrasierter Beamter mittleren Alters mit graumeliertem Haar auf einer Couch hinter einem Holztisch zurück, lächelte mich schwach an und zeigte dabei seine drei Goldzähne im Unterkiefer. Dann ließ er die Bombe platzen.

»Sie müssen Ihre 25 Kamele verzollen«, verkündete er und schaute mich dabei unverwandt an.

»Verzollen?«, stotterte ich. »Aber wir haben eine Sondergenehmigung dafür bekommen, dass wir in El War mit unseren Kamelen nach Libyen einreisen dürfen. Hier ist die Bescheinigung, unterschrieben vom diensthabenden Offizier.«

»Das ist eine rein militärische Bescheinigung. Die besagt nicht, dass Sie keinen Zoll bezahlen müssen. Die Gebühr beläuft sich auf 50 Dollar pro Kamel, das macht insgesamt 1250 Dollar.«

»Aber es kommen jeden Tag Kamele von Niger nach Libyen. Die Besitzer können doch nicht alle 50 Dollar pro Kamel zahlen.«

»So will es das Gesetz«, antwortete der Zollbeamte geheimnisvoll.

In unserem Expeditionsbudget waren keine Zölle für die Kamele vorgesehen, und ich hatte schlicht und einfach kein Geld dafür.

»Dürfte ich den Sicherheitsdienst in Tripolis anrufen und jemanden bitten, mit Ihnen zu reden?«

»Wie Sie wünschen.«

Ich verließ das Amt, trat in den morgendlichen Sonnenschein hinaus und wählte die Nummer, die mir Bridget Brind in El War genannt hatte. Erstaunlicherweise befand sich der hilfsbereite Beamte nicht nur an seinem Platz, sondern ging auch noch ans Telefon. Nachdem ich ihm unsere Lage erklärt hatte, versprach er, sich beim Leiter des libyschen Zollamts in Tripolis für uns einzusetzen, doch ich hörte einen gewissen Widerwillen heraus. Da er uns schon geholfen hatte, in sein Land einzureisen, war er jetzt vermutlich der Meinung, wir müssten allein klarkommen. Höflich, aber bestimmt erklärte er mir, er brauche nicht mit dem Zollbeamten in Al Katrun zu sprechen, da dieser sowieso keine Entscheidung fällen dürfe, weder die eine noch die andere.

Ich beschloss, Mustafa von Sukra Travel anzurufen, und zum ersten Mal erreichte ich ihn gleich beim ersten Versuch. Doch er erteilte mir eine Abfuhr. Pikiert darüber, dass Sukra kein Geld an uns verdient hatte, erklärte er mir knapp, dass wir auf uns gestellt seien.

»Sie hätten die Kamele an der Grenze verkaufen und frische Kamele bei Sukra mieten sollen. Dann müssten Sie jetzt keinen Zoll zahlen.«

»Aber dann hätten wir für die gemieteten Kamele zahlen müssen.«

»Das ist Ihr Problem, nicht unseres.«

Sukra war mir definitiv keine Hilfe.

So blieb die Gaunerei mit dem Kamelzoll fürs Erste in der Schwebe, weshalb ich das dringende Bedürfnis verspürte, Abdul Aziz wegen eines Faceliftings aufzusuchen. Die Schere und das Rasiermesser erfüllten ihren Zweck, und ich kehrte beschwingt ins Lager zurück.

Bei meiner Ankunft wurde ich von einem wütenden Abba empfangen.

»Ich will meinen Lohn«, brüllte er. »Wo ist Sidis Bruder Hadira? Er sollte am 19. mit dem Lkw aus Agadez eintreffen, und heute ist schon der 24. Man hat mich betrogen.«

Er schimpfte weiter. Der gesamte Lohn für die Führer und die Tuareg war an Sidi in N'Gigmi weitergeleitet worden. Ich hatte Abbas Lohn schon an Sidi gezahlt und hatte weder die Verpflichtung noch das Geld, ihn zu bezahlen.

»Du musst Geduld haben, Abba«, erwiderte ich so sanft wie möglich. »Hadira muss aufgehalten worden sein. Ich muss ihn selbst dringend treffen, um herauszufinden, ob ich den Vertrag mit Sidi von Al Katrun bis Tripolis verlängern kann. Ich muss wissen, ob Ehom, Argali, Adam und Asalik bei uns bleiben. Meine Vereinbarung mit Sidi läuft nur bis Al Katrun.«

»Damit hab ich nichts zu tun«, entgegnete Abba ärgerlich. »Ich will mein Geld. Wenn ich es nicht bekomme, nehme ich dafür die neun Kamele, die Sidi euch vermietet hat.«

»Dann muss ich zur Polizei gehen.«

»Zur Polizei! Das wird dir überhaupt nichts nützen. Der Polizeichef ist ein Tubu. Wenn ich mit ihm rede, rührt er keinen Finger, um euch zu helfen.«

Es hatte wenig Zweck, diese unsinnige Diskussion weiterzuführen. Ich wandte mich ab. Beschwingt waren meine Schritte jetzt nicht mehr – Al Katrun hatte uns eine Reihe unerwarteter Probleme beschert. Mein einziger schwacher Trost war, dass Vischer hier ähnliche Schwierigkeiten mit seinem Tubu-Führer Marabut Senussi hatte, über den er sagte: »Obwohl nicht der leiseste Zweifel daran bestehen konnte, dass er uns absichtlich aufhielt, blieb mir nichts übrig, als zu warten. Ich hatte schwerlich das Recht, ihn zu erschießen, obwohl er genau das verdient hätte.«

Zum Glück war Abba nicht so durchtrieben und hinterlistig wie Marabut Senussi, aber sein zügelloses Temperament und seine Unfähigkeit, Vernunft anzunehmen, empfand ich als Strafe, die nicht immer leicht zu ertragen war.

In der Nähe des Marktes in Al Katrun steht ein altes italienisches Fort, das von Mohammed Tahir, einem Hausa sprechenden Tubu und Unternehmer aus Al Katrun, wieder aufgebaut und eingerichtet wurde. Das Fort ist vollständig aus Lehm gebaut, und als Besucher tritt man durch zwei alte, von massiven, rechteckigen Lehmmauern eingefasste Holztore in einen großen Innenhof. Zu beiden Seiten des Hofes liegen einzelne Lehmzimmer für Reisende, von denen einige bei unserem Besuch gerade noch im Bau waren. An einem Ende des Hofes befindet sich ein langer, kühler Raum mit Stühlen und einem Esstisch, in einer Ecke auf der anderen Seite eine primitive Duschvorrichtung nach dem Prinzip durchlöcherte Blechbüchse. Der etwa 45-jährige Mohammed war quer durch Ost- und Zentralafrika gereist. Er zeigte sich auffallend entgegenkommend, bot uns Tee und Erfrischungen an und wollte kein Geld annehmen. Ich rätselte, was wohl der Grund für diese überbordende Freundlichkeit war – sicher nicht Liebe auf den ersten Blick. Je länger dieser weit gereiste Mann auf Hausa plauderte, desto stärker beschlich mich das ungute Gefühl, dass irgendetwas nicht stimmte. Anscheinend wollte er Touristen dafür gewinnen, das Fort als Ausgangspunkt für ihre Reisen zu benutzen. Johnny freundete sich sogleich mit ihm an, verwandelte sich in einen Touristen und mietete ein Zimmer, das alle Annehmlichkeiten einer Mönchszelle aufzuweisen hatte. Dies hatte für uns immerhin den Vorteil, dass Johnny dort wegen der Nähe zum Markt Vorräte für unsere weitere Reise lagern konnte und nicht ständig zwischen Stadt und Lager hin- und herpendeln musste.

Carsten Peter hatte, bevor er uns traf, bei Mohammed Tahir ein wichtiges Paket zwischengelagert: einen Weihnachtskorb von Fortnum & Mason, den die stets aufmerksame Mitkuratorin unserer Stiftung zum Schutz des Wildkamels selbst gepackt hatte, um sicherzugehen, dass nicht libysche Zollbeamten ihre gierigen Finger nach etwaigem Alkohol ausstrecken und so die Ankunft des Paketes in Al Katrun verhindern konnten. Brandy-Butter und in Portwein eingelegte Kirschen waren dabei jedoch durchgeflutscht. An Heiligabend schickten wir jemanden mit einem Kamel zum Fort, und als die Sonne gerade hinter den Palmen versinken wollte, wurde ein Weihnachtskorb von Fortnum & Mason in den weichen Sand in der Mitte unseres Lagers gestellt.

Wie wir den Inhalt genossen! Unser Festmahl am nächsten Mittag bestand aus Gänseleberpastete, Mince Pie, einem köstlichen Plumpudding und allem, was sonst noch dazugehört – außer Alkohol, was vielleicht erklärt, warum wir auf den Partyfotos alle etwas ernst aussehen. Abba, der sich schmollend und übellaunig im Hintergrund hielt, verlieh unserer lustigen Papphut-Feier eine pikante Note. In den Knallbonbons, die nicht knallen konnten (um die Zollbeamten nicht zu erschrecken), steckten glitzernde kleine Geschenke und exotische Kerzen.

Nach dem Gelage erschien ein Besucher nach dem anderen: Vertreter der Gatrun Historical Society, die sich auf den Forscher Hornemann beriefen, welcher 1798 in seinem Buch geschrieben hatte, alle Tubu seien Feiglinge – diese Behauptung wies ich entschieden zurück, da ich mit ihr nicht übereinstimmen konnte; ein Führer, der uns nach Murzuk bringen wollte – ich hatte jedoch bereits Abbas Schützling Sidi verpflichtet; ein Händler aus Al Katrun, der unsere Kamele kaufen wollte – wie sollten wir dann bitte nach Tripolis kommen? Als Letztes tauchte die örtliche Polizei zum vierten Mal im Lager auf, weil sie mit bestimmten Stempeln in unseren Pässen nichts anfangen konnte. Am späten Nachmittag verließ Japper uns dann mit einem »Share-Taxi« in Richtung Tripolis. Es fiel mir schwer, ihn gehen zu lassen. Er war ein wunderbares Teammitglied gewesen, mit sehr viel gesundem Menschenverstand, Vielseitigkeit und Humor. Auch Argali standen Tränen in den Augen, als er ihm zum letzten Mal die Hand gab. »Ein anständiger Mensch«, hörte ich ihn murmeln, »ein sehr anständiger Mensch.« Von den 2400 Gesamtkilometern hatte Japper 1600 zurückgelegt. Eine beachtliche Leistung.

Am nächsten Tag war Hadira immer noch nicht da. Obwohl alle Tuareg bereit waren, uns bis nach Tripolis zu begleiten, musste Hadira dem zustimmen und die Bezahlung vereinbaren. Es war mir gelungen, telefonisch jemanden in Agadez zu erreichen, und man sagte mir, der Lkw, mit dem er reiste, habe nördlich von Sequedine eine Panne gehabt. Um mir nicht Abbas Gemurre anzuhören, das inzwischen fast gar nicht mehr zu verstehen war, machte ich mich am frühen Morgen mit Carsten, Asalik und zwei Kamelen zu einem Fototermin in die Altstadt auf.

All die alten Lehmstädte, auf die wir in diesen südlichen libyschen Oasen stießen, waren verlassen worden, angeblich wegen eines Erlasses von Gaddafi aus den 1970er Jahren, dass alle Bürger in neue Betonwohnhäuser im Sowjetstil ziehen müssten. Von den engen, malerischen Gassen, durch die Vischer geschlendert sein muss, war nichts mehr übrig geblieben. Ob diese Verfügung zum Zweck der Modernisierung oder aber der Sicherheit erlassen worden war, weiß ich nicht, nur dass keine einzige Menschenseele mehr in diesen alten Behausungen wohnte. Es waren sogar die Dächer abgenommen worden, damit keiner zurückkehrte.

Asalik und ich ritten auf unseren Kamelen gemächlich durch die romantischen Ruinen, auch wenn der schweigsame Asalik sicher eine andere Meinung dazu hatte. Denn die Romantik hörte am Boden auf, wo unschöne rostige Blechbüchsen und Plastikabfälle herumlagen. Die Altstadt von Al Katrun war zu einer Müllhalde verkommen. Wenn man aber den Blick wieder hob, gab es Interessantes zu sehen, zum Beispiel Carsten, der wie eine Bergziege zwischen morschen Dachkanten und verwitterten Wänden hin und her sprang und dabei unablässig knipste. Ich war überrascht gewesen, als Carsten mir erklärt hatte, das professionelle Fotografen ihre teure Ausrüstung nur bei Sonnenaufgang oder Sonnenuntergang verwenden (oder kurz davor und danach).

»Was ist, wenn ich mittags vom Kamel falle und mir den Hals breche? Würdest du davon kein Foto für die Nachwelt machen?«

»Ich glaube nicht«, entgegnete er mit einem leisen Lachen. »Ich würde niemanden finden, der das veröffentlicht.«

Die Sonne ging auf und sandte ihre Strahlen durch die gezackten Blätter der Dattelpalmen. Dabei verwandelte sie die rissigen, schmutzig braunen Lehmmauern in wechselnde Bilder aus blankem Gold. Der Gesamteindruck war überwältigend, und ich kam zu dem Schluss, dass etwas dran war an dem, was Carsten sagte. Später sorgte seine Auffassung jedoch für leichte Spannungen, als er das Abendprogramm ausdehnen wollte, um die Silhouetten der Kamele nach Sonnenuntergang auf den Dünen zu fotografieren. Die müden Kamele (und ihre menschlichen Begleiter) verspürten wenig Lust, noch Modell zu stehen, wenn das Lager in der Dämmerung aufgeschlagen war. Alle, Mensch und Tier, waren einfach zu erschöpft.

»Carsten ist ein Perfektionist«, hatte mir ein Freund bei NATIONAL GEOGRAPHIC erzählt. »Er ist nie mit seinen Bildern zufrieden. Er will immer noch etwas Besseres hinkriegen und ist selbst sein schärfster Kritiker.«

Ich machte die Erfahrung, dass jedes Wort davon stimmte, und lernte Carstens Einsatz und Professionalität mit der Zeit zu respektieren. Am selben Abend überredete er Johnny, sich halb nackt unter einen undichten Wassertank zu hocken, aus dem Wasser kaskadenartig auf die Straße spritzte. Das Ergebnis verriet zwar nichts über unsere Expedition, aber eine Menge über Carsten Peters Einfallsreichtum und Vorstellungskraft.

Der ruhige Asalik verstand natürlich nicht, wozu all das gut sein sollte, nahm das seltsame Verhalten seiner momentanen Arbeitgeber jedoch schweigend hin.

Im Basislager war der Professor damit beschäftigt, chinesische Klöße zuzubereiten.

»Guter Schutz für den Magen«, verkündete er bei unserer Ankunft.

Schutz gehörte zu den obersten Prioritäten des Professors. Mit einer beeindruckenden Vielfalt chinesischer Arzneien schützte er sich unermüdlich vor den verschiedensten Schädlingen. Der Vorsitzende Mao hatte Fliegen, Stechmücken, Ratten und Spatzen als die vier großen natürlichen Übel bezeichnet. Sicher hatte der Professor diese Maxime in seiner Jugend eingeimpft bekommen und befand sich im Hinblick auf die ersten drei Übel in ständiger Alarmbereitschaft. Wie bei fast allen Chinesen galt seine zweite Leidenschaft dem Essen. Die streng spartanische Kost während unserer Expedition muss sehr hart für ihn gewesen sein. Normalerweise werden chinesische Klöße in einer Art Fließbandverfahren hergestellt, bei der einer den Teig klopft, ein zweiter ihn ausrollt und in die gewünschte Form bringt und ein dritter die Gemüse- oder Fleischfüllung hinzufügt. Der Professor vereinte jedoch all diese kreativen Fähigkeiten zu einer perfekten Darbietung der Kloßherstellung. Dazu verarbeitete er Hammelfleisch aus Bilma, das er sorgfältig in einer Marinade aus Cayennepfeffer und Speiseöl eingelegt und drei Wochen in einer Blechdose versteckt hatte. Das Ergebnis, zubereitet in einer Bratpfanne über dem glühenden Ziegenkot, schmeckte fantastisch und war eine hervorragende Ergänzung zu seiner neuesten Entdeckung: großzügig mit Brandy-Butter bestrichene Brötchen aus Al Katrun.

Die Methode, die der Professor zur Fleischkonservierung anwandte, unterschied sich nicht allzu sehr von jener, die Denham in Murzuk beobachtete, obwohl die Ergebnisse glücklicherweise nicht übereinstimmten:

> Die reicheren Einwohner benutzen eine Methode der Fleischkonservierung, die es ihnen ermöglicht, das ganze Jahr über

Suppe mit Fleischeinlage zu essen. Im Winter, wenn die Wüstendurchquerung zwischen Mourzuk und den Tälern im Süden von Tripolis mit weniger Schwierigkeiten für die Tiere verbunden ist, werden viele Herden von den Arabern herübergetrieben. Die Tiere werden aufgezogen und ihr Fleisch wird dann für die Konservierung in große Behältnisse gefüllt. Als Letztes wird kochendes Fett in die Behälter gegossen, um die Luft auszuschließen, und so bleibt der Inhalt viele Monate frisch. Sobald man aber den Deckel abnimmt, wird das Fleisch sauer, was die Leute jedoch nicht weiter stört. Deshalb ist die Mahlzeit, die einem als größter Luxus vorgesetzt wird, im Grunde nichts weiter als ein ekelhaftes, schales, fettiges Eintopfgericht, das dem Magen häufig mehr Schaden zufügt als ein zwölfstündiges Fasten.

Argali kümmerte sich in der Zwischenzeit um unsere Kamele. Seit sie Unmengen von Luzerne und Klee bekamen, hatten sie kräftig zugelegt, und zum ersten Mal seit vielen Tagen machten sie einen zufriedenen Eindruck. Ich hatte einmal in einem Buch von Major Glyn Leonard aus dem späten 19. Jahrhundert, in dem es um die Handhabung und Pflege von Kamelen im Allgemeinen ging, gelesen, dass Tabak gut für sie sei. »Er belebt das Blut und ist insgesamt sehr bekömmlich und stärkend.«

Ich hatte dabei an eine Karawane aus Pfeife rauchenden Dromedaren oder Zweihöckrige Kamele mit Zigarren im Maul gedacht, aber Argali zeigte mir, was Leonard gemeint hatte. Wie viele Nomaden benutzte er liebend gern Kautabak, und Japper hatte ihm und den anderen Tuareg ein paar Päckchen aus Kenia mitgebracht. Wenn Argali den Saft aus einem Klumpen herausgesogen hatte, den er sich in die Wange gestopft hatte, ging er zu einem der hockenden Kamele hinüber, öffnete mit beiden Händen dessen Maul und spuckte ihm geschickt den zermatschten Tabak in den Rachen. Ich habe keine Ahnung, ob das ihr Blut belebte, aber zumindest schienen sie dieser Zwangsernährung nicht abgeneigt zu sein.

Völlig unerwartet trat gegen vier Uhr nachmittags Hadira in Erscheinung. Er kam einfach so zu Fuß daherspaziert, und ich war mächtig erleichtert, ihn zu sehen. Er stellte sich schnell als das genaue Gegenteil seines jüngeren Bruders Sidi heraus. Mit seiner gesetzten und scharfsinnigen Art regelte er rasch Abbas Bezahlung und traf mit mir eine faire Vereinbarung über unsere Weiterreise nach Tripolis. Adam sollte uns verlassen und die neun Kamele, die Sidi uns vermietet hatte, unter seiner Aufsicht nach Agadez zurückkehren. Die drei übrigen Tuareg sollten uns nach Tripolis begleiten. Wir alle würden Adam sehr vermissen, denn er hatte hart gearbeitet und sich als geistreich, einfallsreich und stets gut gelaunt erwiesen. Ihm war es zu verdanken, dass Abbas unberechenbares Temperament die meiste Zeit unserer Reise unter Kontrolle geblieben war.

Hadira erinnerte mich an einen weisen Emir von Gombe, den ich viele Jahre zuvor in Nigeria kennen gelernt hatte. Umgeben von seinen jungen, ungestümen Ratsmitgliedern, die sich häufig nicht einigen konnten, hörte sich dieser kluge Muslim stets ihre Argumente an. Wenn sie sich schließlich verausgabt hatten, dachte der Emir eine Weile nach, wandte sich dann mit größtem Wohlwollen an sie und sagte: *»Za mu yi haka.«* So werden wir es machen. Daraufhin legte er ihnen seine Entscheidung dar und sie befolgten den klugen Rat, auch wenn er ungebildet war und manche von ihnen eine bessere Ausbildung im Ausland erhalten hatten. Hadira war bestimmt nicht ungebildet, aber er verfügte über den gleichen gesunden Menschenverstand, gepaart mit einem starken islamischen Verhaltenskodex.

Als Denham Al Katrun verließ, erhielt er eine heilige Versicherungspolice.

> Viele notwendige Vorkehrungen waren hier getroffen worden, zum Beispiel hatten wir einen Vorrat an Datteln angeschafft. So verließen wir denn um elf Uhr Gatrone. Der Marabut [der Geistliche] begleitete Boo-Khaloom [Denhams Führer] nach draußen vor die Stadt. Dort zeichnete er zwar keinen magischen Kreis, aber ein Parallelogramm in den Sand und schrieb mit seinem Stab bestimmte bedeutsame Worte aus dem Koran hinein. Die Menge schaute in stiller Verwunderung zu, während er so würdevoll und imposant auftrat, dass niemandem in den Sinn gekommen wäre, sich über sein Tun lustig zu machen. Nachdem er die Fatiha [das erste Kapitel des Korans] laut vorgetragen hatte, forderte er uns auf, einzeln über die geweihte Stelle hinwegzureiten. Nachdem wir getan hatten, wie uns befohlen, setzten wir die Reise schweigend fort, ohne auch nur ein Lebewohl zu äußern.

Vielleicht hätte ich ebenfalls um eine solche Verabschiedung bitten sollen, denn kaum hatten wir Al Katrun verlassen, bekamen wir auch schon Schwierigkeiten. Wir hatten noch keine vier Kilometer zurückgelegt, als ein Jeep mit dem Emblem der libyschen Zollbehörde mit großer Geschwindigkeit auf uns zuraste. Die Beamten waren wütend. Wir hätten keine Genehmigung, um mit den Kamelen weiterzuziehen. Ich antwortete: »Mohammed Tahir hat uns versichert, alles sei in Ordnung, und wir dürften weiterreisen.« Wie zu erwarten war, stellten sie daraufhin klar, dass Mohammed Tahir nicht zu solchen Feststellungen befugt sei. Erst nach einer längeren Diskussion erklärten sie sich bereit, Argali mit all unseren Pässen, Visa und sonstigen Unterlagen nach Al Katrun zurückzufahren. Natürlich wussten sie, dass wir ohne diese Papiere nicht weiterreisen konnten.

Als Argali zurückkam, war Hadira bei ihm.

»Die Lage ist ernst«, sagte er. »Sie haben nichts vom Leiter des Zollamts in Tripolis gehört. Sie könnten noch tagelang hier festsitzen.«

Ich beschloss, noch einmal unseren libyschen Retter in der Not anzurufen. Diesmal klang er sehr müde, als hätte er keine Lust mehr, sich mit etwas so Banalem wie Einfuhrzöllen für Kamele abzugeben. Vielleicht hatte er aber auch keine Lust mehr, sich mit mir abzugeben.

»Ich kann den Leiter der libyschen Zollbehörde nicht erreichen«, erklärte er. »Ich empfehle Ihnen, den Zoll zu zahlen, wenn Sie nicht länger aufgehalten werden wollen.«

»Danke für all Ihre Hilfe. Ich werde Ihren Rat befolgen.«

Das war natürlich leichter gesagt als getan. Mein Budget reichte nicht aus, um 1250 Dollar zu zahlen. Zum Glück kam mir Hadira zu Hilfe. Er erzählte mir von einem guten Freund, dem Direktor der weiterführenden Schule von Al Katrun.

»Er würde Ihnen ohne zusätzliche Kosten das Geld leihen, vorausgesetzt Sie zahlen es vor Ihrer Abreise in Tripolis zurück.«

Und so lieh mir dieser freundliche Schulleiter, dem ich noch nie zuvor begegnet war, schließlich 1000 Dollar, nachdem ich die Behörde überreden konnte, die Gebühr auf diese Summe herabzusetzen. Ich habe keine Ahnung, was Mohammed Tahir dazu veranlasst hatte, uns die falsche Mitteilung zukommen zu lassen, wir seien abgefertigt und dürften gehen. Vielleicht wollte er sich persönlich dadurch bereichern.

Am 29. Dezember durften wir endlich weiterreisen. Hadira wollte uns in Murzuk wieder treffen, und so brachen wir ohne den Segen eines Parallelogramms in die Wüste auf und schlugen die Richtung dieser alten Stadt ein.

Ich hatte schon viel über Murzuk und seine Bedeutung zu Zeiten der großen Kamelkarawanen gelesen. Ungeachtet des schlechten

Rufs, in dem der Ort wegen seiner Seuchen und Krankheiten bei früheren Forschern stand, übte Murzuk auf mich einen gewissen geheimnisvollen Reiz aus.

8

»God be thy guide from camp to camp: God be thy shade from well to well.«

JAMES ELROY FLECKER, GATES OF DAMASCUS

»Hier wimmelt es von Dschinns«, flüsterte Asalik, als er leise zu mir herüberkam.

Wir standen und starrten unsere gehobbelten Kamele an, wie sie von einer Gruppe verkümmerter Palmen zur nächsten stürzten. Sobald sie ein paar Bäume erreicht hatten, reckten sie den Hals nach vorn und wollten zu fressen anfangen. Dann rissen sie plötzlich alle wie auf Kommando den Kopf nach oben, blickten wild um sich und rasten hektisch in eine andere Richtung. Normalerweise ruhten sich die Kamele eine Zeit lang aus, wenn wir das Lager errichteten und das Gepäck abluden. Erst etwas später standen sie gemächlich wieder auf und wir banden ihnen die Vorderbeine mit Seilen zusammen, damit sie sich nicht zu weit entfernten. Jedes für sich setzten sie sich dann in Richtung des nächsten Futters in Bewegung, sei es nun eine Akazie, Dattelpalme, Tamariske oder Gras. Hier in Mestuta, einer üppigen kleinen Oase auf halbem Weg zwischen Al Katrun und Murzuk, lief es anders. Zuerst hatten sich die Kamele unsicher in einer Herde zusammengeschlossen und sich ängstlich umgesehen. Dann hatte sie der Hunger auf die Dattelpalmen zugetrieben, aber kaum hatten sie ihr Ziel erreicht und sich zum Fressen gebückt, schossen ihre Köpfe wieder hoch und sie stürmten davon, und zwar mit wilden Sätzen der Vorderbeine, so dass sie in unkoordinierten Sprüngen auf die nächste Pflanze zugaloppierten.

»Die Dschinns versuchen, auf ihnen zu reiten. Sie spielen mit ihnen.«

Der Lagerplatz war uns perfekt erschienen: ein malerisches, unbewohntes Fort, das sich seit Vischers Zeiten kaum verändert hatte. Kleine Sandhügel schützten vor dem Wind. Es gab reichlich Futter für die Kamele, unreife Dattelpalmen, Tamarisken und Gras nach einem zermürbenden 35-Kilometer-Marsch. Ein wunderschöner Sonnenuntergang beleuchtete die kleine Oase wie ein Filmset und übersäte das verlassene Fort mit blutroten Lichtsprenkeln. Eine passende Kulisse für Silvester, aber nicht für die Kamele. Bis die feuerrote Farbe des Himmels von einer funkelnden Sternenpracht abgelöst wurde, liefen sie noch zwei Stunden in dieser auffallend verwirrten Weise umher. Wir hatten noch nie erlebt, dass sie sich so benahmen, und würden es auch nie wieder erleben.

Als die Sonne schließlich einem strahlenden Mond Platz gemacht hatte, ließen sie sich unruhig für die Nacht nieder, zusammengekauert in einer Gruppe. Sie waren zu abgelenkt gewesen, um zu fressen, und hatten nicht viel zum Wiederkäuen.

Ich hörte ein Geräusch neben mir und steckte die Nase aus dem Schlafsack.

»Ein frohes neues Jahr. Ich habe hier den letzten Mao Tai. Lassen Sie uns zusammen auf das neue Jahr anstoßen.«

»Vielen Dank, Professor, ein frohes neues Jahr.«

Bevor wir das Lager aufgeschlagen hatten, war Mestuta in die Rolle von Ko Karama geschlüpft und schien sich zu entfernen, je näher wir kamen. Das alte Fort hatte sich hinter einem Sandhügel verborgen, auf dem ein Zelt thronte. Die dazugehörigen Soldaten hatten eine Blitzrazzia in der Oase vorgenommen, immer auf der Suche nach unvorsichtigen Schmugglern. Die mobile Zolleinsatztruppe trat wieder in Aktion.

»Wie geht's Manchester United?«

Der kommandierende Offizier kam zu mir herüber, und als er erfuhr, dass ich Engländer war, stellte er die unvermeidliche Frage.

»Gut, sehr gut«, antwortete ich lässig.

»Haben Sie Whisky?«

»Wie bitte?«

»Haben Sie Whisky? Heute ist Silvester. Da sollten wir ein wenig feiern.«

»Tut mir Leid, wir haben keinen dabei. Wir sind hier in Libyen. Kein Alkohol erlaubt.«

Er trug ein T-Shirt, auf dem ironischerweise der Spruch *»Pour yourself a Pepsi«* prangte. Aber die Frage nach Whisky war kein bloßer Scherz.

Ich stieg von Pasha ab, und als ich ihm gerade den Rücken zukehrte, schwang sich ein junger, wild aussehender Soldat in den Sattel. Pasha erhob sich schwankend und der Soldat, der nicht an Kamele und Tuareg-Sättel gewöhnt war, griff nach dem dreizackigen Sattelknopf, um Halt zu bekommen. Dabei brach die Zacke für die linke Hand ab. Seit N'Gigmi hatte ich diesen Sattelknopf sorgfältig geschützt, indem ich ein weißes Tuch darum gebunden hatte. Ich war nicht gerade begeistert.

Nachdem die Soldaten Ehom überredet hatten, ihnen zwei der Kamele zeitweilig als Wasserträger zur Verfügung zu stellen, zeigten sie uns einen Platz, wo wir kampieren sollten. Der leger gekleidete Offizier hatte sich in sein Zelt zurückgezogen, doch kaum hatten wir mit dem Gepäckabladen begonnen, als er und fünf weitere Soldaten den Hügel hinunter- und auf uns zustürmten.

»Ich habe den Befehl erhalten, Ihre Ladung zu durchsuchen.«

Nichts war mehr von dem scherzenden, grinsenden Benehmen übrig geblieben. Jetzt legte er das barsche, diensteifrige Verhalten eines Mannes an den Tag, der von seinem Vorgesetzten über Funk gemaßregelt worden war, weil er uns nicht einer gründlichen Durchsuchung unterzogen hatte. Eine Feldjacke verdeckte nun das Pepsi-Shirt. Eine Schirmmütze wurde entschlossen über den Wuschelkopf gezogen, Manchester United gehörte der Vergangenheit an und los ging's mit der gründlichen Durchsuchung unseres Gepäcks.

Die Soldaten interessierten sich besonders für die Küchenkisten aus Holz, da sie sicher vermuteten, dass man darin ideal Waffen transportieren konnte. Ich merkte, wie unserem Quartiermeister die Galle hochkam, als seine akribisch geordneten Vorräte und Küchengeräte achtlos in den Sand geworfen wurden.

Dann begannen unbekümmerte, ungeschickte Hände unsere Habseligkeiten zu durchwühlen. Als sie bei Johnnys Lederbeutel ankamen, in dem er seine persönlichen Dinge aufbewahrte, sah ich, wie er sich verkrampfte und die Adern an seinen Schläfen anschwollen. Seine Gesichtsfarbe wurde bedenklich dunkel und einen Moment lang dachte ich, er würde einen ganz besonders grob zupackenden Soldaten schlagen.

»Ruhig Blut, Johnny«, murmelte ich ihm zu, als ich bemerkte, wie sich seine Fäuste ballten und wieder öffneten.

Schließlich war es geschafft. Da sie weder Waffen noch Alkohol gefunden hatten, entspannten sich die Soldaten wieder. Der verantwortliche Offizier entschuldigte sich und fügte hinzu, dass ihm nichts anderes übrig geblieben sei.

»Befehl ist Befehl«, erklärte er achselzuckend.

Das T-Shirt war wieder zu sehen und die Schirmmütze verschwunden. »Sie können kampieren, wo Sie wollen. Das geht uns nichts mehr an.«

Wir beschlossen, uns so weit wie möglich von den Soldaten zu entfernen, aber die eingeschlagene Route hatte uns mitten in ein Nest rastloser, Kamel reitender Dschinns geführt.

Der Neujahrstag war kalt. Raureif bedeckte meinen Schlafsack, und wir schätzten, dass die Temperatur um sechs Uhr morgens bei drei Grad unter null lag. Das Wasser in den Kesseln war gefroren, und trotz unseres Vorsatzes, den Soldaten und Dschinns schnell den Rücken zu kehren, waren unsere Glieder und Gelenke steif vor Kälte. Ebenso die reifüberzogenen Seile. Daher dauerte es lange, bis wir die Ladung auf den Kamelen festgezurrt hatten.

Auf dem Weg mit unserem neuen Führer Sidi durch die Murzuk-Wüste stellten wir fest, dass auch sie von Artefakten übersät war. Darüber freute sich vor allem Carsten, dessen Interesse sich immer mehr von der Fotografie zur Archäologie zu verlagern schien. Wir alle hoben zahlreiche sorgfältig gezackte Pfeilspitzen, Beile und andere historische Werkzeuge auf und staunten wieder einmal über die Fülle.

»Die Dschinns aus Mestuta verfolgen uns«, erwiderte Argali lachend, als ich ihn fragte, was eine seltsame Spur im Sand zu bedeuten habe, die nirgendwohin zu führen schien. Wir entdeckten mehrere solcher ungewöhnlicher Fährten in der Murzuk-Wüste, und ich wollte schon anfangen, Argali zu glauben, als ich zuerst ein großes Grasbüschel und dann einen Zweig entdeckte, die vom unablässig wehenden Wind über den Sand gerollt wurden. Die unterbrochenen Linien stammten von hüpfenden Pflanzenteilen und nicht von tobenden Dschinns, obwohl ich später erfuhr, dass manche Wüstenbewohner trotzdem die Dschinns für die eigentlichen Übeltäter halten.

Im Gegensatz dazu konnte man Sidis Gangart weder hüpfend noch tobend nennen, und darüber hinaus harmonierte sie nicht mit der unsrigen. Er behandelte uns wie Touristen auf einer dreitägigen Safari und schien sich nicht darüber im Klaren zu sein, dass wir bereits 1600 Kilometer zurückgelegt hatten und zügig weiterkommen wollten. Wie eine betuliche Ente watschelte er in seinem blauen Gewand und seinem schwarzen Turban plattfüßig vor der Karawane her und sang dabei häufig einen muslimischen Singsang in Kastratenstimme vor sich hin. Zu seinem mangelnden Antrieb gesellte sich eine fein abgestimmte religiöse Inbrunst, die gesungene Gebete um halb sechs Uhr morgens und eine komplette Gebetssitzung in Richtung Mekka fünfmal am Tag beinhaltete. Soweit ich weiß, darf ein Muslim, der durch unwirtliche Gebiete reist, ruhig ein wenig nachlässiger in der Ausübung seiner täglichen Gebetspflichten sein. Aber Sidi war ein Zelot, und unsere Tuareg hielten ihn für verrückt.

Sidi hatte ein großes Nylonzelt mitgebracht, ebenfalls in Blau, und er baute sein vornehmes Nachtquartier auf, sobald wir uns einen Lagerplatz ausgesucht hatten. Später versuchte er es mir zu verkaufen und brabbelte, dass ich darin viel besser und bequemer schlafen würde. Seine allgemeine Trägheit und sein religiöser Eifer verlängerten unseren täglichen Marsch um mindestens eine Stunde und veranlassten unsere Tuareg wieder einmal zu der gemurmelten Feststellung, kein Tubu würde je etwas vernünftig machen. Immerhin kannte er ungefähr den Weg nach Murzuk. Sobald wir Mestuta verlassen hatten, gerieten wir allerdings in Sanddünen, die jene im Großen Erg von Bilma winzig erschienen ließen. Hier machte unser neuer Führer keinen guten Eindruck, denn er wählte Strecken durch weichen Sand, die Mensch und Tier ermüdeten.

Denham hatte auf diesem Abschnitt zwischen Mestuta und Murzuk kein einziges Lebewesen gesehen, das nicht zu seiner Karawane gehörte, nicht einmal einen Vogel oder ein Insekt. Das hat sich geändert. Erstaunt blickte ich zwei Libellen nach, die über die Dünen hinweghuschten. Wo wollten sie hin? Kannten sie eine Wasserstelle? Was machten sie in dieser unfruchtbaren Einöde? Später bemerkte ich einen Schmetterling, der sich auf dem bestrumpften, aber unbeschuhten Fuß des Professors mitnehmen ließ. Er saß dort mindestens 20 Minuten, trotz oder vielleicht gerade wegen des Geruchs. War er vom Kurs abgekommen? Was war sein Ziel?

Auf diesem Streckenabschnitt vor Murzuk ritt ich auf einem Ersatzkamel. Pasha und FitzHarry hatten sich in Al Katrun um Futter gestritten, was Pasha zwei tiefe Bisse in den Widerrist beschert hatte. Da mein Tuareg-Sattel genau auf der Wunde auflag, konnte sie nicht heilen. Also ritt Sidi fürs Erste auf Pasha und benutzte dazu den Lastsattel, mit dem man außer dem Reiter auch noch Gepäck befördern konnte. Das Gewicht wird von vier waagerechten Stäben gehalten, die auf den Flanken und nicht auf dem Widerrist des Kamels aufliegen. Wenn dieser Sattel benutzt wird, muss das Kamel aber vorn und hinten an die übrigen Tiere der Karawane angebunden werden. Pasha, der vor allem ein freier Geist war, gefiel es überhaupt nicht, auf solch demütigende Weise an seine Kumpanen gekettet zu sein, und stapfte missmutig sowohl mit verletztem Widerrist als auch mit verletztem Stolz dahin.

Am 3. Januar stellten wir einen abrupten Wetterumschwung fest, der uns das Gefühl gab, Europa erreicht zu haben: Wir waren in der Oase von Murzuk angekommen, der ehemaligen Hauptstadt einer fruchtbaren Region namens Fessan. Sidi führte uns direkt zur städtischen Mülldeponie, die von baufälligen Hütten, kläffenden Hunden und zerlumpten Kindern umgeben war. Überall lagen die verwesenden Kadaver irgendwelcher Haustiere, Kamelgerippe, rostige Blechbüchsen und weggeworfene Kunststoffbehälter herum. Ein abstoßender Ort, doch Sidi schlug allen Ernstes vor, hier zu kampieren. Da es Wasser in der Nähe gab, dachte er tatsächlich, wir würden einverstanden sein. Zum ersten Mal auf der gesamten Reise wurde ich wirklich wütend. Argali übernahm das Kommando und führte uns zu einem guten Lagerplatz im Süden der Stadt, der aussah wie ein riesiger Bombentrichter. Hier würden wir zugleich geschützt und ungestört sein. In der Mitte des Kraters, der in Wirklichkeit eine ausgehöhlte Sanddüne war, gab es eine Ansammlung von Dattelpalmen. Sie sahen saftig und üppig aus und Sidi jammerte, wütende Bauern könnten uns verscheuchen. Wir hörten nicht auf ihn und die Kamele fingen an, auf Dattelpalmenblättern zu kauen. Die Palmen waren bereits ausgewachsen und der Schaden, den die Kamele anrichteten, kaum zu sehen. Manchmal verzweifelte ich an unserem neuen Führer. Ein Feuer aus getrockneten Dattelpalmwedeln loderte heftig und brannte schnell herunter, wärmte aber unsere geschützte Mulde, unsere Gemüter und den Vater des Polizeichefs von Murzuk, der gegen Abend kam, um zu erfahren, was wir hier wollten.

Denhams Ankunft in Murzuk gestaltete sich ähnlich unheilvoll wie unser Eintreffen in der Stadt über die Mülldeponie:

> Erst nach drei Uhr nachmittags erreichten wir die Brunnen in der Nähe von Mourzuk. Hier mussten wir warten, bis unsere Kamele zu uns aufschlossen, damit wir gemeinsam in die Stadt reiten konnten. Die Mühe hätten wir uns allerdings sparen können: Niemand kam heraus, um uns zu begrüßen, außer ein paar nackten Jungen und einer gemischten Gruppe aus Tibbu, Tuaricks und Fessanern, die uns verwundert und nicht besonders freundlich anstarrten.

Später stellte Denham ärgerlich fest, dass sein jüdischer Diener schon vorausgeritten war. Sheik El Blad, der Gouverneur, hatte ihn für den geschätzten Engländer gehalten, dessen Aufwartung er erwartete.

> Mein Diener war auf einem weißen Maulesel mit zwei kleinen Menagekoffern vorausgeritten und weit vor den Kamelen in der Stadt eingetroffen. Dort wurde er von allen Einwohnern mit dem größten Respekt willkommen geheißen. Man geleitete ihn durch die Straßen zu dem Haus, in dem wir

> empfangen werden sollten. Wegen der Menagekoffer, die mit kleinen blanken Messingnägeln beschlagen waren, dachte man sich, dass er ein sehr wichtiger Mann sein müsse.

Man verriet ihm später auch den Grund für diesen Irrtum: »Wir dachten, Engländer sähen besser aus als Juden ... aber schließlich hat Gott uns alle gemacht, wenn auch nicht alle so stattlich wie die Muselmanen, also woher sollten wir es wissen?«

Wegen des Gesundheitsrisikos, das von den stehenden Gewässern herrührte, hatte Murzuk bei früheren Forschern keinen guten Ruf. Dr. Oudney, Denhams und Clappertons geduldiger Reisegefährte, machte außerdem folgende Beobachtung:

> Die Fessaner haben die furchtbare Angewohnheit, alle Tierkadaver in der Nähe der Tore und unter den Stadtmauern aufzuhäufen und sie dort liegen zu lassen, bis sie verwest und von der starken Sonneneinwirkung vollkommen aufgezehrt sind. Zwar sagte ich, dass so mit toten Tieren verfahren wird, doch menschliche Leichen werden nicht sehr viel besser behandelt: Man legt sie in den Sand – wobei sie manchmal nicht einmal ganz damit bedeckt werden –, ein paar Wedel von den Dattelpalmen werden darüber geworfen und fertig. Wenn die Palmwedel dann einsinken und der Sand vom Wind abgetragen wird, liegt die Leiche manchmal wenige Tage, nachdem sie dort abgelegt wurde, wieder frei. Diese oberirdischen Friedhöfe findet man in der Stadt recht häufig.

Ein unfreiwilliger verlängerter Aufenthalt war für die Forscher des 19. Jahrhunderts häufig an der Tagesordnung, und Vischer musste diese Erfahrung im 20. Jahrhundert ebenfalls machen. Murzuk stellte in der Regel den Endpunkt für die Karawanen dar, d.h., bei der Ankunft lösten sie sich auf und zerstreuten sich, da die Stadt ein wichtiges Handelszentrum darstellte. Durchreisende wie zum Beispiel ungeduldige europäische Forscher mussten manchmal monatelang warten, bis sie die nötigen Führer, Dienstboten, Ausrüstungsgegenstände, Vorräte und vor allem die Kamele für eine neue Karawane beisammenhatten. Einer dieser Forscher, Ritchie, wurde während eines erzwungenen Aufenthalts in Murzuk krank und starb. Er liegt hier begraben.

Die Reisende Alexandrine Tinne, von den Bewohnern des Fessan wegen ihres Charmes und ihres Mutes unter dem Namen Bint-el-Rey (»die Tochter des Königs«) genannt, begegnete 1869 in Murzuk einem Forscher namens Gustav Nachtigal. Sie beschlossen, sich gemeinsam auf die Reise nach Bornu zu wagen. Während sie auf frische Kamele und Vorräte aus Tripolis warteten, wurde Alexandrine Tinne vom Oberhaupt der Tuareg Ichnuchen in dessen Lager eingeladen, das wenige Tagesmärsche entfernt im Westen lag. In der Zwischenzeit unternahm Dr. Nachtigal eine Erkundungstour ins Tibesti-Gebirge. Bei seiner Rückkehr nach Murzuk erfuhr er, dass Fräulein Tinne und zwei holländische Seemänner, die sie begleitet hatten, von Tuareg ermordet worden waren. Diese Tuareg gehörten genau jenem Stamm an, dessen Oberhaupt sie eingeladen hatte. Es wurde nur wenig unternommen, um die Mörder zu bestrafen, und das Verbrechen gilt bis heute als Beispiel für den Vertrauensbruch eines skrupellosen Tuareg-Oberhaupts.

Während diese frühen Forschungsreisenden beim Betreten der Stadt dem jeweiligen Gouverneur von Murzuk – mochte dieser nun ein arabischer Scheich oder ein türkischer Pascha gewesen sein – ihre Aufwartung machen mussten, sind wir in diesen prosaischeren Zeiten gehalten, uns bei der Polizei, beim Zollamt und den Sicherheitsbehörden zu melden. Der Professor, Argali und ich sammelten die Pässe des Teams ein und machten einen Rundgang. Wir marschierten von einem Amt zum anderen und mussten eine Reihe belangloser Befragungen über uns ergehen lassen. Nur die Antwort, dass wir mit Kamelen von Nigeria nach Tripolis reisten, löste jedes Mal Überraschung aus.

»Sind Sie nicht erschöpft?«

»Warum machen Sie das?«

»Wieso fahren Sie nicht mit dem Bus weiter?«

Die Beamten machten ein noch ungläubigeres Gesicht, wenn wir darauf nur erwiderten: »Wir reisen mit Kamelen.« In Niger und mit Einschränkungen auch in Nigeria war diese Antwort akzeptiert und verstanden worden. In Libyen reagierte man nur mit Kopfschütteln.

Schließlich wurden unsere Papiere und Bescheinigungen geprüft, gestempelt und genehmigt, und unsere ungewöhnliche Antwort auf die Frage nach dem Transportmittel wurde gelten gelassen. Als Letztes mussten wir ins Amt für Innere Sicherheit. Wie man sich denken kann, waren die Sicherheitsmaßnahmen dort so streng, dass wir den Beamten, der unsere Papiere prüfte, nicht einmal sehen, geschweige denn sein Arbeitszimmer betreten durften. Eine behandschuhte Hand nahm unsere Pässe durch ein Loch in der Wand entgegen. Sie verschwanden dahinter und ein winziges Gitterfenster wurde zugeknallt. Dann mussten wir ziemlich lange auf der Hauptstraße von Murzuk warten.

Der Professor war inzwischen müde und hungrig. Den Rücken an die Außenwand des Gebäudes gelehnt, rutschte er langsam zu Boden und schlief zu Argalis und meiner Belustigung ein. Kurz darauf fing er an zu schnarchen. Und das war kein dezentes, leises Schnurren, sondern ein ausgereiftes, tief tönendes chinesisches Rumpeln. Passanten starrten verwundert den Ausländer an, der auf einer Straße von Murzuk schlief. Sein Sonnenhut aus Khaki purzelte ihm vom Kopf und blieb auf dem Boden liegen. Ich drehte den Hut vorsichtig um und legte ein paar libysche Geldscheine hinein.

Der Professor schnarchte friedlich weiter, und nun starrten die Passanten abschätzig den einzigen chinesischen Bettler an, der jemals den Dendal oder die Hauptstraße von Murzuk beehrt hatte. Eine Dreiviertelstunde später wurden uns unsere Pässe durch das Loch in der Wand zurückgereicht. Als der Professor merkte, dass die Mahnwache zu Ende war, rappelte er sich schlaftrunken auf, bückte sich nach seinem Hut und staunte nicht schlecht, als ein paar libysche Banknoten zu Boden flatterten. Doch gleich waren seine Gedanken bei einem ganz anderen Thema.

»Wo sind all die libyschen Frauen?«

Der Professor schaute sich verwundert um, als wir die Sicherheitsbehörde verließen.

»Wie machen diese Leute Babys? Sie haben überhaupt keine Frauen.«

Das Gesetz der Purdah schien in Murzuk streng befolgt zu werden. Es war keine einzige Frau zu sehen.

Das war zu Vischers Zeiten anders. Er stellte fest, dass allein die Frauen von Murzuk der Stadt ihre Lebendigkeit und ihren Charakter verliehen. Da sie nicht an die einschränkenden Gesetze der Araber im Norden gebunden waren, hatten die Fessan-Mädchen von Murzuk nichts für Verschleierung und Heiligkeit des Harems übrig. Vischer hörte ihr Lachen durch die Straßen und über den Marktplatz hallen, als hätten ihre Witze etwas Unanständiges. Er bemerkte ihre auffallende Fröhlichkeit, in der sich das Ewig-Weibliche, der Frohsinn der Afrikanerinnen und der Witz der Tripolitanerinnen miteinander vereinten, um daraus das reizendste Geschöpf überhaupt zu schaffen. Ihre Gesichtsfarben zeigten nach seiner Aussage alle Schattierungen von Ebenholzschwarz bis *café au lait*, was er nach all den verschleierten Gesichtern in Tripolis erfrischend fand. Ihre gesamte Erscheinung mit den großen silbernen Ohrringen, den schweren Arm- und Fußreifen, den hohen, aber nicht unangenehmen Stimmen, den Henna-gefärbten Händen, tiefschwarzen Augen und den leuchtend weißen Zähnen drückte für Vischer eine lebhafte und sprühende Auflehnung gegen die trostlose Wüste aus, die sie umgab.

Ein Jahrhundert früher hielt Denham fest, dass die Araber glaubten, nichts Männliches könne in Murzuk gedeihen, und die Luft dort sei nur gut für Frauen und Stuten. Wie Vischer beobachtete auch er, dass Lebhaftigkeit, Kraft und gutes Aussehen hier allein den Frauen zuzuschreiben waren. In einem Dorf nicht weit außerhalb der Stadt bekam er eine Schale frischer Milch von der schönen Ohmal-Henna vorgesetzt, der Schwester eines freundlichen Händlers namens Abdi Zeleel.

Denham beschrieb sie wie folgt:

> Sie trug nur einen blauen Berkan aus Leinen, der unter einem Arm entlanggeführt und mit einer silbernen Schmucknadel auf der anderen Schulter befestigt war. Der verbleibende Teil war hinten um den Körper gewickelt und bedeckte ihren Kopf wie eine Haube – wie ich bemerkte, war sie heruntergefallen, und da ich ihre Hand nahm, als sie die Milch abstellte, konnte sie sie nicht wieder aufsetzen. Und nun war das pechschwarze Haar zu sehen, welches in unzähligen Zöpfen ihr ausdrucksvolles Gesicht und ihren Hals umrahmte, ihre großen strahlenden Augen und ihren kleinen Mund mit den weißesten Zähnen, die man sich vorstellen kann. Verschiedene Zeichen waren mit Schießpulver auf ihr Kinn gebrannt. Ihre Gesichtsfarbe war tiefbraun, und um den Hals trug sie acht oder zehn Ketten aus Korallen und bunten Perlen.

Nach der angemessenen arabischen Begrüßung gestand sie ihm:

»Sie sind der erste Mann, dessen Hand ich jemals berührt habe – aber sie haben alle gesagt, das habe nichts zu bedeuten, weil Sie ein Insara (Christ) sind. Möge Gott Ihr Herz umstimmen! Aber mein Bruder behauptet, Sie werden niemals Moslem werden – wollen Sie nicht doch, zur Freude von Abdi Zeleels Schwester? Meine Mutter sagt, Gott hätte Ihnen nie erlaubt zu kommen, wenn nicht zu Ihrer Bekehrung.« Inzwischen war die Haube wieder zurückgefallen und ich hatte erneut ihre Hand genommen, als plötzlich Abdi Zeleel in Begleitung des Gouverneurs der Stadt eintrat, der mich besuchen wollte, was eine höchst unwillkommene Unterbrechung darstellte. Ohmal-Henna flüchtete rasch; doch sie hatte eine Grenze überschritten, und ich sah sie nicht mehr.

Ach, die Freuden des alten Murzuk! Nach 200 Tagen in der Wüste kam zumindest keiner unserer Expeditionsteilnehmer in deren Genuss. Falls diese gut aussehenden, lebhaften Frauen noch immer gediehen, dann nur hinter verschlossenen Türen.

Das alte Murzuk hatte jedoch auch eine andere, grauenhafte Seite. Denham berichtet, dass Sklaven, die darauf warteten, verkauft zu werden – nämlich die 20 Prozent, die die weite, beschwerliche Reise aus Bornu überlebt hatten –, für gewöhnlich in den Häusern der Sklavenhändler angeboten wurden. Er tat so, als wollte er einige kaufen, und durfte die besten Exemplare des Sklavenhändlers begutachten.

Drei junge Sklavinnen wurden hereingeführt und vor ihm aufgestellt. Sie waren in blaues Leintuch gehüllt, das unter einem Arm entlanggeführt und auf der anderen Schulter mit einem Holzspan befestigt wurde. Der Händler zog den Holzspan unsanft weg, so dass die armen Mädchen mit nacktem Oberkörper dastanden. Dann wurden Denham ihre Vorzüge gezeigt, als wären sie Kühe oder

Pferde, die auf einem Bauernmarkt verkauft werden sollten. Ihre Zungen wurden herausgezogen, ihre Kehlen und Ohren untersucht und sie wurden einer derben, taktlosen Befragung unterzogen. Dann wurden sie zurückgebracht und eine zweite Dreiergruppe ins Zimmer geführt. So wurden nach und nach alle potenziellen Verkaufsobjekte in den Raum getrieben. Diejenigen, auf die am Ende die Wahl gefallen war, wurden auf die Seite gestellt wie Schafe, die von der Herde getrennt wurden. Dann begann das Feilschen. Nun wurden sie erneut ausgezogen, ihre Mängel wurden angemerkt, geprüft, geleugnet und beteuert. Denham, der inzwischen sehr bestürzt war, sagte schnell, der Preis sei zu hoch und verließ das Haus. Die unglückseligen Frauen wurden wieder zurückgeschickt, bis sie einem anderen möglichen Käufer vorgeführt wurden.

Denham war erschüttert über seine Erfahrungen mit den Sklavenhändlern in Murzuk und schrieb später: »Hierher sollten die Befürworter des Tauschhandels mit menschlichem Fleisch kommen (muss ich dazusagen, dass es diese Befürworter im 19. Jahrhundert tatsächlich gibt?), um sich eines Besseren zu besinnen.« Als Vischer 80 Jahre später in Murzuk eintraf, fand der Sklavenhandel glücklicherweise allmählich ein Ende. Die Türken waren an der Macht, doch ihre Herrschaft schien eher eine destabilisierende Wirkung zu haben. Murzuk wurde zum Teil als Strafkolonie für Dissidenten benutzt – eine zweite Teufelsinsel. Allein die Reise dorthin konnten nur die Kräftigsten überstehen, und es ist erstaunlich genug, dass Vischer überhaupt Gefangenen verschiedener Nationalitäten begegnete, die davon erzählen konnten. Eingesperrt in das riesige Fort von Murzuk wurden rebellische Jungtürken und 45 Bulgaren. Unter den Händlern auf dem Marktplatz entdeckte Vischer einen dieser Jungtürken, der Tee und Zucker verkaufte. Wenn gerade nichts los war, tröstete er sich mit keinem geringeren Autor als Baudelaire.

Vischer war begeistert, dass ein Markthändler ein so großartiges Werk der europäischen Literatur wie *Die Blumen des Bösen* las, und erfuhr, dass Samy Bey, ein früherer Offizier der türkischen Marine, zu 101 Jahren Exil verurteilt und nach Murzuk geschickt worden war, um Zwangsarbeit zu leisten. Vischer und Samy freundeten sich an, und später wurde Samy Vischers Dolmetscher. Diese Jungtürken beklagten sich nie, und Vischer stellte fest, dass sie sehr viel Gutes in der Stadt bewirkten. So hatten sie etwa eine Schule gegründet, in der die Kinder der ärmsten Bürger eine kostenlose Bildung erhielten. Wenn die Gefangenen nicht gerade in Ketten gelegt wurden, was dann und wann vorkam, berieten diese munteren Exilanten den Gouverneur als Schriftführer oder Sekretär und arbeiteten als Lehrer in der Schule. Nach Jahren der Einzelhaft, die viele andere Menschen das Leben gekostet hätte, konnte Samy ein kleines Haus mit Garten erwerben, eine Fessanerin aus dem Ort heiraten und sich unentbehrlich machen. Er lieh und verlieh Geld und handelte auf dem Markt. Schurken und Gauner, Diebe und Räuber, Händler und Bauern, alle schienen Samy Bey zu kennen und zu mögen.

Was die bulgarischen Gefangenen betraf, waren sie wie die früheren Sklaven in Ketten und unter der Aufsicht einiger brutaler Polizisten durch die Wüste getrieben worden. Sie hatten keinerlei Möglichkeit, mit der Außenwelt in Verbindung zu treten, waren abgeschnitten von ihrer Heimat und vollkommen den örtlichen Behörden ausgeliefert, die ihnen gerade genug Brot zum Leben gaben. Nur wenige von ihnen wussten genau, für welches Vergehen sie überhaupt leiden mussten. Vischer stellte fest, dass sie versuchten, das Beste aus ihrem Schicksal zu machen, obwohl niemand von ihnen wusste, ob er jemals in seine Heimat zurückkehren würde.

Vischer blieb über einen Monat in Murzuk. In diese Zeit fielen die Feiern zur Thronbesteigung des türkischen Sultans. Pfähle und Fahnen tauchten entlang des Dendals auf, und alles wurde mit

Dattelpalmwedeln bedeckt. Trommeln wurden geschlagen, Hörner geblasen, und die Kinder trugen Gedichte und Lieder zu Ehren ihres fernen Herrschers vor. Als es dunkel wurde, fing die ganze Stadt an zu singen und zu tanzen, ein beliebter Zeitvertreib im alten Murzuk. Kaum war Musik auf den Straßen zu hören, als auch die ersten Frauen hinausliefen und in Tanz und Gesang einstimmten. Vischer schildert, wie Aisa, eine dunkelhäutige Schönheit mit gut geöltem Haar, mit ihrer Stimme die anderen Mädchen anführte und diese in den Refrain einfielen. Meistens sangen sie Liebeslieder, und eines von ihnen sieht die Sklavenfrage einmal ganz anders:

> Wer dein Freund mit Worten ist, ist nicht immer dein Freund;
> Wer dein Freund im Herzen ist, der allein ist dein Freund.
> Wenn du ihn triffst, behandle ihn gut.
> Verzeih ihm all seine Fehler, sei geduldig mit ihm.
> Mein Herz verlangt, doch vergebliches Verlangen ist eine Qual.
> Mein Verlangen ist schmerzhaft, es lässt mir keine Ruh.
> Ich sehne mich nach dem kleinen arabischen Mädchen,
> Ihre braunen Augen hat Allah höchstselbst gemacht.
> Wer sie sieht, kann weder lesen noch beten,
> Ich wünschte, ich wär ein Neger, ich verkaufte mich,
> Ich ginge zum Sklavenmarkt, dass sie mich kaufen möge.
> Ich habe ein Auge auf einen Stern geworfen,
> Für immer erinnere ich ihre schöne Gestalt.

Im heutigen Murzuk tanzt man nicht mehr zu ausdrucksvollen Liebesliedern auf der Straße. Das staatlich kontrollierte Fernsehen zwangsernährt die Bürger mit einer deprimierenden Kost aus Seifenopern, Fußball und Popmusik, garniert mit streng kontrollierten Nachrichten. Argali und ich erfuhren dies am eigenen Leibe, als wir in einem kleinen Straßenimbiss unser Glück mit Brathähnchen und

Tee versuchten. Das Hähnchen wurde auf einem Blechteller serviert und erwies sich als zäh, doch wenn man wochenlang nur Makkaroni und gelegentlich etwas Ziegenfleisch gegessen hat, freut man sich über jede Abwechslung. Der Tee war schwach und süß, aber ebenfalls willkommen. Nur der Fernseher, der in voller Lautstärke lief, war unerträglich. Argali ist ein großer, kräftiger Kerl und er hatte Hunger. Er hielt den Kopf gesenkt und bekam das Geschrei der pubertierenden Popstars sicher gar nicht mit, denn er blickte nicht einmal zum Bildschirm hinauf. Mir jedoch wurde erst in diesem kleinen Lokal richtig bewusst, wie glücklich ich mich schätzen konnte, mit Kamelen durch die Wüste zu ziehen.

Als wir früher am Abend endlich alle Behördengänge hinter uns gebracht hatten, war ich mit dem Professor zur Altstadt und zum Fort hinaufgegangen. Das Fort war offensichtlich gepflegt worden. Ein wunderschönes, gekrümmtes Holztor führte durch die massiven Lehmmauern hindurch. Die großen Flügel standen ein Stück weit offen, so dass das schräge Sonnenlicht durch den Torbogen fiel und das Minarett der alten Moschee beleuchtete, das sich wie ein kleiner Turm von Pisa nach Norden neigte. Der Innenraum des Forts wurde größtenteils von einem weiten Marktplatz eingenommen, die Kerker und die Gebäude der türkischen Verwaltung waren längst verschwunden. Barth fertigte im Jahr 1850 eine interessante Skizze von Murzuk an, mit Blick vom Dach des britischen Konsulats. Darauf sieht man, wie sich das Fort über dem Dendal erhebt. Als Vischer Murzuk besucht hatte, war das Haus des Konsuls, ein Mr Gagliuffi, der in Murzuk stationiert gewesen war, um dem Sklavenhandel Einhalt zu gebieten, völlig verfallen. Auf der Skizze werden Kamele den Dendal entlanggetrieben, der auf beiden Seiten von den Läden vermögender Händler gesäumt ist. Dennoch machen einige Häuser im Hintergrund einen baufälligen Eindruck, denn bereits 1850 war Murzuk im Niedergang begriffen. Barth stellte fest, die Stadt sei zu groß für die kleine Bevölkerung von 2800 Menschen und ein großer Teil der Behausungen bröckele vor sich hin.

Seine interessante Beobachtung, »der Ort brauche für gewöhnlich dringend Geld«, war auch für uns äußerst relevant. Die Bemühungen, amerikanische Dollars in libysche Dinare umzutauschen, verliefen äußerst frustrierend. Es gab keine Banken und niemand wollte unser Geld wechseln. Johnny und Carsten liefen von einem potenziellen Geldwechsler zum anderen und fanden nach langer Suche endlich einen Nichteinheimischen, der bereit war, unsere Geldscheine zu tauschen – natürlich zu einem miserablen Kurs. Dieses Problem sollte uns auf dem Weg nach Tripolis noch öfter begegnen.

Die Altstadt im Süden des Forts ist heute noch verfallener als das Fort von Al Katrun oder der anderen Oasenstädte, die wir später in Richtung Norden vorfinden würden. Nur das Fort selbst, in dem zu Vischers Zeiten die politischen Gefangenen untergebracht waren, weist noch auf die strategische Bedeutung Murzuks in vergangenen Jahrhunderten hin.

Die Jungtürken, die Bulgaren und die übrigen politischen Exilanten sind längst verschwunden, aber jetzt gibt es andere Bewohner, die von weit her nach Murzuk gekommen sind. Dies stellten Johnny und Carsten bald fest, als sie sich in die Stadt begaben, um unseren Proviant aufzustocken. Ghanaer haben sich als Bäcker niedergelassen. Nigerianer und Sierra-Leoner unternehmen den schwierigen Versuch, im modernen Murzuk ihren Lebensunterhalt zu verdienen, indem sie Teppiche verkaufen, Imbissbuden betreiben oder Geschäfte und Wohnhäuser bauen. Im Bewusstsein, dass unsere weitere Route durch die kahle, unwirtliche Hamada el Homra, eine der rauesten und kältesten Wüsten in der Sahara, führen würde, kaufte ich eine dicke, bunte Decke bei einem Hausa, der sie zum Kilopreis anbot.

Exilghanaer sind besonders freundlich und hilfsbereit. Sie begegneten mir zu unseligen Apartheidszeiten als Dozenten an der Bophutatswana University in Südafrika, außerdem als Händler in Botswana oder als Verleger in Simbabwe. Die ausgewanderten Ghanaer sind die Zigeuner Afrikas, sie nehmen jede Arbeit an, von der sie glauben, sie würde sie reich machen. Die Ghanaer in Murzuk stellten da keine Ausnahme dar und brachten Johnny und Carsten bereitwillig zu Geldwechslern und Lebensmittellieferanten.

Vischer und die meisten anderen frühen Saharareisenden verbrachten über einen Monat dort, wir nur 24 Stunden. Wegen der Zwangspause in Al Katrun lagen wir hinter unserem Zeitplan zurück, und nachdem wir alle Behörden davon überzeugt hatten, dass wir nur harmlose Reisende waren, und uns mit ausreichend Nahrung für uns und unsere ehrwürdigen Kamele eingedeckt hatten, gab es keinen Grund, länger hier zu bleiben.

Hadira hielt sein Wort und fand uns und unseren Lagerplatz, indem er den rissigen Fußabdrücken unserer weit gereisten Kamele folgte. Frühere Reisende hatten ihre Kamele in die libyschen Siedlungen bringen dürfen, aber heute war es untersagt, die Stadtgrenze mit Kamelen zu überschreiten. Wie versprochen brachte Hadira alle Papiere der Zollbehörde in Al Katrun mit, die bestätigten, dass sein Freund, der Schulleiter, die Einfuhrzölle für unsere Kamele bezahlt hatte. Jetzt schlug er vor, auf der Straße nach Tekertiba, unserer nächsten Oasenstation, vorauszufahren und einen Ersatz für Sidi zu suchen, dessen Vertrag dort endete, weil er sich nach Tekertiba nicht mehr auskannte. Nördlich der Stadt lagen riesige Sanddünen, und dahinter die Furcht einflößende Hamada el Homra. Hier war ein zuverlässiger Führer unentbehrlich, doch ausnahmsweise traf Hadira diesmal eine schlechte Wahl. Der Mann, den er aussuchte, ließ Abbas und Sidis Unzulänglichkeiten plötzlich völlig bedeutungslos erscheinen.

9

»Pull out, pull out, on the Long Trail – the trail that is always new!«

RUDYARD KIPLING, L'ENVOI

»Was haben Sie mit den Kamelen vor, wenn Sie in Tripolis angekommen sind?«

Hassan M. Hassan hatte die quälende Frage auf den Punkt gebracht, die mir in den letzten Wochen immer wieder mal durch den Kopf gegangen war und inzwischen täglich an mir nagte.

Was sollte aus ihnen werden?

Ich hatte leichthin davon gesprochen, sie nach der Reise zu verkaufen. Aber die einzigen Käufer, die in Frage kamen, waren Araber. Während die Tuareg dem Kamel von Natur aus Zuneigung entgegenbringen und an seinem Wohlergehen interessiert sind, hatten uns die libyschen Araber, denen wir begegnet waren, ziemlich deutlich zu verstehen gegeben, dass sie Kamele ausschließlich als Fleischlieferanten betrachteten. Die jungen Dromedare, die wir auf der Straße aus Niger gesehen hatten, waren ausschließlich für die Kochtöpfe libyscher Araber bestimmt gewesen. Ich malte mir aus, wie ein habgieriger Händler fieberhaft eine scharfe Klinge an seinem Daumen testete, und war eisern entschlossen, dass unsere Kamele keinem solchen Schlachter in die Hände fallen sollten. Nachdem wir nun weit über zwei Monate mit ihnen unterwegs waren, hatte ich unsere Kamele und besonders Pasha sehr lieb gewonnen. Ich war froh, dass bisher alle bis auf eines überlebt hatten, und wollte die Karawane unbedingt heil bis zum Ende der Reise führen. Danach gedachte ich sie an jemanden zu verkaufen, der persönlich daran interessiert war, sie am Leben zu erhalten. Aber an wen?

Totes Kamel auf der tückischen Strecke nördlich von El War (Libyen)

Ein Weihnachtskorb von Fortnum & Mason trifft in Al Katrun (Libyen) ein und versüßt uns das Weihnachtsfest 2001.

Das alte Fort in Murzuk (Libyen)

Mestuta, eine unbewohnte Oase voller Wüstendschinns (Libyen)

Ibrahim Kwaidi in Wunzerig (Libyen), Enkelsohn von Vischers Freund Scheich Ahmed

Shikou, unser Tuareg-Führer in Libyen

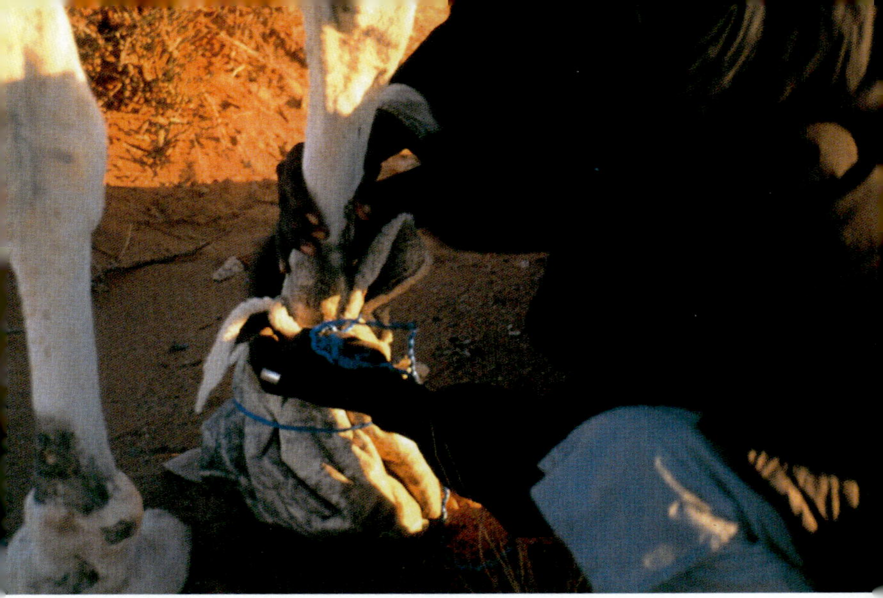

Ein Stiefel aus Schaffell für einen wunden Kamelfuß

Der Fußabdruck eines Kamels, das über 3000 Kilometer weit marschiert ist.

Unterwegs auf der Straße der Sklaven

Der See Um el Mar nördlich von Tekertiba (Libyen)

Der letzte Streckenabschnitt nach Mizda (Libyen)

Ende der Reise in Mizda: Johnny, Argali, Asalik, John Hare, Ehom und der Professor

Wir saßen in Hassans Zelt in Tekertiba. Es war kühl, und draußen brannte ein Feuer, über dem Hammelkebabs brieten. Hassan war Mukhtar Ansaris Seniorpartner bei Fezzan Tours. Ich hatte ihn bereits während meiner Vorbereitungen in Tripolis kennen gelernt. Dank seiner Organisation hatte Carsten Peter schnell und unkompliziert von Tripolis nach Al Katrun reisen können und Jasper seinen Flug nach Nairobi erreicht. Hassan trug einen langen braunen Burnus und strahlte Gastfreundschaft und Herzlichkeit aus. Er war rundlich und fröhlich und hatte ein lebhaftes Gesicht, auf dem sich von Zeit zu Zeit unzählige Lachfältchen zeigten.

Wir waren am Nachmittag des 7. Januar in Tekertiba eingetroffen und hatten uns auf einem Lagerplatz von Fezzan Tours niedergelassen. Von hier aus unternahmen Hassan und Mukhtar kurze Touristentrips in die nahen Sanddünen. Der ganze Lagerplatz wurde von diesen Sanddünen dominiert. Sie ragten steil am nördlichen Rand der üppigen Oase auf und boten einen überwältigenden Anblick. Tekertiba selbst war von Dattelpalmen und herrlichen Sträuchern übersät, deren blasslila Blüten im schillernden Sonnenlicht ständig die Farbe veränderten.

Mir kam eine Idee.

»Haben Sie schon mal daran gedacht, die Touristen mit Kamelen in die Dünen zu bringen? Wäre das nicht ein größeres Abenteuer als ein Ausflug in einem Wagen mit Allradantrieb?«

Hassan M. Hassan merkte sofort, worauf ich hinauswollte.

»Ihre Kamele sind erschöpft, sie haben einen langen Weg hinter sich. Sie sind ziemlich dünn.«

»Nach einem Monat Ruhe und guter Ernährung wären sie nicht wiederzuerkennen. Sie wären so fit und lebendig, dass sie die Touristen blitzschnell in die Dünen brächten – wenn diese nicht vorher vor Aufregung herunterfallen, weil sie auf solch fantastischen Tieren reiten dürfen.«

»Möchten Sie etwas Wasser?«

Hassan lächelte liebenswürdig und hielt mir eine große Plastikflasche mit dem Namen einer örtlichen Quelle hin.

Ich nahm einen großen Zug und verschluckte mich sofort. Das war kein gewöhnliches Wasser, sondern Feuerwasser. Kristallklar und so scharf wie ein Tuareg-Messer. Ich schaute Hassan verwundert an.

Hassan lachte, und sein ganzes Gesicht war von kleinen Fältchen übersät. »So umgehen wir das Verbot«, erklärte er grinsend. »80 Prozent aller Libyer brennen reinen Alkohol. Wir füllen ihn in Wasserflaschen, um keine unnötige Aufmerksamkeit zu erregen. Dann trinken wir ihn. Ich gebe Ihnen etwas davon mit.«

»Werden wir davon blind?«

»Von meinem Schnaps nicht. Er ist sehr hochwertig.«

Ich fand ihn zwar nicht so gut wie Wodka, aber immer noch besser als den Mao Tai des Professors. Ich wischte mir den Mund mit einem Papiertaschentuch ab.

»Sind Sie daran interessiert, die Kamele zu kaufen?«

»Vielleicht. Sie könnten eine Touristenattraktion sein. Vor allem nach ihrer bemerkenswerten Reise.«

»Ich würde Sie Ihnen unter einer Bedingung verkaufen.«

Hassan runzelte die Stirn.

»Dass sie nicht geschlachtet werden.«

»Das kann ich Ihnen versprechen.«

Damit hatte es sein Bewenden. Bei einem Preis von 150 Pfund pro Kamel war Fezzan Tours in jedem Fall am Kauf unserer Herde interessiert. Falls ich die Tiere nicht vorher zu einem höheren Preis an einen anderen Interessenten verkauft hatte, sollte ich mich mit Mukhtar in Verbindung setzen, bevor wir Mizda südlich von Tripolis erreichten. Damit hatte ich hoffentlich ein gutes Zuhause für sie gefunden.

Ein paar Tage früher hatten wir Murzuk verlassen und uns auf den viertägigen Marsch nach Tekertiba begeben. Unser Führer Sidi, der nicht bei uns im Lager, sondern in Murzuk übernachtet hatte, kam zu spät und verzögerte unsere Abreise um mehr als eine Stunde. Nach seinem Coup mit der Müllhalde konnte er damit auch keine Pluspunkte beim Expeditionsteam sammeln, die Tuareg schimpften nicht schlecht. Wir folgten einer Reihe von Dattelpalmen, die uns in den Norden der Murzuk-Oase führten, und hielten an einem Brunnen, um Wasser aufzufüllen. Die Kamele wurden mit frischen Heuballen beladen, was mich nach ihrer Hungerstrecke vor Al Katrun sehr beruhigte. Ein Kamel hatte sich nachts am Gras verschluckt, doch nachdem wir ihm Speiseöl, das Schmierfett für Kamele, eingeflößt hatten, ging es ihm am nächsten Morgen wieder gut. Pashas Widerristwunde verheilte allmählich, er wurde zur Sicherheit aber immer noch von Sidi geritten. Auch die anderen Kamele wiesen Sattelwunden und Druckstellen auf, doch wenn man bedachte, dass sie über 2700 Kilometer zurückgelegt hatten, waren sie in erstaunlich guter Verfassung. Sidis religiöse Inbrunst schien indes stündlich zuzunehmen, und sein Kastratengesang erreichte Höhen, von denen andere Sänger nicht zu träumen wagen. Beim Team machte er sich dadurch noch unbeliebter.

Im Laufe des Tages ging die Wüste allmählich von einer öden Kiesebene in ein steiniges, von Kamelgrasbüscheln bedecktes Plateau über. Um 17.15 Uhr schlugen wir in der Nähe einiger Palmen, die inmitten der hügeligen Sanddünen gut zu gedeihen schienen, unser Lager auf. Als ich am Abend an einem Feuer aus Palmwedeln kauerte und unzählige Runden Backgammon mit Carsten Peter spielte, amüsierte uns der Professor alle mit seinen Ansichten über unseren Geisteszustand.

»Wir haben alle einen Schall, so sieht's aus.«

»Wie bitte, Professor?«

»Ich sag Ihnen, John, wir haben alle einen Schall und Sie haben von uns allen den größten Schall.«

»Was meinen Sie damit?«

»Wir haben einen Schall, wir haben keinen Verstand.«

»Ach so, einen Knall. Jetzt verstehe ich. Aber warum haben wir alle einen Knall?«

»Weil wir in einen Bus steigen könnten, der uns innerhalb eines Tages nach Tripolis bringen würde. Aber Sie wollen lieber, dass wir noch einen Monat bis dahin brauchen!«

»Ja, wenn Sie es so ausdrücken, verstehe ich, was Sie meinen.«

»Ich sag Ihnen, John, Sie sind der mit dem größten Schall, weil Sie die Idee hatten, den ganzen Weg hierher mit Kamelen zurückzulegen. Und ich habe einen chinesischen Schall, weil ich mich bereit erklärt habe mitzukommen. Jeder Libyer, der uns sieht, weiß, dass wir einen Schall haben.«

Ich kannte Professor Yuan Guoying seit 1995 und hatte ebenso lange mit ihm gearbeitet. In all dieser Zeit hatte ich ihn nie nach seiner Vergangenheit gefragt, weil ich das als politisch inkorrekt empfunden hätte. Zum Beispiel erwähnte ich nie die Kulturrevolution, obwohl er diese traumatische und aufgewühlte Zeit in einem sehr empfänglichen Alter erlebt haben musste. Ich betrachtete die Vergangenheit des Professors als verbotenes Terrain. Daher war es eine Art Schock oder zumindest eine Überraschung, als er nach dem Schall-Knall-Gespräch plötzlich anfing, von seiner Zeit als Student in Lanzhou zu erzählen – der Zeit des »Großen Sprungs nach vorn« Ende der 50er und Anfang der 60er Jahre, als der Vorsitzende Mao einem Land, das sich jahrhundertelang auf die althergebrachten Traditionen seiner Kleinbauern verlassen hatte, ein völlig neues Agrarsystem aufzwang. Das Ergebnis waren eine Katastrophe gigantischen Ausmaßes und der Tod von Millionen von Menschen. Ich war völlig gefangen von den Worten des Professors, der schilderte, wie sein Schwager verhungerte und wie sie als Studenten in die Felder hinausgingen, um nach Gras oder Laub zu suchen, nach irgendetwas halbwegs Essbarem. Er erzählte mir, dass allein in der Stadt Lanzhou mehr als 100000 Menschen starben und wie ihn diese qualvolle Erfahrung geprägt hatte.

Dann schloss sich die Tür wieder. Der schmale Lichtstrahl, den er auf seine Vergangenheit hatte fallen lassen, verschwand wieder. Ich hakte nicht nach, um mehr herauszufinden. Vielleicht hatte ihn unsere spärliche, eintönige Kost auf diese Gedanken gebracht, oder vielleicht war es auch nötig gewesen, sich einmal über ernstere Dinge zu unterhalten, wenn man wochenlang nur über Belanglosigkeiten redet. Was immer der Grund sein mochte, ich fasste dieses aufschlussreiche Gespräch als großen Vertrauensbeweis auf.

Als ich in China an einem Projekt zum Schutz des wilden Zweihöckrigen Kamels gearbeitet hatte, war mir schlagartig bewusst geworden, dass Chinesen, die jetzt Ende 50 oder älter sind, einen Wandel erlebt haben müssen, der für uns Engländer nur schwer zu begreifen ist. Wir haben zwar einen schrecklichen Krieg überlebt, aber die Ideologie unseres Landes wurde nicht auf den Kopf gestellt und dann ein paar Jahrzehnte später wieder zurückgedreht. Wir mussten nie unsere Gedanken vor der eigenen Familie verheimlichen. Wir mussten nie unsere Zunge in Zaum halten, weil wir nur Meinungen äußern durften, die mit der Ansicht der Regierung übereinstimmten. Man kann nur spekulieren, welche furchtbaren Geheimnisse hinter der Maske chinesischer Unergründlichkeit verborgen liegen, und nur erahnen, wie der Professor die disziplinierte und doch befreiende Durchquerung einer riesigen afrikanischen Wüste erlebte, wo es keine politischen Zwänge gab und ein Mensch wirklich frei war.

Als die »Typen mit dem Schall« am nächsten Morgen erwachten, sahen sie etwas Unheimliches. Tau war in der Nacht gefallen und hatte die Schlafsäcke völlig durchnässt. Doch der Tau war nur ein Vorgeschmack auf den dichten Nebel, der sich bei Tagesanbruch wolkenförmig auf uns zuwälzte. Erstaunt beobachteten wir, wie er sich immer schneller in unsere Richtung bewegte. Bald hatte er uns verschluckt, so dass wir nur noch wenige Meter weit sehen konnten. Menschen und Kamele waren mit winzigen Wassertröpfchen bedeckt. Während wir unser Lager abbrachen und die Kamele beluden, fragte ich mich, ob uns nicht eine riesige Hand auf geheimnisvolle Weise nach Europa versetzt hatte. Wenn der Sand und die Palmen nicht gewesen wären, hätten wir auch im November in England stehen können. Man kann in der Wüste unzählige Schauspiele erleben, mit denen man nicht gerechnet hat, und dieses gehörte sicherlich dazu.

Bevor der Nebel uns alle verschlungen hatte, war ich früher aufgestanden als gewöhnlich. Am Abend zuvor hatte ich Johnny, unseren unverdrossenen Frühaufsteher, Feuermacher und Teekocher, überredet, heute ausnahmsweise liegen zu bleiben und mir das Feuermachen und Teekochen zu überlassen.

»Danke, gern.«

Also schüttelte ich in der Dämmerung wie ein Hund den Tau ab und schaffte es, den Kerosinkocher anzuzünden, so dass der Kessel bald munter vor sich hin pfiff. Wie bereits erwähnt, hielt sich Johnny stets hartnäckig an ein gewohntes morgendliches Ritual. Dieser löblichen Eigenschaft hatten wir es zu verdanken, dass Feuer und Lampen jeden Morgen pünktlich zur erforderlichen Uhrzeit angezündet und außerdem gewartet wurden. Da er nun schon seit zweieinhalb Monaten jeden Morgen den Kessel aufsetzte, hatte er sich eine genaue Vorgehensweise angewöhnt, die er für unantastbar hielt.

Zu Johnnys wertvollsten Besitztümern gehörte die Thermosflasche seiner Mutter, ein schweres Metallgefäß von vor dem Zweiten

Weltkrieg, dass sie ihm extra für die Wüstenreise zur Verfügung gestellt hatte. Nun verfuhr Johnny so, dass er die erste Ladung gekochten Wassers in die Thermosflasche füllte. Dann setzte er den Kessel ein zweites Mal auf. Wenn der Rest des Teams dann die morgendliche Tasse Tee trinken wollte, hatte er nicht nur den pfeifenden Kessel, sondern zusätzlich den Wasservorrat in der Thermosflasche. Eine vernünftige und äußerst sinnvolle Strategie, von der ich jedoch nichts wusste.

Ich ließ die Thermosflasche völlig außer Acht und dachte nicht daran, sie mit Wasser zu füllen. Stattdessen goss ich das erste kochende Wasser in einen Topf, wo es natürlich recht schnell abkühlte, bevor ich den Kessel ein zweites Mal auf den Kerosinkocher setzte.

Nachdem er sich ein wenig ausgeschlafen hatte, kam Johnny ans Feuer, um seine morgendliche Tasse Tee abzuholen. Ohne zu zögern, ging er auf die Thermosflasche zu und hob sie hoch. Sie war leer. Er schaute mich ungläubig an.

»Die Thermosflasche ist leer.«

»Tut mir Leid, Johnny, aber da ist kochendes Wasser im Kessel und im Topf.«

»Aber warum hast du nichts in die Thermosflasche getan?«

Zu meiner Rettung lenkte uns Carsten in diesem Moment ab. Wir alle mussten morgens pinkeln und einige von uns auch nachts. Wenn Carsten diesen Drang verspürte, schälte er sich nicht zuerst aus seinem Schlafsack und entfernte sich dann vom Lager, sondern hüpfte mit dem ganzen Schlafsack zur gewünschten Stelle, zog den Reißverschluss des Schlafsacks auf, pinkelte, zog den Reißverschluss wieder zu und hüpfte zu seinem Schlafplatz zurück. Diesmal suchte sich Carsten genau den richtigen Moment aus, um uns mit dieser Vorführung zu unterhalten. Die Thermosflasche war vergessen.

Auf jeder Expedition dieser Länge, ob sie nun in der Sahara oder der Antarktis stattfindet, kann eine Kleinigkeit plötzlich eine ungeheure Bedeutung und Tragweite erlangen. Erst rückblickend begreift man, dass man aus einer Mücke einen Elefanten gemacht hat. In diesem Fall schrammten wir haarscharf am Drama vorbei.

Zwei Tage später fanden wir uns auf einer Ebene wieder, die über viele Hektar mit 15 Zentimeter hohem jungen Weizen bedeckt war. Der innere Fessan war schon seit Jahrhunderten für seine Fruchtbarkeit bekannt. Er ist die Kornkammer des modernen Libyen, und dank der unterirdischen Wasserreservoirs konnten Generationen von Bewohnern hier Getreide anbauen. Herodot beschrieb ihn als eine Landschaft voller Getreide und Palmen. Leo Africanus sprach 1600 von einer üppigen Region, in der es viele Burgen und Dörfer gebe und die von reichen Menschen bewohnt werde. Weil der Fessan so fruchtbar war, zog sein potenzieller Wohlstand jede siegreiche Armee an, die über Nordafrika hinwegfegte. Die Römer drangen im Jahr 20 v. Chr. in den Fessan vor. Plinius berichtete, dass Konsul Cornelius Balbus die herrschenden Garamanten aus der Region vertrieb, die er in eine römische Provinz mit dem Namen Phasania verwandelte. Jahrhunderte später wurde der Fessan jedoch nach den Einmärschen der Wandalen, der Mauren und der Byzantiner entvölkert, seine Dörfer niedergebrannt und seine Gärten und Palmenhaine zerstört. Von nun an waren die Einwohner auf den Handel mit den vorüberziehenden Karawanen angewiesen. Als dieser ausblieb und ihre Oasen als Lebensgrundlage nicht mehr ausreichten, blieb ihnen nichts anderes übrig als auszuwandern.

Heute ist offensichtlich, dass die Produktivität des Fessans dank der fließenden Öleinnahmen wiederhergestellt wurde, wobei der Ackerbau in einem gewaltigen, hoch technisierten Rahmen betrieben wird. Wenn man sieht, welche enormen Wassermengen aufgewendet werden, fragt man sich allerdings, ob die unterirdischen

Wasserreserven der Region nicht übermäßig stark in Anspruch genommen werden. Das war zumindest mein Gedanke, als wir an riesigen mobilen Bewässerungsanlagen vorbeikamen, die weite Flächen mit Tausenden Litern Wasser besprühten. Grüngelbe John-Deere-Traktoren rasten mit ihren riesengroßen Reifen umher wie hektische Ameisen. Wir folgten einem Weg, der zwischen den Weizenfeldern hindurchführte, und mussten uns wegen des kalten, schneidenden Gegenwinds warm einpacken. Ich fand es seltsam, in diesem frostigen Klima durch eine so weite, gesunde Weizenfläche zu reiten, die sich bis zum Horizont erstreckte. Unter diesen Umständen hätte der Weizen von der Kälte eigentlich gelb und ausgedörrt sein müssen. Stattdessen sah er grün und kräftig aus. Zum ersten Mal auf unserer Reise wurde mir bewusst, dass wir uns unwiderruflich ins 21. Jahrhundert bewegt hatten. Einen krasseren Gegensatz als unsere Kamele neben den dahinrumpelnden John-Deere-Kolossen konnte ich mir nicht denken.

Kurz darauf musste ich mich wieder dringlicheren Problemen zuwenden. Sidi hatte sich verlaufen und wollte uns auf eine Kraftfahrzeugstraße zusteuern, die, das wusste ich von der Karte, zu weit östlich von unserer geplanten Route lag. Die Tuareg zwangen einem Führer nur ungern ihren Willen auf. Schließlich war er derjenige, der sich auskennen sollte und für diese Aufgabe bezahlt wurde. Trotzdem wollte ich auf keinen Fall eine Straße entlangmarschieren, und so übernahm Argali, der sich in dieser Gegend gut zurechtfand, nach einer kurzen Auseinandersetzung mit Sidi das Kommando. Zwei Stunden später hatten wir die Weizenfelder hinter uns gelassen und befanden uns wieder in einer vertrauteren Umgebung: einer weiten, mit Steinen übersäten, vollkommen unfruchtbaren Wüstenebene.

Es war vier Uhr – Zeit, nach einem Lagerplatz Ausschau zu halten, daher ging Argali voraus, um sich nach einer geeigneten Stelle umzusehen, an der es hoffentlich auch etwas zu fressen für die Kamele gab.

»Sieh mal da drüben, John!« Carsten, der stets auf einem Lastkamel ritt und in Argalis Abwesenheit hinter mir angebunden war, zeigte aufgeregt zum fernen Horizont.

»Was ist denn da, Carsten?«

»Sieh nur, die Hügel haben sich von der Wüstenoberfläche losgelöst. Es sieht aus, als würden sie in der Luft schweben. Das wäre ein herrliches Foto. Wenn du mich nur weit genug von der Karawane wegführen würdest, könnte ich ein Foto machen, auf dem es so aussieht, als würde die Karawane in der Luft schweben.«

Ich zögerte. Um die Luftspiegelung zu sehen, müsste man schon ziemlich weit weg sein. Und danach müssten wir die restlichen Kamele wieder einholen, obwohl wir eigentlich auf der Suche nach einem Lagerplatz waren. Aber ich wollte auch kein Spielverderber sein. Carsten besaß einen überbordenden Enthusiasmus, und es wäre sicher kontraproduktiv, diesen zu dämpfen. Abgesehen davon hatte ich ihm bereits ein- oder zweimal eine solche Bitte abgeschlagen.

»Wo genau willst du hin?«

»Dahin.«

Er zeigte auf eine kleine Anhöhe am östlichen Horizont. Die Karawane bewegte sich nach Nordwesten.

»In Ordnung, aber wir müssen dahin traben, sonst holen wir die anderen anschließend nicht mehr ein. Halt dich gut fest.«

Ein Kamel traben zu lassen ist eine Sache des Gleichgewichts, und zwar keine einfache. Anders als beim Pferd, bei dem die Füße des Reiters in Steigbügeln stecken, kann sich ein Kameljockey nicht aus dem Sattel erheben. Sitzen bleiben kann er auch nicht, denn der Trab eines Kamel ist sehr viel holpriger und der Reiter wird höher in die Luft geworfen als bei einem trabenden Pferd. Das ist sehr unangenehm für das Hinterteil und für noch ein paar weitere Körperteile.

Pasha, den ich zum Glück wieder reiten durfte, trabte gern und hätte es auch bereitwillig getan, wenn er sich nicht von den anderen Kamelen hätte entfernen müssen. Genau wie Pferde sind Kamele Herdentiere, die es nicht mögen, von ihren Gefährten getrennt zu werden.

Meine Erfahrungen mit dem Kameltrab waren sehr begrenzt, und was ich darüber wusste, hatte ich mir selbst beigebracht. Pasha drehte immer wieder den Kopf nach links, um mich dazu zu bringen, die Richtung zu ändern. »Ich hab nichts dagegen zu traben«, schien er zu sagen, »aber nicht in diese Richtung.« Dann folgte ein kurzer, abgehackter Trab, ein abruptes Stehenbleiben und schließlich ein Kampf zwischen Kamel und Reiter, bei dem Pasha wild den Kopf hin und her schlug. Carsten, der uns vollkommen ausgeliefert war, wurde während des Trabs heftig durchgerüttelt. Dann musste er hilflos zusehen, wie ich mit Pasha kämpfte, damit er nicht ausriss. Wenn ich die Schlacht dann gewonnen hatte, folgte ein erneuter kurzer Trab. Innerhalb kürzester Zeit war ich trotz der Kälte völlig verschwitzt und knallrot im Gesicht. Ich begann zu bereuen, diesem Abstecher überhaupt zugestimmt zu haben.

»Ist es okay hier, Carsten? Können wir hier stehen bleiben?«

»Nein, bitte noch ein Stück weiter.«

Zum Glück kam Carstens Kamel bereitwillig nach und überließ Pasha die Führungsrolle. Hätte es auch noch einen eigenen Kopf gehabt, weiß ich nicht, wo wir gelandet wären. So ging es in gleicher Manier weiter, bis wir endlich den Grat erreicht hatten, den Carsten mir gezeigt hatte. Hier blieben wir stehen und drehten uns nach der Karawane um. Inzwischen war sie nur noch als eine Reihe von Punkten am westlichen Horizont zu erkennen. Obwohl Kamele nur mit einer Geschwindigkeit von vier Stundenkilometern marschieren, ist es doch erstaunlich, wie schnell sie sich entfernen, vor allem wenn sie in eine andere Richtung unterwegs sind als man selbst.

Die Luftspiegelung ließ noch immer Hügel in den Himmel steigen, und genau wie Carsten vorausgesagt hatte, erhob sich auch unsere Karawane allmählich in den Äther. Auf diesen Moment hatte Carsten gewartet. Wenn er jetzt die Aufnahme machte, hätte sich all die Anstrengung und Kraftaufwendung gelohnt. Nun hatten wir aber das Problem, dass Pasha nicht still stehen wollte. Er wusste genau, wo seine kastrierten Brüder waren und dass sie sich langsam in Luft auflösten. Wir hatten ihn mitten in die Wüste gebracht, und er war fest entschlossen, sich so schnell wie möglich wieder zu seinen Kameraden zu gesellen.

Er wollte einen Satz nach vorn machen. Ich zog am *teresum*. Nun wandte er sich nach links, und Carstens Kamel musste wohl oder übel folgen. Wir drehten uns unaufhörlich im Kreis, während Carsten versuchte, die Kamera aus der knallbunten Tasche zu ziehen. Keine leichte Aufgabe, da sein Kamel nicht anders konnte, als in immer kleineren Kreisen Pirouetten zu drehen. Fast fiel die Tasche auf die Erde. Und dass seinen wertvollen Kameras nichts passierte, war Carsten viel wichtiger als sein eigenes Wohl.

»Halt, John, bitte bleib doch stehen.«

»Das versuche ich ja die ganze Zeit.«

Pasha wollte nicht eine Sekunde lang stillstehen. Carsten gelang es nicht einmal, das Objektiv einzustellen, geschweige denn auf den Auslöser zu drücken.

»Die Kamele verschwinden. Gleich sind sie von der Stelle weg, wo die Luftspiegelung wirkt.«

Ich wusste, was Carsten wollte, ich wusste auch, was ich wollte, aber da Pasha es sich in den Kopf gesetzt hatte, auf keinen Fall stehen zu bleiben, war es unmöglich. Unsere Karawane verschwand flimmernd am Horizont. In einem Moment war sie noch da, schwebte über der Wüste, im nächsten war sie wie vom Erdboden verschluckt. Die Gelegenheit für ein Foto war verpasst. Jetzt konnten wir nur noch alles daransetzen, die Karawane wieder einzuholen, bevor wir sie ganz verloren.

»Tut mir wirklich Leid, Carsten, aber ich konnte nichts machen.«

»Es war nicht deine Schuld.«

Ich war triefnass. Schweiß rann mir über das Gesicht. Sicher lag das auch daran, dass ich ein Thermounterhemd, drei Pullover, eine Weste, eine Tweed- und eine Barbour-Jacke trug. Sobald ich Pashas Kopf in die richtige Richtung gelenkt und ihn angestupst hatte, raste er los. Und zwar nicht in einem leichten Trab, sondern so flott, dass er zweimal fast in Galopp wechselte. Ich konnte nur daran denken, dass man von einem Kamel sehr tief fiel und dass ein Tuareg-Sattel beileibe nicht das sicherste Reitzubehör darstellte, also hielt ich mich fest, so gut ich konnte. Und ich hoffte inständig, dass der abgewetzte Autogurt, den ich als Sattelgurt benutzte, noch halten möge. Bei unserer Abreise aus N'Gigmi war er tadellos gewesen, aber nach knapp 2000 Kilometern zeigte er so einige Verschleißerscheinungen. Ich hatte jegliche Kontrolle über mein Kamel verloren. Pasha hatte das Kommando und das wusste er auch. Inzwischen nahm ich Carsten nicht mehr wahr, ich nahm gar nichts mehr um mich herum wahr, sondern konzentrierte mich nur noch aufs Überleben.

20 Minuten später entdeckten wir die Karawane und Pasha ebenfalls. Auf diesen Augenblick hatte ich gewartet. Jetzt konnte ich die Kontrolle zurückgewinnen. Ich bremste Pasha, damit er in flottem Schritt weiterging. Carsten, dessen Turban sich gelöst hatte und hinter ihm herwehte wie ein riesiges weißes Totem, keuchte ebenfalls erschöpft. Eine Viertelstunde später hatten wir die Karawane eingeholt.

»Es hat Spaß gemacht, Ihnen zuzuschauen«, lachte Asalik. »Sie sahen aus wie ein Targi.«

»So gefühlt hab ich mich aber nicht. Ich *bin* nicht ausgeritten, ich *wurde* ausgeritten.«

»Es wäre so ein schönes Bild geworden«, stellte Carsten bekümmert fest. »Das wäre etwas ganz Besonderes für den NATIONAL GEOGRAPHIC gewesen. Wenn du nur stehen geblieben wärst.«

Asalik hatte einen Dattelpalmwedel gefunden, an dessen gegabeltem Stiel noch ein paar saftige Früchte hingen. Er reichte ihn mir und ich hielt ihn hoch über Pashas Kopf. Aufgeregt reckte Pasha den langen Hals nach hinten und oben, biss mit einer erstaunlichen Wendigkeit jede Dattel einzeln ab und spuckte fein säuberlich die Kerne wieder aus. So bleibt mir immerhin ein bemerkenswertes Bild im Gedächtnis: von einer Menschenhand und einem Kamelkopf, die beide nach oben greifen, um Datteln vom selben Zweig zu pflücken.

Vischer machte ähnliche Erfahrungen:

> Das Kamel, das ich von Bilma nach Bornu ritt, fasste bald wie ein Hund Zuneigung zu mir und folgte mir auf Schritt und Tritt. Natürlich müssen wir Europäer uns zuerst an das Tier gewöhnen. Wenn das Kamel beim Gehen den Kopf herumdreht und einen lange und nachdenklich anschaut, ist man zunächst verwirrt. Nach einer Weile gelang es mir jedoch, diese stumme Geste zu interpretieren, und von da an hatte ich immer ein paar Datteln für mein Kamel dabei. Mit außergewöhnlichem Geschick nahmen mir die großen Lippen die Frucht aus der Hand. Um mich vor dem schneidenden Wind zu schützen, schlief ich in vielen Nächten neben meinem braven tierischen Gefährten, der mich wärmend an sich drückte wie eine Mutter. [Ich tat dies regelmäßig, als ich mit Kamelen

> in Nordkenia unterwegs war. Das Dumme war nur, dass die Zecken des Kamels beschlossen, auf einen neuen, sicherlich saftigeren Wirt abzuwandern.] Mit einem leisen Zischen brachte ich ihn auf die Knie; wenn ich ihn leicht mit dem Fuß am Hals berührte, fiel er in Trab. Das Seil an seinem Nasenring war niemals straff, und mit einer sanften Rechts- oder Linksbewegung konnte ich ihn überall hinführen.

Die Wüste kann sehr ernüchternd wirken, und in dieser rauen Einöde rücken alle Lebewesen näher zusammen und merken erst, wie abhängig sie voneinander sind. Die große, massige Gestalt eines Kamels scheint das Relikt eines vergangenen Zeitalters zu sein, in vollkommener Harmonie mit der Wüste und so beschaffen, dass es mit allen Anforderungen fertig werden kann, seien es Sandstürme, trügerische Dünen oder Wassermangel.

Unter den Menschen wirken Kamele grotesk und völlig fehl am Platz, aber in den weiten, wasserlosen Ebenen gehören sie zum Gesamtbild, sind sie der wahre Freund und Begleiter. Und so grausam und gefühllos, wie der Mensch nun einmal ist, belohnt er ihre stoische Gutmütigkeit, indem er sie mit Lasten belädt und vorwärtstreibt, bis sie alt, erschöpft und müde sind und sich zu den Skeletten ihrer Brüder am Wegesrand gesellen müssen.

Auch Denham verlor einen geliebten Reisegefährten in der Wüste, in seinem Fall ein Pferd. Dabei erging es ihm ähnlich wie mir und Vischer:

> Auf die Nachricht, die ich bei meiner Rückkehr erhielt, war ich nicht vorbereitet: Das Pferd, das mich von Tripolis nach Mourzuk und wieder zurück und dann den ganzen Weg von Tripolis nach Bornu getragen hatte, war wenige Stunden nach meinem Weggang gestorben. Es gibt Situationen im Leben

eines Mannes, in denen einem ein solcher Verlust besonders nahe geht, und dies war so eine. Ich würde es nicht Trauer nennen, aber fast; und obwohl es mir peinlich ist, wie sehr mich dieser Vorfall verstörte, dauerte es doch mehrere Tage, bis ich darüber hinwegkam. Trotzdem möchte ich festhalten, dass ich in diesem armen Tier während so mancher trüber Tage und Nächte Rückhalt und Trost gefunden habe – und darf ich nicht sagen, einen Gefährten? Mit größter Geduld hatte es mir stets zu Diensten gestanden und dabei Hunger und Durst erlitten. Obwohl ein Araber, war es doch stets fromm gewesen, hatte stundenlang still in der Wüste gestanden, während ich zwischen seinen Beinen schlief und mir sein Körper den einzigen Schutz vor der starken Mittagssonne bot. Dennoch war es das schnellste Pferd von allen gewesen und hatte bei jedem Rennen gesiegt. Mein Negerjunge hat seinen Kopf geöffnet und eine große Menge Eiter auf dem Gehirn gefunden. Drei Pferde aus den arabischen Zelten sind mit ähnlichen Symptomen gestorben, und es besteht nur ein geringer Zweifel darüber, dass die Ursache dafür in den klimatischen Verhältnissen, dem knappen und schlechten Wasser und der intensiven Sonneneinstrahlung zu suchen ist, der wir alle ausgesetzt sind. Das Thermometer in der Hütte zeigte heute 39,4 Grad Celsius an – der heißeste Tag bisher.

Bevor man in Tekertiba ankommt, schlängelt sich die alte Kamelstraße durch eine spektakuläre Schlucht, die vom Murzuk-Plateau, das wir gerade überquert hatten, zum Wadi el Gharbi und nach Tekertiba hinunterführt. Kurz bevor sie sich zu einem abschüssigen Pass verengt, ist die Felsoberfläche von den schwarzen Resten versteinerter Bäume übersät, die die Araber »die Knochen von einigen alten Söhnen Adams« nennen, wie Vischer erfuhr.

Vischer, der von Norden kam und Tekertiba hinter sich gelassen hatte, beschreibt die Landschaft wie folgt:

> Am nächsten Tag verließen wir das Wadi el Gharbi [den Fluss Gherbi in der Nähe von Tekertiba], passierten den schwarzen Berg, der quer zum Tal verläuft, und bogen südlich in einen schmalen Pfad ein, der den steilen Abhang zum Murzuk-Plateau hinaufführt: Der alte Pfad hat sich tief in den Fels gegraben, und an vielen Stellen finden sich dank der vielen Karawanen, die hier entlangkommen, gleichmäßig angelegte Stufen. Auf dem Sandstein zu beiden Seiten stehen viele ungelenke arabische Zeichen: Namen und Verse aus dem Heiligen Buch. Ungefähr auf halber Höhe lagen Teile von großen schwarzen Baumstämmen quer über dem Weg und auf dem Hang: Überreste von versteinerten Bäumen, die in prähistorischen Zeiten hier angehäuft worden waren ... Die schwarze Farbe der Fossilien bildete einen schönen Kontrast zum Rot des Felshanges, und sie waren bis ins Detail so perfekt geformt, dass man sie leicht für frisch gefällte Bäume hätte halten können, die irgendein Holzfäller am Weg liegen gelassen hatte. Fossile Holzstücke kann man überall auf der steinigen Ebene bis zu den Toren von Murzuk finden.

Er malte ein wunderschönes Aquarell von der Schlucht und den schwarzen versteinerten Bäumen, die auf dem Weg verstreut lagen. Fast 100 Jahre später erkannte ich die Szene auf Anhieb wieder. Das Wasser, das in diesem Teil des Fessan relativ dicht unter der Oberfläche zu finden ist, stammte vermutlich von einem uralten Fluss, der die Bäume über die Jahrhunderte ausgegraben hat, so dass sie so liegen geblieben sind und wir sie Tausende Jahre später entdecken konnten.

Wie versprochen erschien Hadira mit einem neuen Führer in Tekertiba, der einverstanden war, uns nach Mizda zu bringen. Hadira hatte mich aufgeklärt, dass es unmöglich sein würde, mit Kamelen von Mizda nach Tripolis weiterzureisen. Das Land wurde über weite Flächen bewirtschaftet und die Vororte von Tripolis waren seit Vischers Zeiten viele Kilometer weit nach Süden vorgedrungen. Überall verliefen Straßen, und die Reise nördlich von Mizda würde schwierig, wenn nicht sogar unmöglich werden. Zwar fiel es mir schwer, diese Tatsache hinzunehmen, aber ich hatte das moderne Tripolis und den dort herrschenden Verkehr selbst erlebt. Wir hätten die Stadt gar nicht mit Kamelen betreten dürfen, und selbst wenn man uns dafür eine Genehmigung erteilt hätte, hätten die Kamele sicher gescheut und vielleicht noch einen Unfall verursacht. Dieser Teil Libyens hatte sich seit Vischers Reise gewaltig verändert. So war die Entscheidung leider schon gefallen: Wir würden unsere Reise innerhalb des Verwaltungsbezirks von Tripolis in Mizda beenden, das etwa 190 Kilometer südlich von Tripolis liegt.

Der Führer, den Hadira ausgewählt hatte, um uns über die Sanddünen und die Furcht einflößende Hamada el Homra zu geleiten, war ein libyscher Targi (Tuareg) namens Shikou. Er war ein Berg von einem Mann und trug einen dunkelblau gefärbten Turban. Die Farbe wird aus pulverisierten Indigopflanzen hergestellt, wie ich von einem Besuch in den berühmten Färbegruben von Kano wusste. Wenn ein Turban oder anderer Stoff erst einmal gefärbt, getrocknet und mit einem speziellen Stock geklopft wurde, bleibt er steif, als wäre er mit Stärke behandelt worden, und hat einen schimmernden dunkelblauen Glanz. Leider überträgt sich die Farbe auf den Träger des Turbans, daher haben manche Tuareg fortwährend blaue Flecken im Gesicht. Auch bei Shikou war das der Fall. Zum Sprechen zog er das Visier, das der Turban bildete, herunter, und es kam ein ausdrucksvolles hellbraunes Gesicht mit dunkelblauen Streifen zum Vorschein. Das erinnerte mich an ein merkwürdiges Tier, auf das ich einmal in Kenia gestoßen war: ein »Hebra«, eine Kreuzung zwischen einem Zebra und einem Pferd. Shikou war in wallende Kamelhaargewänder gehüllt und trug darüber einen altmodischen kaffeefarbenen Burnus.

Alles in allem sah Shikou aus, als wäre er gerade der Bibel oder einem Märchen entsprungen. Ich hatte einmal an einer Aufführung von *Aladin und die Wunderlampe* mitgewirkt. Er hätte sicher einen Furcht einflößenden Geist abgegeben. Seine Augen waren wild und blutunterlaufen. Außerdem neigte er dazu, laut zu reden und sich nicht immer klar auszudrücken. Aber Hadira hatte ihn ausgesucht und ich vertraute sehr auf sein Urteil. Leider sprach Shikou kein Wort Hausa – die Sprache, in der ich mich mit unserem Tuareg-Team verständigte. Dies würde sich später als großer Nachteil herausstellen. Unsere Tuareg aus Niger musterten ihren libyschen Stammesgenossen etwas misstrauisch, doch im Zweifel hieß es für den Angeklagten. Allerdings fragte ich mich, ob er nicht ein indigogefärbter Targi war, der »einen Schall hatte«.

Nach dem deprimierenden Versuch, in Tekertiba zu einem vernünftigen Kurs Geld zu tauschen, kehrte ich durch die Dattelpalmen und blühenden Sträucher zum Lager zurück. Der Professor unterhielt sich gerade lebhaft mit einem Händler, dessen Adleraugen das kleine chinesische Kurzwellenradio des Professors erspäht hatten. Obwohl dieses kostbare Stück nie Peking hereinbekam, konnte man damit den chinesischsprachigen Sender »Radio Free Asia« aus Washington empfangen. Der Professor konnte mit den Ergüssen aus Amerika allerdings wenig anfangen und hatte sich zunehmend darüber geärgert, dass er mit seinem Radio keinen Sender aus China hören konnte.

»Free Asia ist westliche Propaganda. Nichts von dem, was sie sagen, ist wahr.«

Der Händler hatte so etwas noch nie gesehen. Er schwirrte herum und bot billigen Tuareg-Schmuck, Schwerter und Messer an, die er gegen das chinesische Kurzwellenwunder tauschen wollte.

Der Professor zeigte sich diplomatisch.

»Die Chinesen lieben Oberst Gaddafi. Er ist ein großer Landesführer und war ein guter Freund des Vorsitzenden Mao. Wegen der chinesisch-libyschen Freundschaft und Solidarität überlasse ich Ihnen mein Radio billig, billig.«

20 Dollar waren in der Tat billig, billig, und das wusste der Händler auch. Er gab dem Professor zusätzlich zwei Tuareg-Ringe und eine Halskette als Geschenk für seine Frau.

Nachdem wir vom Abendessen bei Hassan M. Hassan zurückgekehrt waren, legten wir uns mit Feuerwasser in den Bäuchen schlafen. Als Schlaflied mussten wir uns leider das Dröhnen eines bockigen Lkws anhören, der lange und hartnäckig zurückzusetzen versuchte. Anscheinend keine leichte Aufgabe – vielleicht steckte er im Sand fest. Jedenfalls dauerte der Krach fast zwei Stunden an. Ich biss die Zähne zusammen und sehnte mich nach sternklaren Nächten in der Wüste, weit weg von aufheulenden Motoren.

Die Dünen, die wir überqueren wollten, zählen zu den außergewöhnlichsten Landschaften in ganz Libyen. Hier gibt es die bemerkenswerten Sanddünenseen. Auch heute weiß man noch nicht genau, wie viele es sind. Manche Reiseführer verzeichnen 13, andere mehr, wieder andere weniger. Die Seen, von denen einige unvergleichlich schön sind, liegen jeweils am Fuß der gewaltigen Sanddünen, die Denhams Ansicht nach zum Teil nicht von Kamelen überquert werden können. Auf jeden Fall sind sie höher und von der Struktur her komplexer als die Dünen südlich von Bilma und nördlich von Mestuta, so dass die Kamele außerordentlich stark beansprucht werden. Die Überquerung ist schon schwer genug, wenn die Kamele ausgeruht sind. Wenn sie aber wie unsere schon über

2700 Kilometer hinter sich haben, wird es ein einziger mörderischer Kraftakt.

Einige Seen führen Süß-, andere Salzwasser. An einem kleinen See namens Trona, den Denham, Clapperton und Vischer besuchten, wurden Salz und Natron abgebaut. Vischer erfuhr, dass diese Erzeugnisse mit Kamelen in die Küstenstädte gebracht wurden, wo eine große Nachfrage danach bestand. Im Jahr 1906 besaß und unterhielt die türkische Regierung die Salzanlagen, aber gewonnen wurde das Salz von einem Völkchen, das so scheu und zurückhaltend war, dass Vischer es kaum zu Gesicht bekam. So schrieb er: »Ein einziger türkischer Polizist führte die Aufsicht, als wir vorbeiritten. Von den Einwohnern sahen wir wenig. Es sind Neger von zurückhaltendem Wesen, und sie machen einen sehr armen Eindruck; aber bei Negern hat Armut auch immer etwas Freundliches und nichts mit dem schäbigen arabischen Elend gemein.«

80 Jahre früher hatte Denham festgehalten, dass jährlich 400 bis 500 Kamelladungen Salz und Natron vom See fortgebracht wurden, von denen jede etwa 200 Kilogramm wog. In einigen Seen lebt eine winzige, sehr primitive Garnelenart, die Denham »Würmer« nannte und unter dem Mikroskop untersuchte.

> Sie werden mit einem langen Handnetz gefangen, von einem Mann, der ein Stück weit in den See hineinwatet. Nachdem man das Netz eine Weile auf dem Grund liegen gelassen hat, wird es heraus- oder noch etwas weitergezogen; auf diese Weise fängt man eine größere Menge auf einmal. Es scheint nahezu unmöglich zu sein, sie nach dem Fangen ein paar Stunden am Leben zu erhalten. Erst nach Sonnenuntergang sahen wir die Stadtbewohner, doch als wir ihnen einen Dollar in Aussicht stellten, beschafften sie uns noch vor dem Morgengrauen eine ganze Schale von diesen Insekten.

Wir sollten ebenfalls an einem See vorbeikommen, in dem es von diesen winzigen prähistorischen Tierchen wimmelte. Sie bildeten so große Schwärme im klaren blauen Wasser, dass sie fast ein Teil der Flüssigkeit zu sein schienen. Heute fischt sie niemand mehr. Die Uferbewohner, Gauner, Räuber oder Vischers Menschen mit »zurückhaltendem Wesen« wurden alle während der Räumungen der 1970er Jahre evakuiert und in Sabha oder anderen größeren und kleineren Städten angesiedelt. Ihre früheren Wohnorte sind völlig verlassen. Um sicherzustellen, dass die Bewohner nicht zurückkommen, wurden die Wellblechdächer ihrer Hütten abgenommen und fortgeschafft.

10

»Die Freiheit ist eine verbotene Frucht, und ich habe davon gekostet.«

HANNS VISCHER

Wenn der Wind Wellenlinien auf Dünenkämme malt und sich diese Dünen bis zum Horizont hinziehen, steht die Zeit still. Man sieht genau das vor sich, was Denham, Barth oder Vischer sahen. 100, 200 oder 1000 Jahre – die Dünen mögen sich verlagert oder gedreht haben, aber tief in der Wüste gibt es weder Veränderung noch Verfall. Hier kann man sich auf die Zeit besinnen.

»Gott ist groß«, spricht der fromme Muslim. »Wir, Deine unwürdigen Diener, sagen Dir demütig und herzlich Dank«, murmele ich, der unvollkommene Christ, und versuche mich an dieses andächtigste aller Gebete zu erinnern, wenn ich solch jungfräuliche Schöpfung vor mir erblicke. Nichts als Sand und Staub – die wahre Wüste lehrt Demut, sie ist nicht nur unveränderlich, sondern auch unversöhnlich. In ihrer Ursprünglichkeit gebietet sie Ehrfurcht. Dies hat die Sandwüste mit den riesigen Eiswüsten der Arktis oder Antarktis gemein, weshalb sich Wüstenreisende wie Sven Hedin zu Forschern wie Amundsen oder Shackleton hingezogen fühlten.

Daher war es ein derber, unangenehmer Schock, als wir beim Besteigen der ersten großen Dünen nördlich von Tekertiba unregelmäßige, zickzackförmige Fahrzeugspuren entdeckten. Nun stand die Zeit nicht mehr still. Wir befanden uns wieder in der Gegenwart, in der Autos für den Nervenkitzel kreuz und quer über Sanddünen rasten und Toyotas mit Vierradantrieb Tagesausflügler zum nächsten Sanddünensee – Mandara – brachten, damit sie für 300 Dollar eine Nacht im Sand verbringen konnten.

Der Große Erg von Bilma hat dem Geländewagen getrotzt und ist, da dort jedermann mit Kamelen unterwegs ist, zeitlos geblieben. In den Sanddünen nördlich von Tekertiba dagegen hat der Verbrennungsmotor den Flugsand bezwungen und die Illusion der Unvergänglichkeit zerstört.

In *Mister Johnson*, einem Roman von Joyce Cary, der in Nordnigeria spielt, gibt es eine ergreifende kleine Szene: Die Bewohner eines Dorfes sind aufgerufen, eine unbefestigte Straße durch die Wildnis zu bauen, um eine Verbindung zur Außenwelt herzustellen. Sie arbeiten monatelang und müssen viele Rückschläge erleiden, bis die Straße endlich an die nächstgrößere Straße angeschlossen ist. Der erste Lkw, der die neue Straße entlangfährt, kommt dröhnend auf die Dörfler zu, die jubelnd am Straßenrand stehen. Doch er bleibt nicht stehen. Er rast weiter die Straße entlang, schlingert durch eine breite Pfütze und spritzt dabei alle Dorfbewohner nass. Wir erlebten eine ähnliche Szene. Als ein Wagen mit Tagesausflüglern an unserer Karawane vorbeisauste, jubelten die Touristen und erschreckten die Kamele, die ihre Leinen losrissen und in alle Richtungen flüchteten. Da musste ich an *Mister Johnson* denken.

»Ich brauche Zeit, John«, hatte sich Carsten am Vorabend an mich gewandt. »Die Sanddünenseen wären ein wichtiges Motiv, wenn NATIONAL GEOGRAPHIC meine Fotos nehmen soll.«

Wieder einmal machte sich der Konflikt zwischen Carstens Zielen und dem Vorankommen der Karawane bemerkbar. Es war kein persönlicher Konflikt, sondern es ging um Prioritäten. Unsere Kamele waren erschöpft, wir mussten schnell weiter; Carsten wollte hochwertige Bilder abliefern. Die Entscheidung war nicht leicht, aber da Carsten auf eigene Kosten und eigenes Risiko viel auf sich genommen hatte, um zu uns zu stoßen, einigten wir uns, einen Umweg nach Nordosten über die beiden Seen Mafu und Gabron zu machen, was einen Tag beanspruchen würde.

In der ersten Nacht kampierten wir am Ufer des enttäuschenden Mandara-Sees, nachdem wir eine Strecke über spektakuläre bunte Dünen zurückgelegt hatten, deren gelbe und orangefarbene Pastelltöne im Licht der untergehenden Sonne leuchteten. Am See gab es Müll und ein Gewirr von Fahrzeugspuren. Vischer hatte mit anderen Problemen zu kämpfen gehabt:

> Wir ließen uns erschöpft am Salzsee nieder und hatten bald unsere Matten am *»vapor el Sahara«*, dem Wüstenschiff, ausgebreitet. Ssssss ... begann der erste Moskito, Sssss der zweite und so weiter. Zuerst kümmerte ich mich nicht darum, dann würde ich wütend und gab zum Schluss auf – als mir wie durch eine göttliche Eingebung die gelbe Flüssigkeit in dem Beutel neben mir einfiel. O goldener Saft, Erfindung der Götter und Verwirrung für den Teufel! Ich rieb mich ein und atmete auf. Ich hörte genau, wie die kleinen Biester näher kamen, rochen und starben. *»Alhamdelillahi! Allah Akbar! Las illa, illalalaher.«* Jetzt hieß es *veni, vidi, asphixi* für diese Plage des Satans, und ich schlief lächelnd bis zum Morgen.

Vischers »Plage des Satans« belästigte uns nicht. Vielleicht war sie den Menschen gefolgt, die in den 1970er Jahren vom See vertrieben worden waren.

Der See Um el Mar im Norden des Mandara-Sees erwies sich als außergewöhnlich schön. Wie erreichten ihn am 9. Januar. Die gewaltigen Dünen, die sich am Ostufer erstreckten, spiegelten sich in klarem blauen Wasser. Ich konnte nur hoffen, dass Carsten, der hinter mir ritt, ein Foto nach dem anderen schoss. Wir zogen in nordöstlicher Richtung über die größten Dünen, die wir bisher bewältigt hatten, bis wir auf ein lang gezogenes, von Dattelpalmen und Tamarisken gesäumtes Tal stießen, das uns zum Mafu- und weiter zum Gabron-See führte. Seit wir den Großen Erg von Bilma verlassen hatten, wurden wir zum ersten Mal wieder von schwarzen Aaskrähen verfolgt, die beunruhigende Schatten auf den Sand warfen. Auch diesmal wünschte ich mir, ich hätte eine Waffe dabei. Der Mafu-See entpuppte sich als grau und enttäuschend, aber Gabron war von einer beachtlichen Menge verfallener Häuser umgeben und wirkte recht malerisch. Die Bevölkerung hier muss recht zahlreich gewesen sein und hauptsächlich von den primitiven Garnelen gelebt haben. Da diese nun nicht mehr von den Dorfbewohnern gefangen wurden, hatten sie sich stark vermehrt, und im klaren blauen Wasser wimmelte es nur so von den ewig zappelnden dunkelroten Krustentieren. Außer den Krähen wurden wir nun auch noch von einem hungrigen Rudel wilder Katzen beobachtet, die zwischen den Dattelpalmenblättern hervorschauten, während wir das Abendessen zubereiteten. Als wir uns die Vorräte aus Tekertiba und Hassans Feuerwasser schmecken ließen, fingen die Katzen auf aufdringliche und etwas feindselige Art an zu miauen. Das Feuerwasser veranlasste den Professor jedoch zu einer weiteren Darbietung patriotischer kommunistischer Lieder, die den Katzenjammer zwischen den Dattelpalmen erfreulicherweise übertönten.

77 Tage waren vergangen, seit wir Kukawa verlassen hatten. Die Tuareg waren sogar seit 107 Tagen unterwegs. Unser neuer Führer Shikou erwies sich als problematisch. Da er selbst gern redete, anderen aber nicht zuhören konnte oder wollte, bereitete er mir ständig Schwierigkeiten, wenn ich versuchte, die Kamele in die Nähe des Sees zu steuern, damit Carsten gute Bilder machen konnte. Es schien mir unmöglich, die erschöpften Kamele, die Notwendigkeit, einen guten Lagerplatz zu finden, einen redseligen, gedankenlosen Führer und die Ansprüche eines professionellen Fotografen unter einen Hut zu bringen. Das Kamel, das die hölzernen Küchenkisten trug, war ein großartiges Tier, das seine enorme

Last über die steilsten Dünen schleppte, ohne sich jemals zu beschweren. Noch immer stellte ich mir die quälende Frage, ob ich diese heldenhaften Geschöpfe geradewegs in den Tod schickte.

Am nächsten Tag beschloss ich, direkt nach Wunzerig weiterzureisen und keinen Abstecher zum westlich gelegenen Trona-See zu machen, den Vischer und Denham besucht hatten. Damit war Carsten nicht einverstanden, der einwandte, immer noch nicht genug gute Bilder gemacht zu haben. Doch er hatte seine Chance gehabt, und offen gestanden hatten sich die Kamele genug abgeplagt. Die Dünen stellten sie auf eine harte Probe. Wir kletterten über einige der steilsten Hänge der gesamten Reise, auf denen die Kamele stolperten und manchmal sogar hinfielen, bis wir schließlich eine winzige, grasbewachsene Oase erreichten. Es war zwar noch früh, aber ich wollte nicht weiterziehen, da wir vor Einbruch der Dunkelheit vielleicht keinen zweiten guten Platz finden würden. Dies frustrierte Carsten noch mehr, weil er die marschierenden Kamele im Abendlicht fotografieren wollte. Er stützte den Kopf in die Hände und seufzte: »Was für ein Jammer. Was für eine Schande Was für eine Verschwendung.« Vielleicht hätte er einmal darüber nachdenken sollen, was für ein Jammer, eine Schande und eine Verschwendung es gewesen wäre, wenn unsere Kamele am Ende tot umgefallen wären.

Wie um mich zu bestärken, traten am selben Abend beim ersten Kamel Probleme auf. Einer der Schecken bekam steife Hinterbeine und hatte zunehmend Schwierigkeiten, der Karawane zu folgen. Steif vor Kälte? Ich hatte keine Ahnung, aber Asalik schien die Ursache genau zu kennen. Seine Erklärung fand ich, gelinde gesagt, ungewöhnlich.

»Das Blut zwischen der Haut des Kamels und seinen Muskeln fließt nicht mehr um den Körper, weil das Kamel durchgefroren und erschöpft ist.«

Die Behandlung, die er empfahl, war ebenfalls recht krass.

»Wir müssen Einschnitte in die Vorderbeine und unter den Schwanz machen. Dann wird das Blut wieder fließen. Wenn wir das nicht tun, ist das Kamel übermorgen tot.«

Ich mochte diese Diagnose kaum hinnehmen, aber da Japper nicht mehr bei uns war, hatte ich niemanden, den ich um Rat fragen konnte. Mir blieb nichts anderes übrig, als mich zu fügen. Das kranke Kamel wurde mit Seilen festgebunden, damit es sich nicht mehr bewegen konnte. Ein weiteres Seil sicherte seinen Unterkiefer. Nun konnte die medizinisch bedingte Schlachterei beginnen.

Acht 15 Zentimeter lange, tiefe Schnitte wurden jeweils parallel mit einem Abstand von zehn Zentimetern an beiden Vorderbeinen vorgenommen, unter dem Schwanz dagegen fünf zehn Zentimeter lange, ebenfalls parallele Schnitte in einem Abstand von jeweils zweieinhalb Zentimetern. Das Kamel zappelte und brüllte, und das Blut floss tatsächlich – in Strömen. Es lief unaufhörlich an den Vorderbeinen des armen Tieres entlang. Als Nächstes wurde Salz in die Wunden gestreut, um die Blutung zu stillen und Infektionen vorzubeugen. Mittlerweile war mir leicht übel.

Natürlich litt das Kamel schreckliche Schmerzen. Um sie zu lindern, wurde ihm eine ganze Dose Speiseöl in den Hals geschüttet. Das Kamel war inzwischen zu schwach, um sich dagegen wehren zu können. Libysches Speiseöl wird in etwa 30 Zentimeter langen, zylindrischen Blechdosen verkauft, so dass eine beachtliche Menge Öl im Magen des Kamels landete. Ehom, Argali und Asalik hatten diesen grausigen Eingriff zügig und sicher vorgenommen, und die ganze Prozedur dauerte nicht länger als 20 Minuten.

Danach rappelte sich das Kamel heldenhaft wieder auf und stolperte zu meiner großen Überraschung zum Weiden davon. Ich kann weder etwas zu der Diagnose noch zum verordneten Heilmittel sagen. Ich weiß nur, dass das Kamel auf der restlichen Strecke über die Düne mit der Karawane mithalten konnte, die gefährliche Hamada el Homra überquerte und, noch bevor wir am 1. Februar in Mizda eintrafen, wieder Gepäck trug. Die Operation war ein voller Erfolg.

Carsten, der hinter Argali angebunden ritt, hatte zum Fotografieren einen kleinen Abstecher gemacht, kehrte jedoch im wahrsten Sinne des Wortes erschüttert zur Karawane zurück.

»Wir sind gerade eine Düne hinaufgeritten, als es einen lauten Knall gab, lauter als ein Donnerschlag, und ich dachte, eine Landmine wäre unter uns detoniert. Ich habe schon damit gerechnet, jeden Moment in einem großen, tiefen Loch zu versinken, aber erstaunlicherweise hat sich der Sand nicht bewegt.«

Es gibt viele Geschichten über Donnergeräusche im Wüstensand. Als Marco Polo in der Nähe der Kum-Tagh-Dünen am Rande Tibets vorbeikam, stellte er fest, dass »ein Geräusch wie Donner aus den Sandhügeln der Wüste kam«. Reisende in den Wüsten Arabiens berichteten von ähnlichen Erlebnissen, wenn bestimmte Sandhügel vom stetigen Wind gepeitscht wurden. Und auch die arabischen Bewohner der Wüsten kannten ein Geräusch, das sie an das Brüllen eines wütenden Kamelbullen erinnerte. In diesem Fall hatte Argali die Antwort parat.

»In den Sanddünen leben Dschinns«, erklärte er. »Sie haben es uns übel genommen, dass wir ihrem Zuhause zu nahe gekommen sind.«

Carsten verließ uns in Wunzerig und murmelte immer noch etwas von verpassten Chancen und einer Wahrscheinlichkeit von 30 Prozent, dass seine Bilder angenommen würden. Wie sich drei Wochen später herausstellte, war er zu sich selbst und zu mir unnötig streng gewesen, denn NATIONAL GEOGRAPHIC hatte die Fotos akzeptiert. Entgegen seiner düsteren Prognose war der Besuch also ein voller Erfolg gewesen. Wir hatten ihn als guten Kameraden kennen gelernt, und obwohl es ihn sehr deprimiert hatte, seine Bilder nicht immer in dem Moment und an dem Ort schießen zu können, wo er wollte, hatten wir ihn alle sehr gern gehabt und als wunderbares Teammitglied angesehen.

Im Jahr 1906 war Wunzerig die Heimat von Scheich Ahmed el Kwaidi, dem Oberhaupt des Kwaida-Volkes und späterem engen Freund Hanns Vischers. Die beiden hatten sich während der Überquerung der Hamada el Homra kennen gelernt, als Vischer sich mit seiner Karawane aus Sicherheitsgründen der Karawane des Scheichs angeschlossen hatte.

> Bis spät in die Nacht saßen wir in Scheich Ahmeds Zelt und tranken mit ihm Tee. Allmählich lernte ich die Persönlichkeit des alten Mannes zu verstehen und zu schätzen. Noch vor kurzem hatte er sich über den üblen Geruch des Christen beschwert, der unbedingt mit seiner Karawane reisen wollte. Er schien eine ausgesprochene Abneigung gegen Europäer zu hegen, und das sicher nicht ohne Grund. Dennoch war er durch und durch ein Ehrenmann, fanatisch zwar, aber höflich und grundanständig. Er war der Scheich des Kwaida-Stammes, der jetzt im Wadi Shiati in Wunzerig lebt, außerdem das Oberhaupt einer Familie, die ihre Vorfahren bis in die düstere Zeit vor dem Propheten zurückverfolgen kann. Seine Ahnen waren mit den ersten mohammedanischen Eroberern aus Jemen nach Nordafrika gekommen. Sie ließen sich zunächst an der Nordküste und später im Fessan nieder und wurden durch den Handel mit Bornu und dem Sudan reich. [Gemeint ist das heutige Nordnigeria.]
>
> Das Zelt bestand aus weißem Tuch und zeigte die übliche Glockenform. Das Innere war ebenso komfortabel wie die

meisten Salons und sicherlich geschmackvoller eingerichtet. Die Kisten mit seinem persönlichen Hab und Gut und seinen Wertgegenständen waren im Kreis angeordnet; Teppiche und Kissen bedeckten den Boden; und der Raum wurde dezent von einer urigen arabischen Laterne erhellt, wie sie die Juden in Tripolis herstellen. Der Scheich saß im Kreise einiger seiner Araber und machte einen würdevollen, von der Umgebung absolut unabhängigen Eindruck. Nicht ein einziges Mal hörte ich den alten Mann ein unbedachtes Wort aussprechen, und niemals auf dieser langen, anstrengenden Reise ließ er sein ehrwürdiges Auftreten auch nur im Mindesten vermissen.

Das Abendessen im Hause des Scheichs, zu dem Vischer später in Wunzerig eingeladen wurde, war für ihn ein unvergessliches Erlebnis, wie er später seinem Freund Ruxton mitteilte:

> Aufgrund der Palmen und Gärten auf allen Seiten machte das Haus des Scheichs einen angenehm kühlen und friedlichen Eindruck, und nach der Wildnis, die wir hinter uns gelassen hatten, fand ich es tröstlich, wieder unter Menschen zu kommen.
>
> Die Kwaida lieben ihre Oase mehr als jeder andere Stamm in der Wüste. Das ist auch kein Wunder, denn um sie zu erreichen, sind sie gezwungen, solch furchtbare Orte des Shaitan zu durchqueren, und ihr hübsches Dorf muss ihnen wie ein wahres Paradies erscheinen.
>
> Wir durften unser Lager in einem schattigen Palmenhain mit eigenem Brunnen aufschlagen. Übermütig und vergnügt bauten wir die Zelte auf. Kurz darauf erreichte uns die Nachricht, dass der Scheich mich und Djamy in sein Haus einlud. Der gute alte Mann hatte eine Mahlzeit vorbereitet und akzeptierte

keine Verspätung, daher gingen wir, schmutzig und müde wie wir waren, darauf ein.

Scheich Ahmeds Haus steht mitten im Dorf, der ersten wohlhabenden arabischen Siedlung, die ich sah. Es ist ein einstöckiges, getünchtes Gebäude mit dicken Wänden und grünen Läden vor den kleinen Fenstern. Im Hof sprudelt ununterbrochen eine Quelle und bildet so einen großen Teich, an dem Frauen Wasser schöpfen und sich Kamele, Ziegen, Pferde und Enten tummeln. Er ist zugleich der Springbrunnen und Weiher des Dorfes, hübsch anzuschauen, aber – nicht sauber! Und wie sollte er auch sauber sein? Das Wasser ist so, wie Allah es gibt, »gut und reichlich«, wie die Leute sagen, und sie kommen nicht auf die Idee, ihn zu ummauern oder zu pflegen.

Der Scheich empfing uns in einem geräumigen, quadratischen Zimmer, wie man es in jedem arabischen Haus findet. Eine niedrige Bank verlief um die Wände herum, und es gab kleine Fenster, die nie geschlossen werden. Auf dem Boden lagen Teppiche in den zartesten Farbtönen, Matten aus Kano und dazu einige Leopardenfelle und weiche Lederkissen aus den Hausa-Staaten. Die Bänke waren mit Handelswaren bedeckt: großen silbernen Steigbügeln und Sätteln aus Tripolis, Manchesterstoffen, französischen Kerzen und farbenprächtigen italienischen Seidenwaren. Alles war in Hülle und Fülle vorhanden. In der Mitte saß unser Gastgeber, so würdevoll wie eh und je. Er hieß uns höflich in seinem Haus willkommen, und als wir es uns zwischen den Kissen bequem gemacht hatten, brachten mehrere schwarze Diener Tabletts, zugedeckte Schüsseln und duftendes Wasser herein.

Das Festmahl begann mit frischen Trauben, Datteln und Melonen; als Nächstes folgten eine Schüssel *bazin*, Geflügel, Lammbraten und viele pikante Köstlichkeiten als Nachtisch.

All dies hatte eine gewissenhafte Frau oder Tochter für die Heimkehr des Stammesoberhaupts zubereitet. Als würde er durch die Seiten eines faszinierenden Buches blättern, gewährte uns der alte Scheich einen Einblick in seine Reisen und Kämpfe in der Wüste. Er erzählte uns von seinen Erlebnissen in den Negerländern im Süden, von seltsamen Ereignissen in den nördlichen Küstenstädten und Ägypten und seinen Pilgerfahrten nach Mekka. Die Hoffnungen und Sehnsüchte eines geradlinigen, unbeugsamen Geistes und der unerschütterliche Glaube an Allah wurden in seinen Schilderungen deutlich.

Es war wunderbar zu beobachten, wie die Leute hereinkamen, um den Scheich nach seiner Rückkehr willkommen zu heißen. Einer nach dem anderen trat kurz herein, Araber wie Neger gleichermaßen, gaben ihrem Herrn die Hand oder begrüßten ihn von der Tür aus, und für jeden von ihnen hatte der alte Mann ein freundliches Wort übrig.

Wir kampierten zwischen sanften Sanddünen inmitten einer Ansammlung von Palmen, so dass es Datteln zu essen und getrocknete Palmwedel als Brennmaterial gab. An unserem zweiten Tag in Wunzerig erschien Ibrahim Kwaidi, der Besitzer der Palmen, am Rande unseres Lagerplatzes. Er hatte eine helle Haut, eine leise Stimme, viel Charme, ein sanftes Auftreten und ein offenes Lächeln. Offensichtlich war er ein strenggläubiger Muslim. Man stelle sich meine Überraschung und Freude vor, als ich erfuhr, dass er ein Kwaida-Araber und Scheich Ahmed el Kwaidi sein Großvater war.

Die Räumungen der 1970er Jahre waren nicht spurlos an Wunzerig vorübergegangen, doch die alte Stadt, die Vischer als so wohlhabend erlebt hatte, war immerhin erstaunlich gut erhalten. Unter den verfallenen Häusern gab es auch eine ehemalige Arrestzelle für aufsässige Sklaven und eine große rechteckige, aus Lehm gebaute Schule, wo Kinder in den Lehren des einstmals so mächtigen Senussi-Ordens unterrichtet wurden. Ibrahim Kwaidi nahm meinen Arm und führte mich begeistert zu dem Haus, in dem sein Großvater gelebt hatte und in dem er selbst geboren worden war. Das Zimmer, in dem Vischer mit Scheich Ahmed getafelt hatte, war voller Sand, aber ich konnte mir unschwer die Leopardenfelle und Lederkissen, die französischen Kerzen und italienischen Seidenwaren vorstellen. Draußen im Hof sprudelte noch immer der alte Brunnen, genau wie ihn Vischer beschrieben hatte, aber in der Zwischenzeit war er ummauert und zugedeckt, und die Kamele und Esel waren verschwunden. Ich kniete mich hin und trank etwas Wasser, das sauber, klar und frisch war, und brachte in Gedanken einen Trinkspruch auf Hanns Vischer aus. Noch nie hatte ich mich ihm so nah gefühlt.

Ibrahim nahm wieder meinen Arm und zeigte auf ein paar Bäume, die eine freie, etwa 350 Meter vom Brunnen entfernte Fläche umsäumten.

»Die Bewohner von Wunzerig gedenken immer noch meines Großvaters. Einmal im Jahr versammeln sie sich dort auf dem Platz, veranstalten ein Festessen, beten für ihn und bitten um seinen Segen für das Volk der Kwaida.«

Die Autorität des Scheichs und der Titel an sich mochten unter Gaddafi abgeschafft worden sein, aber es war wunderbar zu erleben, dass der Mann, den Vischer so bewundert hatte, noch immer in Ehren gehalten wurde.

In demselben unveröffentlichten Brief an seinen Freund Ruxton schreibt Vischer über seine Freunde in Nordnigeria, und es wird deutlich, wie sehr er sich ihnen und der Wüste verbunden fühlte. Man glaubt zu verstehen, warum er von ihnen den schmeichelhaften Spitznamen *Dan Hausa*, Sohn des Hausa-Volkes, bekam:

Die Jungtürken in Murzuk, arme Exilanten, die eine Art Verein in meinem Haus gegründet hatten und alle bei meiner Abreise weinten. Die Bewohner von Murzuk selbst, die mich in die Wüste begleitet hatten. Die wilden, ungezähmten Tubu, die mir das Leben gerettet und dabei ihr eigenes aufs Spiel gesetzt hatten, als sie mir verrieten, dass die Tuareg in der Nacht mein Lager überfallen wollten. Der Tubu-Junge, mit dem ich die Tuareg auf eigene Faust angegriffen und besiegt hatte. Die Pilger, die ich in dieses Land zurückgebracht hatte, die Kanuri, die vor Freude geweint hatten, als wir schließlich den Fluss Yo überquerten. Sie alle sind meine Freunde und Gefährten, und für sie würde ich mein Leben hingeben, alles, was ich habe und was ich besitze. Es hat keinen Zweck, das verhehlen zu wollen. Ich liebe sie.

Schon möglich, dass meine Gefühle ein wenig abebben werden, aber Sie müssen wissen, ich habe in verbotene Lande hineingeblickt, die für uns »zivilisierte«, streng erzogene, skeptische Westeuropäer tabu sind, und mein Kopf ist ein wenig verdreht worden!

Als Vischer dies schrieb, hatte er noch nicht den Brief von seinem Vorgesetzten Hewby mit der Nachricht bekommen, dass er seinen Verwaltungsposten verlieren würde, falls er die Sahara noch einmal in der anderen Richtung durchqueren sollte. Aber seine Sehnsucht und sein aufgewühlter Gemütszustand kommen dennoch recht deutlich zum Ausdruck:

Ich werde sie [die Stellung als Kolonialverwalter] so lange wie möglich ertragen, aber eines Morgens werden Sie höchstwahrscheinlich die Meldung lesen, dass der Dritte Regierungsvertreter Vischer »entgegen den Anweisungen und ohne

> offizielle Erlaubnis« sowie zur großen und gerechtfertigten Empörung der Bürokraten in französisches Gebiet übergewechselt ist, um die Route in nördlicher Richtung zu bereisen, ohne von seiner Arbeit freigestellt worden zu sein! Dann werden Sie wissen, dass meine Seele es nicht mehr ausgehalten hat. Die Freiheit ist eine verbotene Frucht, und ich habe davon gekostet.

Abdulsalam gehörte zu den Hotman, einem arabischen Stamm, der in der Nähe der Kwaida lebt, doch als ich ihn traf, behandelte er mich kühl und tat sein Bestes, um meine Stimmung zu drücken.

»Die Hamada el Homra ist ein furchtbarer Ort. Sie werden 21 Tage bis Mizda brauchen, auch wenn manche etwas anderes behaupten. Es gibt dort kein Futter für die Kamele und es wird extrem kalt sein. Wenn Sie glauben, Sie hätten schon kaltes Wetter erlebt, vergessen Sie es. Erst letztes Jahr hatte ein Lkw mitten in der Wüste eine Panne und 23 Menschen sind erfroren, einschließlich des Fahrers.«

Der trübsinnige Schwarzseher war ein Freund von Argali. Er war groß und trug ein flaschengrünes Gewand mit einem weißen Turban. Ich hatte mich von unserem Feuer entfernt, und in der Dämmerung war Abdulsalams Gesicht so dunkel, dass ich seine Züge nicht genau erkennen konnte. Die Dunkelheit passte zu seiner düsteren Stimmung. Mir war nicht ganz klar, warum er sich die Mühe gemacht hatte, mich aufzusuchen und mit diesen finsteren Prophezeiungen zu belasten. Was sprang für ihn dabei heraus? Bald wurde der Grund offensichtlich.

»Ihre Kamele sind schwach und erschöpft und Sie selbst auch. Die Tiere werden mit Sicherheit sterben. [Und ich ebenfalls, wollte er sagen.] Warum verkaufen Sie sie nicht an mich und fahren mit dem Bus nach Tripolis? Beenden Sie Ihre Reise in Wunzerig. Sie sind weit genug gereist.«

Jetzt ging mir ein Licht auf. Abdulsalam war ein Kamelhändler, der es auf unsere Tiere abgesehen hatte.

»Tut mir Leid, Abdulsalam, aber ich habe mich bereits entschieden. Wir werden die Hamada el Homra überqueren und mit den Kamelen bis Mizda weiterreisen.«

»Möge Allah mit Ihnen sein, Sie werden seine Hilfe gewiss brauchen.«

Er ließ mich stehen und verschwand in der Finsternis, aus der er zuvor aufgetaucht war. Später kam Argali und flüsterte mir zu, Abdulsalam werde einen guten Preis für die Kamele zahlen.

»Sag deinem Freund, dass die Kamele bereits verkauft sind.«

Je weiter wir mit unserem Führer Shikou nach Norden reisten, desto ärgerlicher wurden wir. Bald stellte sich heraus, dass Hadira mit seiner Wahl ein seltener, aber krasser Fehler unterlaufen war. Sein unaufhörliches, nichts sagendes Geschwätz sorgte zunehmend für Verstimmungen, und das tags wie nachts. Asalik erklärte ihn für verrückt. Argali fand, seine Ausdrucksfähigkeit liege auf dem Niveau eines fünfjährigen Kindes, und Ehom stellte erstaunt fest, dass er nicht einmal ein Kamel reiten könne.

Über all diese Schwächen hätte man hinwegsehen können, wenn er den Weg gekannt hätte. Doch drei Tage nachdem wir Wunzerig verlassen hatten, war uns allen klar, dass genau dies nicht der Fall war. Als er uns über einen zerklüfteten Felsen führen wollte, widersetzte sich Argali auf seine typische Art, indem er einfach ausscherte und seiner eigenen Route folgte. Der Rest der Karawane verließ sich auf Shikou und musste dafür eine grauenvolle Strecke durchstehen. Mehrere quälende Stunden lang grunzten und ächzten die Kamele und stolperten über spitze Steine und Felsbrocken. Als wir schließlich müde und erschöpft an einem möglichen Lagerplatz voller Grasbüschel ankamen, saßen Argali und sein Kamel schon da und warteten auf uns. Es folgte ein heftiger Streit mit Shikou.

»Warum hast du sie diesen Weg entlanggeführt? Ich habe eine Strecke genommen, auf der es nur ein paar Steine gab und die viel schneller war.«

»Ich weiß, was ich tue. Dies ist mein Land.«

»Er ist verrückt«, murmelte Asalik. *»Ya zama kayan banza.«* (Er ist eine nutzlose Last.)

Ich steckte in einer Zwickmühle. Die Hamada el Homra stellte kein leichtes Hindernis dar. Wenn wir erst einmal das Plateau erreicht hatten, mussten wir es so schnell wie möglich überqueren. Keiner unserer Tuareg kannte die Route und wir waren vollkommen von einem Mann abhängig, der anscheinend »einen Schall hatte«.

Im Vergleich dazu schienen die Fehler unserer früheren Führer Abba – maßloser Dünkel und aufbrausendes Temperament – und Sidi – religiöser Übereifer und Faulheit – absolut belanglos, denn sie kannten immerhin den Weg. Wie es aussah, wurden wir von einem labilen Charakter, der sich offensichtlich nicht auskannte, über das größte Hindernis der ganzen Sahara geführt werden.

Nebenbei hatte ich an diesem Tag mit einem persönlicheren Problem zu kämpfen. Ich hatte gar nicht gemerkt, wie viel mir an meinem grünen Wüstenbuschhut lag, bis er plötzlich verschwand. Er hatte mich auf fünf Expeditionen in die chinesische und mongolische Wüste Gobi und in die Sahara begleitet. Abgetragen und mit Schweißflecken, geflickt mit ein paar dilettantischen Stichen, von Auflösungserscheinungen erfasst, aber immer noch gebrauchsfähig, war er für mich ein alter Freund und ein großer Trost. Es ist schon seltsam, dass kleine, unwichtige Dinge wie ein zerbeulter Hut in der Wüste plötzlich so wichtig werden können. Eine Stunde lang trauerte ich um ihn, während wir bei sehr kaltem Nordostwind zusammenpackten und ich überall auf allen Vieren nach ihm suchte. Ich wanderte in die Wüste hinein, um nachzusehen, ob ihn der Wind vielleicht über die steinige Ebene geweht hatte –

vergeblich. Also band ich mir meinen Tuareg-Turban um und fand mich damit ab, für immer von meinem alten Freund getrennt worden zu sein. Doch als ich mich an jenem Abend in den Schlafsack schlängelte, schmiegte er sich plötzlich an meine Füße. Glück gehabt!

Pasha war inzwischen süchtig nach Brot. Wir hatten in Wunzerig einen Sack Brote gekauft, die mittlerweile ziemlich alt waren. Doch Pasha mampfte sie mit großen Appetit. Gewürzt mit einer Dattel fand er sie köstlich. Auch seine Widerristwunde war fast verheilt und der Sattel scheuerte nicht mehr.

Am Nachmittag legte sich der Wind, und es wurde wärmer. Gegen vier Uhr kamen wir in ein flaches Tal mit reichlich Akazien und Gras. Wir hatten nur noch sechs Heuballen für die Hamada el Homra übrig, daher schien die Gelegenheit günstig, einen frühen Halt einzulegen und die Kamele grasen zu lassen. Trotz der spitzen Dornen zogen sie die Akazien den zähen Grasbüscheln vor, was mich immer wieder erstaunte. Verwundert sah ich zu, wie sie die dornenbesetzten Zweige abrissen, geräuschvoll zerkauten und hinunterschluckten.

Zwischen Wunzerig und Mizda lagen etwa 480 Kilometer, und wir schätzten, dass wir dafür 20 Tage brauchen würden. Nach dieser Rechnung blieben noch 17 Tage. Wir folgten eindeutig der alten Kamelstraße, denn wir stießen auf zahlreiche Gräber, die durch lose Steinhaufen angezeigt wurden. Hoffentlich würde man für mich keines errichten müssen.

Am nächsten Morgen zogen wir um 9.30 Uhr los. Der Lagerplatz war eine gute Wahl gewesen; die Kamele hatten fast die ganze Nacht zufrieden gegrast. Eine Weile folgten wir dem Wadi Haeran und überquerten dabei steinige Ebenen und eine Reihe felsiger Hügel. Mittags erreichten wir das Grab und die Hütte eines alten Scherifs, der vor vielen Jahren verstorben war und als Heiliger und eine Art

Einsiedler angesehen wurde. Heute ist die Hütte eine Heiligenstätte. Als ein Auto an uns vorbeifuhr, ließ sich der stets aufgeweckte Argali zum Grab mitnehmen, um ihm die nötige Reverenz zu erweisen.

Vischers Route führte an einem Brunnen namens El Weina vorbei, der letzten Wasserquelle vor der Überquerung der Hamada. Argali warf ein, er kenne eine andere Strecke, die zu einer Wasserpumpe führe. Shikou bestand jedoch darauf, dass wir nach Weina gingen, und so kam es zu einem weiteren erbitterten Streit. Da wir die gesamte Reise auf Vischers Spuren unternehmen wollten, entschied ich mich wie ursprünglich geplant für Weina, zumal sich Argali sicher schneller wieder beruhigen würde. Wir kamen an einen guten Lagerplatz mit direktem Blick auf die Felsen und den Steilabbruch des Hamada-el-Homra-Plateaus. Vischer hatte die Aussicht von fast derselben Stelle aus gezeichnet, und sie stimmte genau mit der Wirklichkeit überein. Als die Nacht hereinbrach, sahen wir funkelnde Lichter in Richtung Weina. Dort gab es einen Polizeiposten, an dem wir uns sicherlich anmelden mussten.

Als wir am nächsten Morgen in El Weina Wasser für unsere letzte große körperliche Herausforderung abfüllten, betrachtete ich den Pfad, der sich zum Bab el Hamada, dem südlichen Zugang der Hamada, hinaufschlängelte. Ich musste an die vielen Gräber denken, die Vischer unterwegs gesehen hatte, und an Abdulsalams düstere Vorwarnungen in Wunzerig. Die nächsten 14 Tage würden uns alle auf eine harte Probe stellen – sowohl Mensch als auch Tier.

II

»... Sitz des Todes, wo Rufe und Gelächter verstummen .. «

HANNS VISCHER

Oben auf der Hamada el Homra angekommen, erstreckte sich das kiesbedeckte Plateau eintönig in alle Richtungen. Die scheinbar unendliche Felsplatte, über die Kamelkarawanen langsam vorwärts ziehen, wird nur vom stahlblauen Himmelsgewölbe begrenzt, das bis zum Horizont reicht. Die markante Schönheit der auf- und untergehenden Sonne und die Klarheit von Mond und Sternen erheben sich vor einem denkbar trostlosen Hintergrund, der den Menschen und sein klägliches Streben in völlige Bedeutungslosigkeit versinken lässt.

Der Aufstieg zum Plateau ist überraschend steil. Der natürliche Einschnitt, der das »Tor« bildet, wurde erweitert, damit ein Fahrzeug hindurchpasst, aber wenn man erst einmal ganz oben angekommen ist, kann man die genaue Lage des *bab* oder Tors nur schwer ausmachen. Vischer beschreibt, wie der Pfad, dem er folgte, urplötzlich aufhörte und er am Rand einer Felswand anhalten musste, von der aus man in ein tiefes, finsteres Tal hinunterblickte.

Während ich den gewundenen Pfad hinaufstapfte und mir lauter böse Vorahnungen und Abdulsalams düstere Prophezeiungen durch den Kopf schwirrten, hatte ich plötzlich das seltsame Gefühl, dass Vischer bei mir war. Eine Stimme schien zu sagen, wenn ich ruhig bliebe, würde schon alles gut gehen. Seine Söhne Peter und John hatten mir vor der Abreise aus Kukawa die Nachricht zukommen lassen, sie seien zuversichtlich, dass mich der Geist ihres Vaters auf der ganzen Reise begleiten würde. Vischer war schon seit einiger Zeit mein ständiger Reisegefährte. Doch erst jetzt kam es mir so vor, als wäre der freundliche Wunsch seiner Nachkommen schließlich Wirklichkeit geworden.

Vischer hatte aus gutem Grund den Eindruck, die Hochebene wäre die ödeste und gefährlichste aller Sahara-Wüsten. Sie ist vor allem deshalb zermürbend, weil man ständig mit den Augen einen grenzenlosen Horizont absucht. Wo die Wüste in den Himmel übergeht, gaukeln Luftspiegelungen dem Auge schwebende Hügel und Berggipfel vor. In Wirklichkeit gibt es keinen einzigen Hügel oder Berg, keinen Punkt, an dem man sich orientieren könnte. Ein GPS sagt einem ungefähr, wo man ist, aber ob man sich auf dem richtigen Weg befindet, ist eine ganz andere Frage.

An den ersten Tagen wehte glücklicherweise kein Wind und die Atmosphäre war zu unserer großen Erleichterung kalt, aber kristallklar. Später kehrte unser alter Feind, der schneidende Nordostwind, zurück und unsere Umgebung wurde gnadenlos bedrohlich und feindselig. Flugsand verdunkelte die Sonne und verdeckte den fernen Horizont. Man hatte das Gefühl, als schleppte man sich zum äußersten Ende der Welt, als würden Kies, Sand und der eiskalte Wind niemals enden und als wanderte man bis in alle Ewigkeit durch diese leere Wildnis.

Denham und Clapperton hatten die Hamada el Homra nicht überquert. Sie machten einen großen Bogen um das riesige Plateau und folgten wahrscheinlich aus Sicherheitsgründen einer längeren Route. Nur Vischer und Barth scheinen die Überquerung gewagt zu haben. Vischer schrieb, er habe das Gefühl, sie wären »ein winziger Punkt auf der endlosen Ebene«, und dass die Karawane »eilig weiterzieht, um diesen Sitz des Todes, wo Rufe und Gelächter verstummen und sich die menschliche Stimme in der drückenden Stille verliert, so schnell wie möglich zu verlassen. Das war die Hamada, die wir froh und munter und in kindlicher Naivität durchqueren wollten.«

Heinrich Barth sah die Sache nüchterner, schlief wie ich »ohne Zelt und spürte die Kälte sehr empfindlich«. Er entdeckte sogar mitten in der Hamada Trüffeln, aus denen am Abend eine »köstliche Trüffelsuppe bereitet wurde«. Diese Beschreibung las ich erst nach unserer Durchquerung, ansonsten hätten wir uns sicher alle in Trüffelsucher verwandelt und während unserer eintönigen Wanderung Tag für Tag nach diesem besonderen Leckerbissen Ausschau gehalten.

Nachts, wenn sich der Wind legte, begannen nicht nur die Sterne zu funkeln, sondern auch die bunten Lichter dreier ferner Ölraffinerien, denn die Hamada el Homra ist eine der Quellen libyschen Ölreichtums. Wir machten einen großen Bogen um sie, und der launische Shikou wurde wütend, als der Professor seine Kamera auf den glitzernden Horizont richtete. Er drohte, ihn bei den Behörden anzuzeigen, weil er angeblich libysche Staatsgeheimnisse gefährdete.

Der Professor zeigte sich verblüfft und brachte postwendend seine oft wiederholte Antwort an, China sei ein guter Freund von Libyen und Shikou solle sich nicht über ein harmloses Foto beunruhigen. Darüber ereiferte sich Shikou nur noch heftiger, so dass der Professor den Kopf schüttelte und feststellte, Shikou »habe einen Schall« und ihm sei nicht zu helfen. Shikou murmelte etwas in seinen Bart und zog sich zurück.

Für die nächste Nacht fanden wir erfreulicherweise eine seichte Senke mit zwei dürren Akazien und einer kleinen Fläche buschigen Grases. Wenn man es zermahlt oder zerschneidet, strömt es einen beißenden Geruch aus, der an Lavendel erinnert. Einige der Kamele hatten sehr wunde Füße, und Pasha stolperte häufig über Felsbrocken, besonders gegen Abend. Ich war in ständiger Sorge um meine Kamele und wünschte mir inständig, dass dieses gute Wetter anhalten möge, bis wir die Hamada überquert hatten. Eines der

Kamele fing an, steif zu werden, und wurde mit Speiseöl und zerriebenen Datteln »als Medizin gegen die Kälte« behandelt. Ich hörte einen Vogel singen, der nach einer Lerche klang, und hielt sofort nach meinem liebsten Singvogel Ausschau, aber er war nicht zu sehen. Als wir am Abend in der Nähe des duftenden Grases unser Lager aufgeschlagen hatten, hüpfte ein sehr zahmer, kleiner dicker Vogel – grauschwarz, mit einem auffallenden schwarzen Rand über den Augen – im Lager herum, pickte Grassamen und ließ sich weder von Menschen noch Kamelen dabei stören. Der Himmel bewölkte sich zum Teil, und die untergehende Sonne schuf ein außergewöhnliches Himmelspanorama, als ihre dunkelroten Strahlen die feinen Federwolken beleuchteten. Nach Sonnenuntergang wurde es aber sehr kalt.

Wir verbrachten eine eisige, aber glücklicherweise windstille Nacht und brachen am 22. Januar um 9.30 Uhr auf. Argali hatte mich immer wieder gewarnt, wie kalt es in dieser Wüste werden konnte, und erst jetzt wurde mir richtig bewusst, wie viel Glück wir bisher gehabt hatten. Wir zogen in gleichmäßigem Tempo los und erspähten gegen Mittag zwei nickende Erdölpumpenböcke am westlichen Horizont. Ich konnte den Blick nicht vom rhythmischen Auf und Ab ihrer Köpfe wenden.

Kurz nach vier Uhr nachmittags erreichten wir wieder eine grasbewachsene Stelle. Hier gab es zwar keine Akazien, aber zufällig schmeckte den Kamelen dieses Gras. Obwohl sie in ihren Fressgewohnheiten erstaunlich anspruchslos sind, rühren sie bestimmte Wüstengräser einfach nicht an. Irgendjemand musste es wirklich gut mit uns meinen. War es Allah oder Vischer? Vielleicht beide!

Das Kamel, das Carsten Peter zuvor in den Sanddünen geritten hatte, lahmte plötzlich stark und seine beiden Vorderfüße waren geschwollen und durch die Felsen aufgerissen worden. Sie sahen schrecklich aus, und um sie zu schützen, zerschnitten wir ein Schaffell, das Japper uns überlassen hatte, und bastelten eine Art Kamelstiefel, damit es das arme Tier hoffentlich bis Mizda oder zumindest bis zum Ende des Plateaus und zum Brunnen in Bir Tabonie schaffte.

Unser Abendessen verzögerte sich, weil vier Männer in einem zerbeulten Pick-up-Truck mit nur einem Scheinwerfer auftauchten. Anscheinend waren sie auf der Jagd nach Schopfduckern, was mich sehr überraschte. Schopfducker? In dieser öden Wildnis?

Die Kamelstiefel aus Schaffell hielten nicht lang und wurden schon am nächsten Tag von den spitzen Steinen und Felsen in Stücke gerissen. Das Kamel humpelte trotzdem weiter und erreichte Gott sei Dank den Lagerplatz und die ersten fressbaren Grasbüschel des ganzen Tages. In krassem Gegensatz zu unserer Kamelkarawane, die sich unter Bedingungen des 19. Jahrhunderts vorwärts quälte, standen eine oberirdische Pipeline, Hochspannungsmasten und eine weitere hell funkelnde Ölraffinerie am westlichen Horizont. Zum Glück widerstand der Professor diesmal dem Impuls, ein Foto zu machen und so die chinesisch-libyschen Beziehungen weiter zu verschärfen. Johnny hatte unterwegs den praktisch nagelneuen inneren Schlauch eines Lkw-Reifens gefunden und mitgenommen. Er eignete sich hervorragend als Material für zwei stabilere Kamelstiefel, und Argali und Asalik machten sich am Abend sofort an die Arbeit. Ehom schien zum ersten Mal auf der ganzen Reise in gedrückter Stimmung zu sein, was sicher am unaufhörlichen sinnlosen Geplapper des redseligen Shikou lag, der den Professor und seine Kamera noch immer misstrauisch und mit blutunterlaufenen Augen beobachtete.

Trotz der robusten Gummistiefel mussten wir am nächsten Tag früh rasten, damit sich das lahme Kamel ausruhen konnte. Am 25. Januar sank die Temperatur erheblich und die Nacht wurde bitterkalt.

Am 26. Januar kam der berüchtigte Nordostwind auf. Davor hatte ich mich die ganze Zeit gefürchtet. Wir waren gezwungen, das erschöpfte Kamel mit den wunden Füßen zurückzulassen. Es bildete das Schlusslicht der aneinander gebundenen Kamele und hielt die gesamte Karawane auf, die nur noch im Kriechtempo vorankam. Eine Stunde nachdem wir es verlassen hatten, stießen wir auf eine Gruppe von etwa zehn weidenden, Gras fressenden Kamelen. Hätte ich vorher gewusst, dass es hier Gras gab, hätte ich unser lahmes Kamel bei dieser Gruppe gelassen und gehofft, dass es in ihrer Gesellschaft wieder zu Kräften kam. Argali meinte, diese Kamele seien in die Hamada gebracht worden, um hier zwei oder drei Monate lang zu weiden. Sie schienen kein Wasser zu haben, aber irgendwie in der Lage zu sein, ohne Wasser auszukommen. Ich fragte mich, ob es vielleicht gestohlene Kamele waren, die man hier oben auf dem Plateau zurückgelassen hatte, aber Argali verneinte. Sie waren viel kleiner als unsere nigrischen Kamele aus dem Aïr-Gebirge und hatten ein ziemlich dickes, wolliges Fell. Ich hatte viele Jahre zuvor in Nordnigeria die Erfahrung gemacht, dass Pferde schnell ein schützendes dickes Fell bekommen, wenn man sie in höher liegende, kältere Gebiete bringt. Bei Kamelen ist das genauso.

Eine zunehmend beunruhigende Tatsache war die, dass unser Führer uns nicht mehr führte, sondern sich verlaufen hatte. Meiner Ansicht nach kannte er den Weg schon nicht mehr, seit wir die Hamada el Homra betreten hatten. Argali übernahm seine Aufgabe, aber es blieb ein Rest Unsicherheit, da Argali noch nie hier gewesen war. Das GPS konnte unsere Position bestimmen, aber wir besaßen keine detaillierte Karte der Hamada, die aus Sicherheitsgründen nicht erhältlich war. Als wir vormittags einem weiteren Pick-up-Truck begegneten, gelang es mir, den Fahrer zu überreden, uns gegen Bezahlung 30 Heuballen zu besorgen und uns Shikou abzunehmen.

Um vier Uhr nachmittags kehrte der Pick-up mit 30 Ballen frisch abgepackten Alfalfa-Grases zurück. Ich bezahlte Shikou und gab dem Fahrer Geld, damit er ihn zum nächsten Dorf brachte. Jeder von uns, Tuareg wie Ausländer, unterstützte diese Entscheidung, und wir fühlten uns ungeheuer erleichtert, als der Pick-up hinter dem Horizont verschwand. Shikou hatte unsere Stimmung gedrückt, und hier oben in der Hamada el Homra kann man darauf gut verzichten. Es war ein sehr wolkenverhangener Tag, und in der folgenden Nacht, die wieder einmal bitterkalt war, regnete es ein wenig. Am Morgen war das restliche Wasser in unserem Kessel gefroren.

Nach diesem Tag war ein weiteres Kamel von der Reise und der Kälte so erschöpft, dass wir es zurücklassen mussten. Dieses Kamel hatte Argali genommen, als er mit Carsten über die Dünen zu den Seen geritten war. Mein Instinkt, die Kamele in den Dünen nicht zu überanstrengen, hatte sich als richtig erwiesen. Kamele sollten nicht für einen Zeitschriftenartikel geopfert werden. Die Hamada war fast durchquert, und ich hatte gebetet, dass dieses zweite erschöpfte Kamel es noch bis zum Brunnen von Bir Tabonie schaffen möge. Doch es sollte nicht sein. Nun wünschte ich mir inständig, dass wenigstens die anderen Kamele die Reise heil überstanden. Wir hatten jetzt drei dieser wunderbaren Geschöpfe verloren, und das waren bereits mehr als genug.

Durch den Pick-up-Fahrer erfuhren wir, dass wir viel zu weit westlich von der Route nach Bir Tabonie waren. Shikou kam uns teuer zu stehen, und das nicht nur in puncto Geld. Wären wir auf der richtigen Fährte geblieben, hätte das erschöpfte Kamel vielleicht inzwischen mit uns den Brunnen erreicht. Am Vorabend hatte jedes Kamel praktisch einen ganzen Heuballen gefressen, und am nächsten Morgen lag noch eine Menge Gras am Boden. Dies sah ich jedoch nicht als Verschwendung – vielleicht konnte es bald einer anderen Karawane das Leben retten. Argali versuchte, unsere Route in nordöstlicher Richtung zu korrigieren. Wir überquerten eine geteerte Straße, auf der selten Autos fuhren, und gerieten völlig unerwartet in die tief eingeschnittene Schlucht eines ehemaligen Wasserlaufs – die erste Abwechslung in der öden Landschaft, seit wir die Hamada betreten hatten. Argali war nicht ganz sicher, vermutete aber, dass diese Schlucht nach Bir Tabonie führen könnte. Um halb sechs Uhr abends drangen wir schließlich in ein offenes Tal mit großen, üppigen Tamarisken und Akazienbüschen vor, das in Nord-Süd-Richtung verlief und an beiden Seiten von hoch aufragenden Hügeln mit flachen Kuppen begrenzt wurde.

Wir hatten es geschafft! Wir hatten die Hamada el Homra durchquert! Die steilen Talwände schützten uns vor dem Wind und die Luft in dieser Senke war mild und warm. Es wimmelte von Fliegen und Moskitos, aber Leben in jeglicher Form ist besser als die Wüstenei der letzten Tage. Dieser Ort kam uns vor wie ein Paradies und ich war ungemein erleichtert. Nach einer Woche hatten wir die heulende, unfruchtbare Wildnis endlich hinter uns gelassen.

Seit der Römerzeit ruhten sich hier die Karawanen aus, um für die große bevorstehende Wüstendurchquerung gewappnet zu sein. Für mich war unsere Ankunft im Tal einer der unvergesslichsten Augenblicke der ganzen Reise.

Vischer begann seine Hamada-Durchquerung mit dem Wasser aus dem Brunnen von Bir Tabonie, und sein Urteil fällt nicht positiv aus:

> Nebenbei sollte erwähnt werden, dass das Wasser aus Bir Tabonie nicht gerade Limonade ist! Es hat einen hohen Schwefelgehalt, der dafür sorgt, dass es nach mehreren heißen Tagen in den Ziegenhäuten zu einem schweren Gebräu heranreift, das stark nach faulen Eiern, toten Ziegen und anderen furchtbaren Dingen riecht und daher für empfindliche Gau-

men nicht zu empfehlen ist. Trotzdem ist es Wasser. Vor uns lag in allen Richtungen ein endloser, kahler, in der Hitze schimmernder Horizont, an dem nur gelegentlich eine gespensterhafte Gruppe von Palmen oder ein See auftauchten. Ein Fels oder sogar ein Kamel, die sich im flirrenden Dunst am fernen Horizont abzeichneten, wuchsen auf einmal zu einem großen Berg, während eine Fata Morgana aus blauem Wasser oder einer Ansammlung von Palmen plötzlich so nah zu sein schien, dass man weit darüber hinaus schauen konnte. Nicht eine einzige Pflanze oder die Spur eines Lebewesens waren zu sehen, nur Steine und nochmals Steine! So marschierten wir denn weiter, bis die Sonne in einer spektakulären Farbenpracht, die das Herz eines Tizian oder Turner hätte höher schlagen lassen, hinter dem Horizont versank.

Seine Freude, die Durchquerung geschafft zu haben, war ungefähr so groß wie meine, auch wenn wir sie jeweils in entgegengesetzter Richtung unternommen hatten:

Ein trüber Mond erleuchtete schwach die hügelige und felsbedeckte Landschaft, als wir absaßen und unsere müden Pferde durch die Felsen führten. Kaum hatten wir uns umgesehen, als der Pfad plötzlich endete und wir am Rand einer dunklen Schlucht standen. »Hatha Bab el Hamada«, rief der Araber, »das ist das Tor zur Hamada, der wasserlosen Steinwüste!« Hier, in den verborgenen Tiefen des düsteren Abgrunds, lag die lang ersehnte Süßwasserquelle! Sofort stieß Hanns einen lauten Jubelschrei aus, der allen Mädchen auf Gottes Erde eine Heidenangst eingejagt hätte: »HURRRAAAAAAAA!!« Über einen steilen Abhang gelangten wir schnell nach unten und erreichten schon nach kurzer Zeit die Oase mit dem hübschen

> Namen El Weina, der »das kleine Auge« bedeutet. Die Erleichterung und Freude darüber, endlich wieder Süßwasser gefunden zu haben, war unbeschreiblich.«

Bir Tabonie enttäuschte uns nicht. Die Oase war bebaut und renoviert worden, und der runde Betonbrunnen war mit einem Zementtrog verbunden, in den man Wasser für die Tiere schütten konnte. Da unsere Kamele jetzt genug zu fressen bekamen, durften sie trinken, so viel sie wollten. Bei unserer Ankunft tummelte sich eine Herde junger, gesunder Kamele, von denen einige sehr zutraulich waren, mit ihrem Führer in der Nähe des Brunnens. Sie gehörten einem beleibten Hirten mittleren Alters, dessen Mütze und Gewand in einem makellosen Weiß erstrahlten. Er hatte ein offenes, freundliches Gesicht und hieß Abubakar. Es war sonnig, windstill und herrlich warm, als ich mit Abubakar über die Sandsteinfelsen rings herum kletterte, um die römischen Inschriften zu suchen, die Heinrich Barth einst entdeckt hatte.

Wind und Wetter schienen in den letzten 150 Jahren offensichtlich ihren Tribut gefordert zu haben, und obwohl wir eine Reihe alter Gravuren fanden, die tief in den Stein eingeritzt worden waren, konnten wir unmöglich feststellen, ob es sich um lateinische Schriftzeichen handelte. Barth hatte eine Vielzahl lateinischer Sprüche entdeckt, daher war ich ein bisschen enttäuscht, dass man heute nichts mehr davon lesen kann.

Ein Monument erkannte ich allerdings: Es ragte weithin sichtbar über den Felsen auf, die das Tal im Westen säumten, und hatte uns als Orientierungspunkt beim Abstieg von der Hamada el Homra gedient. Auch Barth stellte fest: »Sein kunstvoller Stil würde auch dann das Interesse der Reisenden wecken, wenn es in einer fruchtbaren und dicht besiedelten Umgebung und nicht in einer trostlosen Einöde wie dieser hier stünde, wo ein prachtvolles Bauwerk natürlich sehr viel mehr Aufmerksamkeit erregt. Die Grabstätte ist mit ihren drei Stockwerken ungefähr siebeneinhalb Meter hoch.«

Vischer sah das Bauwerk im historischen Zusammenhang:

> Seit die Kolonnen des Römischen Reiches hier rasteten, muss Bir Tabonie viele Karawanen erlebt haben, die entweder in den Süden weitermarschiert sind oder aber mit durstigen Kamelen und leeren Ziegenhäuten aus dem Fessan gekommen sind. Große, fachmännisch behauene Sandsteine sorgen dafür, dass der Brunnen nicht zusammenfällt, und die Öffnung ist von einer niedrigen Mauer umgeben, damit kein Sand hineinweht. Ringsherum liegen weitere Steine, die sicher einmal zu einem riesigen Trog gehört haben, an dem die Kamele getränkt wurden.
> Auf einem höheren Plateau etwas weiter westlich stehen die Überreste eines kleinen quadratischen Tempels oder Grabmals, ein Orientierungspunkt für Reisende, der die Richtung der Straße und den Standort des Brunnens anzeigt. Auf vielen Steinen sieht man eingeritzte Figuren und Ornamente: bekränzte Flügelgestalten, einen Adler, der eine Gazelle in Stücke reißt, oder einen Jäger auf einem Pferd, der wilde Tiere verfolgt. Selbst jetzt noch, in diesem verfallenen Zustand, erheben sich die Überreste Roms, die jahrhundertelang dem Wüstenklima und Generationen von zerstörerischen Räubern getrotzt haben, stolz über den kahlen Plateaus und den breiten leuchtend roten Felsen, die sich weit bis zum südlichen Horizont hinziehen.

Vischer hatte Recht gehabt, was den Geschmack des Wassers in Bir Tabonie betraf. Limonade war das wirklich nicht. Als wir den

Brunnen verließen und gen Norden in Richtung des riesigen, trockenen Flussbetts des Wadi Zemzem aufbrachen, schwirrten mir allerlei Hirngespinste über römische Soldaten, arabische Sklavenräuber, europäische Forscher und andere, gewöhnlichere Abenteurer durch den Kopf. All diese Reisenden aus verschiedenen Jahrhunderten mussten gewusst haben, dass die schwefelhaltige Flüssigkeit aus Bir Tabonie das letzte Wasser sein würde, bis sie die Hamada el Homra hinter sich gebracht hatten. An diesem Ort mussten zahllose Reisende aller Rassen, alte wie junge, den Gürtel enger geschnallt und ihren ganzen Mut zusammengenommen haben.

Der 28. Januar – der Tag, an dem wir Bir Tabonie verließen – begann interessant, wurde später jedoch sehr frustrierend. Zunächst wanderten wir durch eine fruchtbare, milde Landschaft und kamen unmittelbar an einem seltsamen kegelförmigen Hügel vorbei. Zu Barths Zeiten wurde er »Sklavenfrisur« genannt, weil der Fels auf der Kuppe einem Dutt oder einer Haarrolle ähnelte, und auch heute kennt man ihn noch unter diesem Namen.

Nachdem wir die Ebene des Wadi Zemzem verlassen hatten, kamen wir in eine Gegend, die sich als genauso felsig und ermüdend wie viele andere auf unserer Reise herausstellte. Die Route führte über ein hohes, steiniges Plateau, und Argali hatte sich den Weg von Abubakar in Bir Tabonie genau erklären lassen. Leider wurde der alte Kamelweg von Felsstücken und Steinen verdeckt und war mehr oder weniger zerstört, so dass unsere Kamele wieder einmal über Felsbrocken klettern mussten, die dicht an dicht lagen wie alte Kanonenkugeln. Schmale, jäh abfallende Spalten durchzogen das ebene Plateau und verliefen von Ost nach West mitten über unseren Weg. Einige Teile des Plateaus, die durch diese Spalten abgetrennt worden waren, bildeten einzelne Hügel, und als wir wieder einmal nach dem richtigen Weg suchten, führte Argali uns über einen dieser zerklüfteten Hügel, und ich fragte mich, ob wir jemals heil wieder herunterkommen würden. Manche Hügel erinnerten noch an das alte Tafelland. Andere hatten durch Erosion mit der Zeit eine Kegelform erhalten. Zwischen den breiten Tälern oder den kleinen runden Hügeln rechnet man mit Flüssen und Dörfern, doch es gab weit und breit nichts als Fels und Stein.

Schließlich stiegen wir in ein grasbedecktes Tal hinab, in dem uns gute Weideflächen und ein weicher Lagerplatz zu erwarten schienen. Dieser war allerdings schon von anderen Reisenden belegt, einem wüst aussehenden Kerl mit seiner Frau und vier Kindern, deren Benehmen perfekt zur trostlosen Umgebung zu passen schien. Er stand vor seinem Zelt und Argali ritt zu ihm, um ihn zu fragen, ob wir für eine Nacht in ihrer Nähe kampieren dürften.

»Kommt gar nicht in Frage«, antwortete er. »Ich war als Erster hier. Meine Tiere grasen. Ich will Ihre Kamele nicht in meiner Nähe haben. Hauen Sie ab. Lassen Sie mich in Frieden.«

Es gibt in Libyen das ungeschriebene, aber minuziös befolgte Gesetz »Wer zuerst kommt, mahlt zuerst«. Wenn ein Neuankömmling sein Lager in der Nähe eines anderen aufschlagen will, der zuerst da war, muss er ihn um Erlaubnis fragen, egal, wie abgelegen das Gebiet ist. Hier schien es reichlich Weidefläche für uns alle zu geben. Vielleicht hielt uns der Mann für eine verbrecherische Diebesbande. Was immer die Gründe für seine kompromisslose Haltung sein mochten, uns blieb nichts anderes übrig als weiterzuziehen. Wieder führte die Route durch Steine und Felsen, und wir dankten Allah, dass wir im hellen Mondlicht den Weg erkennen konnten. Es war Vollmond und der Mond ging genau zur selben Zeit auf wie die Sonne unter. Der Professor wurde ganz aufgeregt.

»In China gilt es als ein sehr gutes Omen, das zu sehen. Nach chinesischem Glauben wird der Rest unserer Reise unter einem guten Stern stehen.«

Er sprang von seinem Kamel herunter, rannte den nächsten Hügel hinauf und stellte sein Stativ auf, um das Phänomen auf Video aufzunehmen. Leider waren wir nicht in China unterwegs, und der Professor sollte ein kleines Stückchen Glück einbüßen, kurz bevor wir Mizda erreichten.

Erst um acht Uhr stießen wir auf ein unbewohntes, grasbewachsenes, felsiges Tal und schlugen im Dunkeln hastig und etwas nachlässig unser Lager auf. Wir waren müde und sehr hungrig, aber guter Dinge. Die Mondscheinwanderung hatte uns erquickt, auch wenn unser Abendessen aus Makkaroni, Knoblauch und Tomatenmark dadurch erst sehr spät stattfand.

Hier in diesem Tal, wo wir nun kampierten, dem Wadi Wuzig, erlebte Vischer eine ähnliche Begebenheit wie wir in Mestuta, als unsere Kamele plötzlich von Wüstendschinns besessen waren:

> Wir marschierten in einer pechschwarzen Nacht über endlose Steinfelder zum Wadi Wuzik und plötzlich spielte aus unerfindlichen Gründen eines unserer Kamele verrückt. Mitten in der schläfrigen Karawane schreckte das Kamel auf einmal schnaubend und brüllend auf, schaute sich verängstigt um und stürmte in wildem Galopp in die verwirrte Kolonne hinein, warf seine Ladung wie Steine aus einem Katapult nach links und nach rechts und verschwand in der Dunkelheit. Die anderen Kamele erschraken bei diesem unvermittelten Überfall, liefen in alle Richtungen davon und eine allgemeine Panik breitete sich aus. Meine Begleiter riefen mir entsetzt zu, ein Ghul, ein böser Wüstendämon, habe das Kamel ergriffen; die Steinschlossgewehre wurden abgenommen und mehrere Schüsse abgefeuert, um den bösen Geist zu vertreiben. Lange Gebete wurden in der Lautstärke eines Maschinengewehrs heruntergerasselt, und allmählich beruhigten sich die veräng-

tigten Gemüter wieder. Die Kamele wurden zurückgeholt und wieder beladen, und während sich die Karawane aufstellte, erklärte man mir, dass diese bösen Geister manchmal Lust bekämen, auf einem Kamel zu reiten. Das Kamel drehte sich dann um, um nachzusehen, wer ihm in die Rippen stieß, und wenn es niemanden sah, bekam es Angst und wusste, dass der Teufel auf seinem Rücken saß.

Trotz des Vollmonds grasten unsere Kamele glücklich und zufrieden. Kein »Ghul« ließ sich blicken.

Als wir am nächsten Tag über weitere zerklüftete Steine und Felsen wanderten, bei denen der arme Pasha vor Schmerz zusammenzuckte, kreiste ein blauer Hubschrauber über uns. Er kümmerte uns wenig, doch mir kam der Gedanke, die Insassen könnten vielleicht nach uns Ausschau halten. Wir zogen weiter. Mühsam schleppten wir uns voran, waren uns dabei aber bewusst, dass wir uns Meter für Meter, so beschwerlich sie auch waren, dem Ende unserer Reise näherten.

Am Anfang des nächsten felsübersäten Tals hörte ich dann ein Motorengeräusch. Minuten später raste ein blauer Polizei-Landrover im Zickzack auf uns zu. Mit quietschenden Reifen kam er zum Stehen und ein arabischer Polizist mittleren Alters sprang heraus, begleitet von einem jungen tiefschwarzen Gehilfen mit einer automatischen Waffe.

Beide machten einen ernsten, diensteifrigen Eindruck.

»Wo kommen Sie her? Wo wollen Sie hin? Wir wollen Ihre Papiere sehen.« Ich wurde mit Fragen bombardiert und die Stimmung war angespannt.

Sie hatten schon seit zwei Tagen nach uns gesucht, und das merkte man ihnen an. Vorschriftsmäßig zeigte ich alle Ausweise und Dokumente vor.

»Aus Nigeria? Das kann nicht sein. Wie haben Sie es geschafft, in Libyen einzureisen?«

Ich erklärte ihm den Sinn und Zweck unserer Reise und ließ den Namen des Mannes vom Sicherheitsdienst fallen, der uns in El War geholfen hatte.

Dies zeigte eine gewisse Wirkung, dennoch prüften sie weiter gründlich unsere Papiere.

Der ältere Mann zeigte auf den Professor. »Dieser Mann hier. Was für eine Nationalität hat er? Wo kommt er her?«

»Aus China. Er ist ein wichtiger, hoher Regierungsbeamter.«

Der Polizist ließ sich nicht so leicht überzeugen.

»Ein hoher chinesischer Regierungsbeamter, der auf einem Kamel durch Libyen reitet?« Er schaute mich ungläubig an. »Wir haben eine Meldung von einem Targi erhalten, dass Sie ihn in der Hamada el Homra ausgesetzt haben. Er hat sich um Ihr Wohlergehen gesorgt, da Sie keinen Führer dabeihätten, wie er sagte.«

Jetzt war es heraus. Der Fluch des Shikou hatte uns getroffen.

»Er hat sich um unser Wohlergehen gesorgt?«

»Ja, er sagte, Sie hätten ihn als Führer angestellt und er fühle sich für Ihre Sicherheit verantwortlich.«

»Das war sehr aufmerksam von ihm«, erwiderte ich, »aber eigentlich war es so, dass uns dieser Tuareg erst in Gefahr gebracht hat, weil er den Weg überhaupt nicht kannte. Seinetwegen haben wir zwei Tage mehr als nötig durch die Hamada el Homra gebraucht.«

Der Araber mittleren Alters entspannte sich, lachte und streckte die Hand aus. Sein Assistent nahm die Waffe herunter, die er die ganze Zeit auf meinen Bauch gerichtet hatte.

»Keine Sorge. Ihre Papiere sind alle in Ordnung. Sie können weiterreisen, aber ich halte Sie trotzdem für etwas verrückt.«

Wir gaben uns die Hand und sie rasten wieder davon. Ich begriff, dass Shikou sich durch die Polizei abgesichert hatte, falls uns etwas zugestoßen wäre. Dann hätte man ihn nicht dafür verantwortlich machen können. Vielleicht war er gar nicht so verrückt, wie ich gedacht hatte.

Als wir gegen drei Uhr nachmittags einen Hang in einer besonders felsigen Gegend hinaufwanderten, rief Argali dem Professor etwas zu.

»Sehen Sie, Professor. Foto, Foto.«

Argali zeigte aufgeregt auf einen großen Felsen, der wie ein weiblicher Torso geformt war. Durch die stetige Wettereinwirkung sah er aus wie eine Plastik von Henry Moore mit einem Loch in der Mitte.

Der Professor holte seine Kamera aus der Kameratasche, schwang ein Bein über die Flanke des Lastkamels und sprang. Er hatte sich diese Art, von einem gehenden Kamel hinunterzuspringen, schon vor einiger Zeit angewöhnt, und obwohl wir seine ersten Versuche etwas ängstlich verfolgt hatten, waren wir inzwischen überzeugt, dass er diese Übung problemlos beherrschte. Leider nicht in diesem Fall. Trotz des guten Omens der letzten Nacht, als der Mond zur selben Zeit auf- wie die Sonne untergegangen war, blieb der Professor mit dem Fuß in einem Kamelseil hängen und stürzte, die wertvolle Videokamera fest an sich gedrückt, zu Boden und genau auf zwei spitze Steine. Obwohl er offensichtlich angeschlagen und verletzt war, rappelte er sich tapfer auf und legte sich hinter dem hohlen Fels flach auf den Bauch, um unsere wandernde Karawane durch das Loch zu fotografieren. Als wir jedoch am Abend unser Lager in einem üppig bewachsenen Tal aufschlugen, mussten wir feststellen, dass er sich zwei Rippen angeknackst oder gebrochen hatte. Wir legten ihm einen stabilen Verband an, aber er litt dennoch für den Rest der Reise unter großen Beschwerden.

An diesem Abend brachte uns ein 12-jähriger Tuareg-Hirtenjunge zwischen den Tamarisken ein Ständchen. Er hatte sich eine zweisaitige Gitarre aus einer alten libyschen Öldose gebastelt. Sie war zwar rostig und völlig zerbeult, erzeugte aber einen melodiösen, wenn auch auf Dauer eintönigen Klang. Der Junge war aus Mali gekommen, um Arbeit zu suchen, und bei einem arabischen Viehbesitzer hängen geblieben, der ihm einen Hungerlohn zahlte. Dennoch machte er einen recht zufriedenen Eindruck und freute sich, mal wieder die Tuareg-Sprache sprechen zu dürfen.

Wir folgten der alten Kamelroute, die an der neuen Teerstraße nach Mizda endete. Hier thronte ein weithin sichtbarer römischer Obelisk einsam und verlassen auf einem Hügel. Der 30. Januar hatte grau und dunstig begonnen, doch am Nachmittag hellte sich das Wetter auf und es wurde recht warm. Der Professor fühlte starke Schmerzen im Brustkorb, doch er hielt sich wacker und klagte nicht. Nachdem ich dreieinhalb Monate nur mit Kamelen unterwegs gewesen war, hatte mich der Verkehr auf der Straße zwischen Mizda und Sabha in der letzten Nacht stundenlang wach gehalten. Ich musste an die Ältesten des Cham-Stammes in Nordnigeria denken. Während der Jahre, in denen ich in Cham arbeitete, wurde eine Straße durch ihr Dorf gebaut. Sie verabscheuten den nie da gewesenen Verkehrslärm, der vielleicht von zehn Fahrzeugen pro Tag verursacht wurde, so sehr, dass sie sich in die umliegenden Hügel zurückzogen. Dort errichteten sie eine neue Siedlung, um der Hektik des »Fortschritts« zu entgehen. Ich konnte die Gefühle der früheren Stammesältesten von Cham gut nachvollziehen, als ich wehmütig von meinem Schlafsack aus in die umliegenden Hügel blickte.

Zwei Tage lang folgten wir der Hauptstraße. Ein paar der vorbeirasenden Autos hielten an, sobald sie uns bemerkten, und wollten unsere Kamele kaufen. Es gab aber auch edelmütige Fahrer, die das Tempo drosselten und frisch gebackene Brote auf den Asphalt warfen. Nach der wochenlangen eintönigen Kost waren uns diese frischen, warmen Baguettes mehr als willkommen.

Am 1. Februar erreichten wir schließlich die Stadt Mizda, die der hauptstädtischen Verwaltung von Tripolis unterstand – das Ziel unserer dreieinhalb Monate langen Reise, die uns in genau 100 Tagen über 2352 Kilometer geführt hatte. Wir kampierten in einer steinigen, von reifen Akazien überschatteten Schlucht, in der es reichlich zu fressen für die Kamele gab. Zum letzten Mal packten wir unsere Sachen aus und verteilten sie auf dem Boden. Dann schüttelten wir uns alle etwas befangen die Hände. Es kam mir unwirklich vor, dass wir die Reise tatsächlich vollendet hatten, und ich konnte es kaum glauben. Benommen streifte ich umher und wusste nicht, was ich tun oder auch nur sagen sollte.

Vischer fand keinen großen Gefallen an Mizda. Er hat ein unvollständiges Aquarell vom Dorf gemalt und unten auf den Rand die Bemerkung geschrieben, er müsse seine künstlerischen Bemühungen unterbrechen, da er von den Dorfbewohnern mit Steinen beworfen werde. Darüber hinaus gab es noch einen weiteren, zwingenderen Grund dafür, dass ihn Mizda so traurig stimmte, und dieser sollte uns heutigen Menschen ebenfalls zu denken geben:

> Am fernen, südlichen Talende leuchteten die Palmen und die Häuser von Mizda in den ersten Sonnenstrahlen.
> Während wir hinabstiegen, erweiterte sich das Tal allmählich und einige runde Türme und flache Häuser blitzten zwischen den grünen Dattelpalmen hervor. Die ganze Oase stach von den rötlichen Berghängen ab und bot im hellen Morgenlicht nach der Wildnis der letzten Tage einen heiteren Anblick.

So weit, so gut.

> Doch als wir uns dem Dorf näherten, wurden die einzelnen Details des Gesamtbildes sichtbar und verdarben den positiven

Eindruck. Erschrocken stellten wir fest, dass die Oase völlig heruntergekommen war. Die Gärten wirkten nicht gepflegt, die Palmen sahen krank und elend aus, die kleinen Häuser waren primitiv und schmutzig und bröckelten zwischen dem Schutt langsam vor sich hin. Die runden Türme, die von weitem aussahen, als würden sie zu einer versteckten Burg gehören, lehnten sich müde über die Trümmer zu ihren Füßen, überall herrschte Armut und Verfall. Eine Bande zerzauster Bengel folgte uns schüchtern in einiger Entfernung, und ein böse aussehender Neger – der einzige erwachsene Einwohner, den wir finden konnten – antwortete nicht auf unsere Begrüßung. Die Leute hockten hinter ihren Mauern und beäugten uns argwöhnisch, als ärgerten sie sich über unser Eindringen. Und in ebendiesem Mizda hatte Barth 1850 eine freundliche Gemeinde vorgefunden, die große Kornfelder bestellte und glücklich zwischen wunderschönen Gärten und Palmenhainen lebte. Das vertrocknete Steinfeld, das sich bis zum kleinen Dorf erstreckte, war das in ganz Nordafrika bekannte Wadi Sofejin, und das prachtvolle Tal wurde von früheren arabischen Dichtern wegen seiner Schönheit und seines Reichtums gerühmt.

Hier haben die Wüste und ihre Trostlosigkeit gesiegt. Der Mensch, der in seiner eigenen blinden Boshaftigkeit mit der Zerstörung spielte, als er plünderte und mit Feuer und Schwert neue Werte predigte, hat ihr selbst das Tor geöffnet. Die Wüste ist hereingekommen und hat allmählich die Mauern, die bebauten Geländestufen und allen fruchtbaren Boden vernichtet. Sie hat die Wasserläufe tief unter der Erdoberfläche verschwinden lassen und ehemalige Gärten und Kornfelder mit dicken Gesteinsschichten aus den Bergen bedeckt. Dann hörte der Regen auf, ein Brunnen nach dem anderen trocknete

> aus, und nun gehen in Mizda sogar die Palmen ein, weil sie das Grundwasser nicht erreichen können. Seit zwölf Jahren hat es in Mizda nicht geregnet. Die wenigen übrig gebliebenen Brunnen reichen kaum aus, um die 100 Einwohner und ihre kleinen Gärten zu versorgen.

Vischers Schilderung liest sich, als wäre sie von einem aufgebrachten jungen Greenpeace-Aktivisten geschrieben worden. Er kannte damals noch nicht das hässliche moderne Wort »Desertifikation«, welches bedeutet, dass die Wüste in fruchtbare Trockengebiete vordringt und sie vollkommen erobert. Dennoch ist es genau dieser Prozess, den Vischer beschreibt. Wie zu Vischers Zeiten ist das Sofejin-Tal, in dem Mizda liegt und das in ganz Südeuropa für sein üppiges Wachstum berühmt war, auch heute noch wüst, kahl und von Sand bedeckt. Nichts zeugt mehr von seiner früheren Fruchtbarkeit. Ich empfand dies als eine bittere Lehre. Wie viele andere fruchtbare Täler sind in den letzten 100 Jahren noch verwüstet worden, nur weil der Mensch dumm und gierig war? Wahrscheinlich Tausende. Das moderne Mizda kann zwar mit mehr als 100 Einwohnern aufwarten, aber die Betonsiedlung, die das alte, aus Lehm gebaute Dorf ersetzt hat, macht ebenfalls einen ungepflegten, baufälligen Eindruck. Zumindest die Bewohner aber verhielten sich außerordentlich freundlich und warfen nicht mit Steinen nach mir, als ich Fotos machen wollte. Sie lachten nur.

Es erfüllte mich mit Schmerz, die an das Kameltempo angepasste Welt verlassen und in eine Welt der Rastlosigkeit und unnatürlichen Hektik zurückkehren zu müssen. Ich betrachtete die Autos, die die Hauptverkehrsstraße entlangbrausten, und dachte: Warum haben sie es bloß so eilig? Was kann denn so dringend sein? Das kam mir alles seltsam vor. Ich sehe es als eine besondere Ehre an, dass ich in eine Zeit und eine Geschwindigkeit zurückkehren durfte, die unsere Vorfahren für normal hielten. Nur wenn man über eine längere Periode dem natürlichen Rhythmus des Lebens gefolgt ist, weiß man wirklich zu schätzen, was verloren gegangen ist.

Unsere Zeitblase platzte endgültig, als Mukhtars Mitarbeiter auftauchten, um die Kamele abzuholen, die ich an Fezzan Tours verkauft hatte. Sie erzählten mir, dass sie die Tiere zuerst nach Wunzerig zurückbringen würden, damit sie sich dort vor ihrem neuen Einsatz als Touristenattraktion ausruhen konnten. Ich hoffte inständig, dass sie mir die Wahrheit sagten. Wenn ich erst einmal in Richtung Tripolis verschwunden war, würde ich nichts mehr für sie tun können. Zwei große Lkws kamen, und ich konnte kaum zusehen, wie unsere treuen Kamele eingeladen wurden. Nun waren sie nicht mehr in der Obhut von Menschen, die sie mit *amana* oder Fürsorge behandelten. Gehetzte Männer mit harten Zügen zerrten und stießen unsere braven Gefährten mit Flüchen und lieblosem Gebrüll in die Lkws.

Der dahinbrausende Verkehr, die hektischen Verhandlungen mit ernsten Geschäftsleuten, der traurige, verwirrte Blick unserer geduldigen Kamele, der herzliche Abschied von den Tuareg – all das zwang mich zu begreifen, dass unser Rückzug in die gemächliche Welt der Kamele nun endgültig vorüber war. Unsere Tuareg, die dem libyschen Umgang mit Kamelen kritisch gegenüberstanden, weigerten sich zu helfen. Stattdessen kehrten sie der ganzen Szene den Rücken zu und dachten lieber an ihre Heimat, ihre Familie, das warme Wetter und den klaren blauen Himmel. Auch Johnny schien bereit, zu Freunden und Familie zurückzukehren, und der Professor sehnte sich nach China und der Möglichkeit, sich wieder in seiner eigenen Sprache zu unterhalten. Meine Gefühle waren sehr gemischt – einerseits freute ich mich über das, was wir erreicht hatten, andererseits bedauerte ich, dass unser großes Abenteuer schließlich zu Ende gegangen war.

Ich blickte zu den Bergen mit den flachen Kuppen hinauf, die Mizda umsäumten, und dachte, dass sie wohl alle unerwünschten Veränderungen überstehen würden, die der Mensch der Wüste zufügen mochte. Mit ihren windgepeitschten schwarzen Felsgipfeln strahlten sie die trostlose Monotonie der Ewigkeit aus. Das Land, das uns umgab, schien einem anderen Erdzeitalter anzugehören. Ich staunte, dass die Strecke, die wir gerade bereist hatten, auch heute noch intakt war. Sie hat jahrhundertelang als Kamelstraße bestanden, und trotz aller Veränderungen durch den Menschen besteht sie wie die umliegende Landschaft bis zum heutigen Tag.

Vischer hegte ähnliche Gedanken, und obwohl er sich anders ausdrückte, kann ich genau nachvollziehen, wie er sich fühlte.

> Ich bin noch nicht in der Lage, zusammenhängende Briefe zu schreiben und fühle mich noch etwas benommen, denn – die Wüste ist Hölle und Stille, und es gefällt ihr nicht, wenn ein kleiner Mann die große Ruhe stört. Aber sie ist auch eine Sphinx, und ich sehne mich danach, wieder den Sand unter den Füßen zu spüren, neben meinem Kamel zu liegen, zu den Sternen hinaufzusehen und nach Tuareg Ausschau zu halten. Ich habe einige wertvolle Dinge gelernt. Ich kann auf dem Boden sitzend ohne Löffel arabisches *bazin* essen und es mit saurer Kamelmilch hinunterspülen. Ich kann Wasser trinken, das sogar mein Pferd nicht anrühren würde. Ich kann anderthalb Tage mit etwas Kaffee und einer Zigarette auskommen und auf meinem Kamel schlafen. All das habe ich ohne Stuhl oder Bett geschafft und war glücklich nur in Begleitung meiner wilden Wüstenfreunde.

Nach einer Nacht, in der wir unsere Reiseausrüstung unter den Tuareg verteilten, kletterten wir in einen Kleinbus von Fezzan Tours und ließen uns nach Tripolis bringen. Mir wurde sehr bald klar, dass es unmöglich gewesen wäre, mit den Kamelen weiter nach Tripolis zu reisen. Überall gab es streng abgegrenzte Ackerflächen, und florierende Betonvororte mit lautem, dichten Straßenverkehr dehnten sich endlos weit nach Süden aus. Wir waren so weit nördlich wie möglich mit den Kamelen gereist. Und wir hatten den Verwaltungsbezirk der Hauptstadt erreicht.

Der britische Botschafter Richard Dalton veranstaltete mit seiner Frau einen großen Empfang, um zu feiern, dass wir heil in Tripolis angekommen waren. Der chinesische Botschafter war ebenfalls anwesend. Er machte viel Wirbel um den Professor und behandelte ihn als wahren Helden Chinas, was er natürlich auch ist. Das libysche Außen- und das Umweltministerium waren auf hoher Ebene vertreten und wollten unbedingt wissen, wie wir Libyen und die Libyer fanden. Die beiden Botschafter aus Nigeria und Niger bestürmten mich mit Fragen über die Sicherheit ihrer Länder entlang der Kamelstraße. Schließlich kam ich noch dazu, Bridget Brind zu danken, die mehr als einmal dabei geholfen hatte, uns aus einer Notlage zu befreien.

Angeschlagen und erschöpft von der Reise nippten wir im abstinenten Libyen edlen Champagner und speisten schmackhafte Fischbällchen von zierlichen Porzellantellern mit Goldrand und dem Staatswappen Ihrer Majestät. Nach all den immer gleichen Makkaronigerichten, die ich von einem angestoßenen Blechteller gegessen und mit gezuckertem Tee aus einem rostigen Metallbecher hinuntergespült hatte, fühlte ich mich plötzlich beklommen und ungeschickt.

Auf dem Empfang schaute ich in die ernsten, freundlichen Gesichter der libyschen Regierungsbeamten und dachte darüber nach, wie sich das Kaleidoskop der internationalen Beziehungen gedreht hatte, während wir auf der alten Kamelstraße wanderten und nichts von der Außenwelt mitbekamen. Vor unserer Reise war unmöglich abzusehen, dass sich ein paar Monate später eine Annäherung zwischen Großbritannien und Gaddafi ergeben würde. Und doch war in weniger als einem Jahr nach der Tragödie in New York und Washington, an der unsere Expedition beinahe gescheitert wäre, das Unvorhersehbare geschehen. Ich nahm es als ein gutes Zeichen, dass wir in Libyen keine einzige feindlich gesinnte Tat oder Person erlebt hatten.

Ehom und Argali hatten mich nach Tripolis begleitet, um ihren letzten Lohn zu erhalten. Und auch sie bekamen die Auswirkungen der modernen Welt zu spüren. Keiner von ihnen hatte jemals in einem Hotellift gestanden, und als wir zu meinem Zimmer im siebten Stock hinaufsausten, um Bargeld zu zählen, schwitzten beide stark vor nervöser Anspannung. Wir gaben uns die Hand und trennten uns in einer vollkommen fremden Umgebung. Sie kehrten in ihre Welt zurück und ich in meine.

Richard Burton, ein berühmter viktorianischer Forscher und Entdeckungsreisender, drückte sehr kurz und bündig Gefühle aus, die auch Vischer und ich teilten, obwohl unsere beiden Reisen fast ein Jahrhundert auseinander lagen. In seinem Buch *Meine Wallfahrt nach Medina und Mekka* schildert Burton, wie er die Trennung von den Kamelen und der Wüste erlebte:

> Zu leben wie ein Tier kann einem Menschen großes Vergnügen bereiten. Mit großem Appetit verschlingt man selbst die unverdaulichste Kost; der Sand ist weicher als jedes Daunenbett, und die saubere Luft schlägt eine ganze Armee schrecklicher Krankheiten in die Flucht. Daher geht es allen gleich – Männern und Frauen, Alten und Jungen, sowohl dem nüchternsten als auch dem phantasievollsten Geist, dem bravsten Bürger, dem Pfarrer, der alten Jungfer, dem friedlichen

> Gelehrten, Fortunas Lieblingskind: Alle spüren, wie ihnen das Herz aufgeht und der Puls schneller wird, wenn sie von der Höhe ihrer Dromedare auf die prachtvolle Wüste hinabblicken. Und glaubt mir, wenn ihr an der Ruhe einer solchen Reise erst einmal Gefallen gefunden habt, wird es euch wahrlich schlecht ergehen, wenn ihr in das geschäftige Treiben der Zivilisation zurückkehren müsst. Mit Abscheu werdet ihr der Hektik und dem Getöse, dem Luxus und den falschen Freuden dieses unnatürlichen Lebens entgegensehen. Eure Stimmung wird so gedrückt sein, dass ihr euch weder geistigen noch körperlichen Anstrengungen gewachsen fühlt. Die Luft der Städte wird euch ersticken, und die verhärmten, abgezehrten Gesichter ihrer Bürger werden euch verfolgen wie eine Vision des Jüngsten Gerichts.

Und dies schrieb er 1853.

Zwei Tage später landete ich in Heathrow und wurde von John Clarke, einem zuverlässigen Taxifahrer, abgeholt. Er fährt täglich nach Heathrow und Gatwick, um Reisende abzuholen, die in unserem Dorf Benenden wohnen.

»Hallo«, begrüßte er mich lässig. »Wie geht es Ihnen? Hatten Sie eine gute Reise? Wie ich sehe, waren Sie beim Friseur. Aber das war in der Sahara wohl auch nötig, was? Übrigens, der Ring ist an der Anschlussstelle 12 gesperrt. Wir brauchen sicher ewig bis nach Hause. Wahrscheinlich kommen wir nur mit 60 Stundenkilometern voran. Wann machen die endlich was an der M 25?«

Ich war zurück.

Nachwort

Das wilde Zweihöckrige Kamel: Eine akut vom Aussterben bedrohte Spezies

Eines der wichtigsten Ereignisse in der Geschichte Nordafrikas war die Einführung des Dromedars, vermutlich in der Zeit der römischen Besetzung. Plinius, der Afrika bereist hatte, stellte mit einiger Überzeugung fest, das Kamel gehöre nach Asien, und in früher römischer Zeit war es offensichtlich noch nicht in Afrika zu finden.

Erst 46 v. Chr., als Caesar in der Schlacht von Thapsus unter anderem 22 Dromedare erbeutete, wird es zum ersten Mal erwähnt. Doch lange Zeit bleiben sie selten, und erst in der Mitte des vierten Jahrhunderts scheinen sie zahlreicher vorzukommen. Anno Domini 363 fordert Romanus 4000 Kamele aus Leptis Magna in Libyen, die pflichtgemäß geliefert werden.

Es gibt natürlich auch Legenden über das Erscheinen des Kamels in Nordafrika. Im Hoggar-Gebirge im Herzen der Zentralsahara steht eine Ruine, die zwar aus römischer Zeit stammt und mit dem Mittelmeerraum in Verbindung steht, doch keinerlei römische Merkmale aufweist. Die kleine, verfallene Festung in der Nähe der Oase Abalessa, ein Gebäude mit mehreren Zimmern, ist den heutigen Tuareg von der Bauart völlig unbekannt. Angeblich wohnte hier einst eine Frau namens Tin Hinan, die auf geheimnisvolle Weise aus der weit entfernten Oase Tafilet in Südmarokko auf einem prachtvollen weißen Kamel (wie Pasha) im Hoggar eintraf. Die örtliche Tuareg-Aristokratie behauptet, von ihr abzustammen. Bei Ausgrabungen fand man die Gebeine einer Frau des ägyptischen und nicht des marokkanischen Typs. An den Armen des Skeletts hingen silberne und goldene Armbänder, auf der Brust lagen ein goldener

Anhänger und verschiedene Perlen. Neben einer Münze von Konstantin dem Großen wurde römisches Glas gefunden. Beides deutet auf ein Datum des vierten Jahrhunderts hin. Die Geschichte von Tin Hinan und ihrem Kamel, woher sie kam und wie sie einen so abgelegenen Ort erreichen und dort leben konnte, zählt noch immer zu den großen Geheimnissen der Wüste.

Daher ist es ungewiss, ob die Römer direkt für die Einführung des Kamels verantwortlich sind. Möglicherweise mussten sie zur Zeit ihrer Verwaltung Nordafrikas plötzlich Transportschwierigkeiten bewältigen, die sie in Asien mit Hilfe der Kamele gelöst hatten. Vielleicht erkannten sie aber auch, wie sehr die wirtschaftliche Entwicklung Afrikas durch die Einführung des Kamels aus Asien beschleunigt werden würde.

Eine neue Ära der Entwicklung begann und Wüstenreisen verloren viel von ihrem Schrecken. Nun konnte man die entlegendsten Weiden der Wüste erreichen und die Fruchtbarkeit der fernsten Oasen ausschöpfen. Das Kamel konnte riesige Sandberge überqueren und tagelang ohne Wasser auskommen. Innerhalb kürzester Zeit wurden neue Handelsstraßen erschlossen, einschließlich der, die wir benutzt hatten. Mit all diesen Veränderungen entstand auch eine neue Art des Wüstenbewohners, nämlich der nomadisierende Kamelbesitzer. Diese wunderbare Mobilität war einzig dem Kamel zu verdanken.

Bittere Not zwang jedoch die jetzt so beweglichen Wüstenbewohner, sich gegenseitig zu berauben. Anarchie, wie sie die Nomaden in ihrer langen, turbulenten Geschichte nie gekannt hatten, war plötzlich an der Tagesordnung. Die Überfälle auf sesshafte Landwirte wie die Tubu nahmen Ausmaße an, gegen die niemand etwas ausrichten konnte. Wie wir heute (und schon Vischer und Denham vor uns) feststellten, schrumpfen die Wüstenoasen weiter, Brunnen fallen ein und Wasserlöcher trocknen aus. Die Vernachlässigung durch den Menschen und die früheren Raubzüge der mobilen Nomaden sind die Gründe dafür, dass die Wüste unfruchtbarer denn je geworden ist. Heutzutage werden bei Überfällen Geländewagen mit Allradantrieb statt Kamelen erbeutet, und auch die Täter selbst sind motorisiert. Aber die Ursachen sind noch immer die gleichen. Vischers kritische Bemerkungen über Mizda weisen deutlich auf die Folgen der Desertifikation hin. Ehom, Argali, Asalik und Adam sind die direkten Erben dieses Wüstenvermächtnisses der Sahara.

Aber wie sieht es mit dem Zweihöckrigen Kamel aus, dem Tier, das der Menschheit ebenfalls neue Horizonte eröffnet hat, weil es die Wüste Gobi durchqueren kann; eine Wüste, die noch feindlicher und extremer ist als die Sahara? Wie sind diese Pioniere der Seidenstraße entdeckt und domestiziert worden?

Ich hoffe, dass inzwischen klar geworden ist, warum ich diese Reise unternommen habe. Aus Abenteuerlust, sicherlich; um Sir Hanns Vischer nachzueifern, dessen wunderbares Buch mich fasziniert hatte, ganz bestimmt; aber es gibt noch einen weiteren und ebenso zwingenden Grund, der vielleicht weniger offensichtlich war: Aufmerksamkeit und finanzielle Mittel für einen laufenden Kreuzzug aufzubringen, der sich die Rettung des akut vom Aussterben bedrohten wilden Zweihöckrigen Kamels *(Camelus bactrianus ferus)* zum Ziel gesetzt hat.

Ein ehemaliges Atomtestgelände in China scheint nicht gerade ein geeigneter Zufluchtsort für eine hochgefährdete Tierart zu sein, vor allem dann nicht, wenn es auch noch von der riesigen unwirtlichen Wüste Gobi umgeben ist. Dennoch wird genau dieses Gebiet derzeit in ein hoffentlich sicheres Naturschutzgebiet, das Arjin Shan Lop Nur Nature Reserve, umgewandelt, um die letzten Herden einer seltenen Kamelunterart zu schützen. Das wilde Trampeltier oder Zweihöckrige Kamel zählt zu den erstaunlichsten noch bestehenden Tierarten überhaupt. Es stammt von einer drei oder vier Millionen Jahre alten Unterart ab. Heute leben wahrscheinlich nur noch 800 bis 1000 Tiere, etwa 600 in China und 300 in der Mongolei.

Das wilde Zweihöckrige Kamel wurde erst relativ spät entdeckt. Der große russische Forscher N. M. Przewalski sah und beschrieb es 1873 als erster Ausländer. Er nahm das Fell und den Schädel eines Kamels nach Sankt Petersburg mit, wo er großes Aufsehen unter den russischen Wissenschaftlern erregte und für viele Diskussionen sorgte. Przewalski skizzierte das Verbreitungsgebiet dieses wenig bekannten Tieres und sammelte Daten über seine Lebensweise. Er wies nach, dass sich das Wildkamel deutlich von seinem domestizierten Pendant unterscheidet. Es ist leichter gebaut und schlanker; seine Beine sind länger, die Fußsohlen schmaler und die Zehennägel stehen weiter vor. Es hat keine Hornschwielen an den Knien. Seine kleinen Höcker sind kegelförmig und liegen weiter auseinander als die des Hauskamels. Das Maul ist schmaler und der Kopf dünner. Schädel- und Skelettstruktur unterscheiden sich ebenfalls. Folglich sind sich die meisten Wissenschaftler einig, dass das wilde Zweihöckrige Kamel in Zentralasien eine eigenständige Wildform darstellt und nicht vom Hauskamel abstammt.

Kürzlich abgeschlossene DNA-Tests chinesischer und amerikanischer Forscher bestätigen dies, denn sie lassen große genetische Unterschiede zwischen Dromedaren und Zweihöckrigen Hauskamelen einerseits und ihren wilden zweihöckrigen Verwandten andererseits erkennen. Der Unterschied beträgt ganze drei Prozent, was sehr wenig erscheint, bis man erfährt, dass sich der Mensch genetisch nur zu fünf Prozent vom Schimpansen unterscheidet. Tatsächlich ist der Unterschied so groß, dass eines Tages vielleicht endgültig bewiesen werden kann, dass es sich beim wilden Zweihöckrigen Kamel um eine eigene Art handelt. Dies ist von Bedeutung, weil viele Kritiker seit der Entdeckung des Wildkamels eingewandt haben, es seien nur verwilderte Tiere, ehemalige Hauskamele, die vor den Härten der Seidenstraße davongelaufen waren, wie es auch in Australien verwilderte Dromedare gibt, die vom Leben als Haustier zu einem Leben in Freiheit zurückgekehrt sind. Doch das ist hier nicht der Fall.

In Freiheit überlebt das wilde Zweihöckrige Kamel heute nur noch in den entlegenen Gebieten der Gashun Gobi, den Ausläufern des Arjin-Gebirges und der Takla-Makan-Wüste in China sowie in einem abgeschiedenen Gebiet der südwestlichen Mongolei. Seit dem Ende der oberirdischen Atomtests gibt es neue und sehr konkrete Bedrohungen durch den Menschen. Spekulanten, die illegal nach Gold und anderen Mineralen suchen, haben es auf das Fleisch der Kamele abgesehen. An einer Salzwasserquelle fanden wir selbst gebaute Landminen aus Gelatinedynamit, mit denen die Tiere in die Luft gesprengt werden, wenn sie aus der Wüste zum Trinken kommen. Das Fleisch wird dann zum Verzehr fortgebracht.

Des Weiteren legt die chinesische Regierung besonderen Wert auf die industrielle Entwicklung der Provinz Xinjiang im Nordwesten Chinas, wo die wilden Zweihöckrigen Kamele leben. Die wirtschaftlichen Unternehmungen, vorangetrieben von reichen und mächtigen Geschäftsleuten in Hongkong und im Kernland China, werden für die restlichen Herden und das neu entstandene Naturschutzgebiet weitere Zwänge bedeuten. Die Gaspipeline, die in westöstlicher Richtung von der Takla-Makan-Wüste nach Schanghai führen soll, wird ebenfalls ihren Lebensraum verkleinern und sie immer mehr in das unzureichende Innere der Gashun Gobi drängen. Angesichts der heutigen unwägbaren Situation scheinen die Wildkamele paradoxerweise zu Atomtestzeiten besser vor menschlichen Eingriffen geschützt gewesen zu sein als jetzt, zumal sie für radioaktiven Niederschlag anscheinend gut gewappnet sind.

Der entscheidende Umstand aber, der für die Dezimierung der Wildkamele und die Verkleinerung ihres Verbreitungsgebiets in China und in der Mongolei gesorgt hat, war das Vordringen des Menschen und seiner domestizierten Tiere in bis dato unbewohnte Oasen. Wenn Siedlungen zeitweilig oder dauerhaft errichtet werden, wandert das Wildkamel rasch ab. Heute kommt es nur noch in den Teilen der Wüste vor, die aus dem einen oder anderen Grund nach wie vor spärlich besiedelt oder vollkommen unbewohnt sind. Wildkamele sind äußerst scheu und können nicht in der Nähe von Menschen leben, was eine Folge der Jagd ist, die seit undenklichen Zeiten in Zentralasien praktiziert wird und der die Kamele bis heute ausgesetzt sind.

Wie ein Tier in freier Wildbahn neigt auch der Mensch dazu, sich zu vermehren und dadurch einen immer größeren Bedarf an Ressourcen zu haben. China ist davon in besonderer Weise betroffen. Die größte Bedrohung für das wilde Zweihöckrige Kamel stellen die wachsende Bevölkerung, die Ausdehnung des Ackerlands und der stetig steigende Bedarf an Weideland dar. Bis heute kann es sich nur deshalb behaupten, weil es in einer größtenteils wasserlosen Einöde lebt. Was aber, wenn dort Öl oder irgendein anderer wertvoller Rohstoff in Mengen entdeckt wird, die einen Abbau lohnenswert erscheinen lassen? Wen interessiert dann noch die Zukunft des wilden Zweihöckrigen Kamels?

In der Mongolei an der Grenze zu China liegt ein zum Schutz des Wildkamels vorgesehenes Gebiet. Wildkamele interessieren sich jedoch nicht für Landesgrenzen. Sie wandern einfach über sie hinweg in eine Gegend, in der illegal Bodenschätze abgebaut werden. Die meisten Diebe haben es auf Gold abgesehen und vergiften mit Kaliumcyanid den Boden. Es heißt, wenn 25 Kamele die Mongolei verlassen, kehren höchstens zehn wieder zurück. Die anderen kommen auf dem verseuchten Boden elendig um.

Das wilde Zweihöckrige Kamel ist für Umweltschützer allerdings nicht nur unter genetischen Gesichtspunkten und als Kuriosum interessant. Dieses Säugetier lebt unter Bedingungen, in denen ein Mensch nicht existieren könnte. In der Gashun Gobi gibt es kein Süßwasser, nur Salzwasser, das aus unterirdischen Quellen an die Oberfläche sprudelt. Kein anderes Lebewesen, nicht einmal das Hauskamel, kann es trinken. Wie schafft es dieses außergewöhnliche Tier, von Salzwasser zu leben? Wenn man an den weltweiten Wassermangel denkt, der uns in diesem Jahrhundert droht, und an die unheilvollen Prophezeiungen, dass Kriege künftig wegen Wasser geführt werden, ist dies ein hochinteressantes Gebiet für anstehende wissenschaftliche Untersuchungen.

Die scheue, zurückgezogene Lebensweise schützt das Wildkamel zwar vor den Wilderern, könnte ihm aber auch zum Verhängnis werden. Weltweit gibt es nur etwa 15 gefangene Wildkamele, alle in China und in der Mongolei. Das sind so wenig, dass die gesamte Art Gefahr läuft ausgelöscht zu werden, wenn ihr natürlicher Lebensraum in China und der Mongolei zerstört wird. Daher ist es wichtig, genügend Tiere in Gefangenschaft zu züchten. Eine Kamelstute kann höchstens alle zwei Jahre ein Fohlen bekommen, was bedeutet, dass sich die Population auf natürliche Weise nur sehr langsam vergrößert. Als das Przewalskipferd *(Equus przewalskii)*, das asiatische Wildpferd, 1969 in freier Wildbahn ausstarb, gab es Hunderte von Pferden in Zoos auf der ganzen Welt. Da dies beim wilden Zweihöckrigen Kamel nicht der Fall ist, hat die Wild Camel Protection Foundation, die Stiftung zum Schutz des Wildkamels, nach reiflicher Überlegung und ausführlicher Rücksprache mit Wissenschaftlern beschlossen, ein Zuchtprogramm für gefangene Wildkamele ins Leben zu rufen. Dabei kann die Zahl der wilden Nachkommen jedes Jahr erhöht werden, indem man die Embryos der Wildkamele von Zweihöckrigen Hauskamelen austragen lässt.

Das geplante Programm bietet die einmalige Chance, das Überleben des Wildkamels – eines Tieres, das die Wissenschaftler noch lange nicht ganz verstanden und erforscht haben – für die Zukunft zu sichern. Vielleicht hält es im Gegenzug Geheimnisse bereit, die dem Menschen das Überleben auf einem Planeten ermöglichen, auf dem die Süßwasserreserven rasch schwinden.

Wenn man sich einen eine Woche alten Dromedarembryo anschaut, erkennt man die Überreste eines zweiten Höckers. Es ist also durchaus möglich, dass das Einhöckrige Kamel aus der Sahara, Afrika und dem Mittleren Osten eine Mutante des Zweihöckrigen Kamels darstellt. Dann wäre das wilde Zweihöckrige Kamel eventuell der Vorfahr aller Kamele, ob mit einem oder zwei Höckern.

Wie kam diese Mutation zustande? Man nimmt an, dass die heutigen Kamele von einer Spezies der *camelidae* in Nordamerika abstammen. Die frühesten bekannten Überreste von Kameliden wurden in der Wüste von Arizona gefunden und sind heute im American Museum of Natural History in New York ausgestellt. Einige dieser Kamele wanderten nach Süden und entwickelten sich über die Jahrtausende zu den Lamas und Alpakas Südamerikas. Andere überquerten die Beringstraße, die zu jener Zeit noch Amerika mit Asien verband. Sie kamen in eine kalte Region und entwickelten Höcker (einige Wissenschaftler behaupten einen, andere zwei), um darin Fett als Nahrung zu speichern. Außerdem entwickelte das Kamel die Fähigkeit, lange Zeit ohne Wasser auszukommen. Während einer weiteren Entwicklungsperiode wandelten sie sich zu den zweihöckrigen Kamelen, die wir heute kennen. Einige dieser Kamele blieben in den kalten, unwirtlichen Gebieten und bekamen ein langhaariges, zotteliges Fell als Schutz vor der Kälte. Andere wanderten weiter nach Süden und erreichten die wärmeren Erdregionen in Arabien und Afrika. Hier brauchten sie kein zottiges Fell und auch keine zwei Höcker als Fettspeicher, daher gehen einige Leute davon aus, dass sie sich allmählich in das einhöckrige Kamel, das Dromedar, verwandelten. Im wärmeren Klima war ein Höcker als Fettspeicher effektiver.

Vor etwa 4000 Jahren fing der Mensch das wilde Kamel und brachte ihm bei, ihn und seine Lasten zu tragen. Wir glauben jedoch, dass die heutigen wilden Zweihöckrigen Kamele nicht von diesen Hauskamelen abstammen, sondern direkt auf die zweihöckrigen Vorfahren zurückgehen.

Ihr Verhalten in freier Wildbahn unterscheidet sich deutlich von dem in Gefangenschaft. Ein wilder Zweihöckriger Kamelbulle führt normalerweise eine Gruppe von zwölf Stuten mit ihren Fohlen an. Auf einer Expedition zur Erforschung der Kamele in der Nähe des chinesischen Arjin-Gebirges im Jahre 1999 stießen wir auf eine große Herde mit 17 Stuten und 16 Fohlen, die von einem mächtigen Bullen angeführt wurde. Dies war höchst ungewöhnlich. Die Bullen kämpfen miteinander um die Stuten, und der Verlierer muss manchmal bis zu 160 Kilometer weit laufen, um ein anderes Weibchen zu finden. Dies könnte das Hauskamel eines Hirten sein, und wenn dann ein Fohlen geboren wird, ist es ein Hybride. Weder die Chinesen noch die Mongolen mögen diese Mischlinge, da sie sehr schwer erziehbar sind. Deshalb werden sie normalerweise getötet.

Nach der Paarungszeit, die von Dezember bis Februar dauert, hält sich der Kamelbulle von der Herde fern. Im März und April sieht man so manchen allein herumstreichen. Aber sie entfernen sich nicht zu weit von ihrer Familie und beschützen die Stuten und die jungen Kamele, falls sie bedroht werden. Nach 13 Monaten sondert sich die Stute kurz vor der Geburt von der Herde ab, um ihr Fohlen auf die Welt zu bringen. 1995 hatten wir die Gelegenheit, eine Stute zu sehen, die gerade in der Nähe der Kum-Tagh-Sanddünen geboren hatte. Das Kleine war noch keine 24 Stunden alt.

Das wilde Zweihöckrige Kamel wandert jahrhundertealte Routen entlang. Die Gashun Gobi ist von den Fährten der Wildkamele durchzogen, die für gewöhnlich von einer Salzwasserquelle zur nächsten führen. Wenn alle Pflanzen um eine Quelle herum aufgefressen sind, ziehen die Kamele weiter. Interessant daran ist, dass die Tiere einzeln hintereinander laufen, wodurch ihr fortwährender Gänsemarsch tiefe Furchen im Wüstenboden hinterlassen hat. So führt zum Beispiel ein tief eingeschnittener Pfad über die Kum-Tagh-Sanddünen in das Arjin-Gebirge. Jedes Jahr folgen einige Kamele aus der Gashun Gobi dieser Route. In den kühlen Tälern, die durch den schmelzenden Schnee aus dem Gebirge mit Wasser versorgt werden, suchen sie Schutz vor den hohen sommerlichen Wüstentemperaturen. Im Winter kehren sie dann in die eigentliche Wüste zurück. Eine rücksichtslose Erschließung des Geländes könnte diese Routen unterbrechen und die jahrhundertealten Migrationsmuster zerstören.

Im Frühling sind die Temperaturen zwar milder, dafür aber gibt es heftige Sandstürme. Sie können ganz unerwartet aufkommen. Die uigurischen und kasachischen Hirten, die am Rand der Gobi domestizierte Herden halten, beschreiben die Sandstürme als entweder gelb oder schwarz. Der gelbe Sandsturm verdeckt die Sonne, bis alles dunkelgelb leuchtet. Der stärkere und sehr viel furchterregendere schwarze Sandsturm schluckt alles Sonnenlicht und macht den Tag zur Nacht. Bei einem schwarzen Sandsturm werden nicht nur Sandkörner, sondern auch Kies und Steinchen durch die Luft geschleudert. Dann kann sich das Wildkamel nur hinlegen, den langen Hals ausstrecken und hoffen, dass der Sturm nicht länger als zwei oder drei Stunden dauert.

Ich hoffe sehr, dass ich durch die detaillierte Beschreibung unserer Kamelexpedition durch die Sahara ein wenig der schlechten Presse entgegengewirkt habe, die das Kamel von einer unwissenden

Welt bekommen hat. Kamele sind Stoiker. Sie sind geduldig und fleißig, beklagen sich nie und arbeiten für den Menschen, bis sie umfallen. Schlechte Angewohnheiten entwickeln sie in der Regel nur durch schlechte Behandlung in jungen Jahren. Kamele sind auch nicht dumm. Pasha war wirklich ein außergewöhnliches Tier – klug, empfänglich und temperamentvoll. Wie alle anderen Kamele hatte er zwei Persönlichkeiten, aber meistens stand er mit dem rechten Bein zuerst auf. Meine Trauer bei der Trennung kam von Herzen. Für seine großartige Leistung hatte er sich eine behutsame, verständnisvolle Pflege verdient. All unsere Kamele, sogar die tauben, blauäugigen Schecken, waren ein wundervolles Team gewesen.

In der Sahara hing unser Leben von ihnen ab. Wenn es diese fantastischen Tiere nicht gäbe, die so perfekt für ihre Umwelt gerüstet sind, wäre dieses Buch nie geschrieben worden.

Dank

Ohne Mallam Mamman Dauras großzügige Hilfe, Unterstützung und Freigebigkeit in Nigeria hätte mir die Vorbereitung der Expedition weitaus größere Schwierigkeiten bereitet. Mohammed Guri, der Direktor der African International Bank in Maiduguri, war besonders freundlich und hilfsbereit zu uns, ebenso Alhaji Masta aus Kukawa sowie Professor Kari Tijjani und Gisela Seidensticker-Brikay vom Trans-Saharan Centre an der Universität von Maiduguri. Dr. Suleimanu Kumo kümmerte sich in Kano rührend um mich, und mein langjähriger, guter Freund Olu Anulopo machte sich die Mühe, aus Ibadan herunterzukommen und uns sicher durch den Flughafen von Lagos zu geleiten.

In Kenia gewährten uns sowohl Naomi Poulton als auch Barney Gaston großzügig ihre Hilfe und ein Quartier. In der Ol Maisor Ranch wurden wir sehr gastfreundschaftlich aufgenommen, und Martin Evans flog uns netterweise nach Nairobi, um die libyschen Visa für den Professor zu beschaffen.

In Niger übernahm Sidi Mohammed Illes die Aufgabe, unsere Kamele zu besorgen, die Expedition auszurüsten und uns zuverlässige Tuareg-Hirten zur Seite zu stellen. All dies erledigte er mit größter Effizienz und höchstem Geschick. Sein Bruder Hadira begleitete mich auf mehreren Abschnitten der Reise mit klugem Rat. Agi Marda Taher, der Unterpräfekt von Bilma, erwies sich als äußerst generöser Gastgeber. Auch Salem Ali Mugber, dem libyschen Generalkonsul in Niger, bin ich für seine tiefgreifende Unterstützung zu großem Dank verpflichtet. Ermutigung und gute Ratschläge erhielt ich auch von François Gordon, dem britischen Botschafter für nigrische Angelegenheiten in Abidjan. Und ohne unser treues Tuareg-Team hätten wir es nie nach Tripolis geschafft:

Ehom, Argali, Asalik und Adam, nicht zu vergessen Pasha und die 24 anderen Kamele.

In Libyen besorgte der britische Botschafter Richard Dalton Genehmigungen von der libyschen Regierung, die ich allein nie bekommen hätte. Bridget Brind von der britischen Botschaft war uns in Notlagen eine unschätzbare Hilfe, ebenso wie der nigerianische Botschafter in Libyen, Lawan Gana Guba, und Dr. Mo Shelly von Cydamos Ltd. Mukhtar Ansari und Hassan M. Hassan von Fezzan Tours haben mir ebenfalls in vielerlei Hinsicht geholfen. Mike Buck und Mike Keene von LASMO in Libyen, die ich durch Alastair Woodrow kennen lernte, beschafften mir wertvolle Landkarten.

Die britische Botschaft in Peking und insbesondere Ben Fender waren dabei behilflich, die Visa für den Professor zu bekommen. Adam Williams, ebenfalls in Peking, hat uns stetig und konsequent in allen Kamelfragen unterstützt.

Oliver Payne von NATIONAL GEOGRAPHIC, Washington, war uns in schwierigen Zeiten ein unermüdlicher Helfer, ebenso Rebecca Martin vom Expeditions Council, deren Engagement die Expedition selbst und die Teilnahme eines NATIONAL-GEOGRAPHIC-Fotografen erst möglich machte. Silva Sweden AB stellte uns Ferngläser zur Verfügung und North Face of America die wertvolle Campingausrüstung.

Der Explorers Club in New York erlaubte der Expedition, seine Flagge zu tragen, und Barry Moss von British Chapter ließ uns eine großzügige finanzielle Unterstützung zukommen. Weitere finanzielle Unterstützung oder offizielle Anerkennung erhielten wir unter anderem von Seiner königlichen Hoheit dem Herzog von Edinburgh, der National Geographic Society, der Royal Geographical Society, der Bradshaw Foundation (John Robinson, Jean Clottes und Damon de Laszlo), der Brownington Foundation (Anne Savage), der Society for Libyan Studies (Professor David Mattingley und Tim Taylor) und der Grocers' Livery Company. Hugo Berch brachte in Schweden Mittel für Jasper Evans auf, und Fortnum & Mason in London spendeten den hochwillkommenen Weihnachtskorb. Ihnen allen bin ich zutiefst dankbar.

In England erhielt ich von Dr. Sonia Parkinson, Tony Kirk-Green, James Douglas-Henry, Mike Davies, Christopher Neve (über den Billardtisch), Gail Thomson, Ann Evans, Pam Dunn und Elizabeth Mills zu verschiedenen Zeiten und auf verschiedene Arten die dringend benötigte Unterstützung und Ermutigung. Besonderer Dank gilt Chris Moat, die einen munteren, begeisterten Fanclub aus ihren beiden Erdkunde-Klassen der Benenden School sowie ein weiteres Event organisierte, mit dem Geld für Professor Yuan Guoyings Flugticket gesammelt wurde. Caroline Richardson stellte mir großzügigerweise einen Platz zum Schreiben zur Verfügung.

Besonders möchte ich mich bei der Familie des verstorbenen Sir Hanns Vischer bedanken, vor allem bei seinen Söhnen Peter und John, die mich so großzügig unterstützt und mir das Archiv ihres Vaters für meine Recherchen zur Verfügung gestellt haben. Damals wussten sie noch nicht, dass seine Enkelin Annabel in Benenden den Funken entzündet hatte, der mich auf die Reise durch die Sahara schickte.

Des Weiteren bin ich den vielen Helfern und Mitgliedern der Wild Camel Protection Foundation zu Dank verpflichtet, insbesondere Matthew Parris. Ebenso Johnny Patersons großzügigem Sponsorenteam.

Besonderer Dank gilt auch Roddy Dunnett, der mich auf der Vorbereitungsreise begleitete, umfangreiche und sorgfältige Forschungen über die Route anstellte und ebenfalls großzügig zum Expeditionsbudget beitrug, sowie Doreen Montgomery von Rupert Crew Ltd., die für mich sehr viel mehr als nur eine scharfsinnige Literaturagentin war. Zusätzlicher besonderer Dank geht an meine

Frau Pippa, die mir außerordentlich viel Verständnis entgegengebracht und mich ebenfalls großzügig finanziell unterstützt hat.

Last but not least war Kate Rae der Fels, von dem aus wir uns in die Brandung der Sahara stürzten. Ihre Standhaftigkeit, ihr praktisches Denken und ihre bereitwillige Hilfe zu allen Zeiten und unter allen Umständen machten das Ganze erst möglich.

Glossar

Alhaji (arabisch)	Mann, der die Hajj, die Wallfahrt nach Mekka, vollzogen hat
amana (Hausa)	Vertrauen
balta-balta (Kanuri)	Uniform, die vom Gefolge des Shehu von Borno getragen wird
baseen/bazin	traditionelles libysches Gericht
Borno/Bornu	Borno ist ein Gliedstaat im Norden Nigerias, der aus dem ehemaligen Kanuri-Reich Bornu hervorgegangen ist. Der Shehu ist das traditinelle Oberhaupt.
Dendal (arabisch)	die Hauptstraße des alten Murzuk
Dschinn/*jinn* (arabisch)	ein Wüstengeist, der manchmal gut, manchmal böse ist
Fulbe/Fulani	westafrikanische Stammesgruppe, zum Teil nomadisierende Rinderhirten
Gidan dan Hausa (Hausa)	Name von Hanns Vischers Haus in Kano
hamada (arabisch)	Wüste
Hausa/Haussa	westafrikanisches muslimisches Volk, das vorwiegend in Nordnigeria lebt
Hotman	libyscher Araberklan, der in der Nähe von Wunzerig lebt
Kanuri	westafrikanisches muslimisches Volk, das hauptsächlich im nordöstlichen Nigeria lebt

kantu (Hausa)	kegelförmiges Steinsalz aus Bilma
kunkuru (Hausa)	Steinsalz aus Bilma in Form eines Schildkrötenpanzers
Kwaida (arabisch)	libyscher Araberklan, der in der Nähe von Wunzerig lebt
Mao Tai (chinesisch)	ein chinesischer Schnaps
muzungu (Swahili)	weißer Mann
panga (Swahili)	ein großes Buschmesser
rhazzia (arabisch)	Überfall
salga (Hausa)	ein Wasserbehälter aus Ziegenhaut
Shehu	das traditionelle Kanuri-Oberhaupt von Borno
Scherif (arabisch)	muslimischer Heiliger
tarhalamt (Tuareg)	Kamelkarawane, die Salz transportiert
teresum (Tuareg)	geflochtene Kamelzügel aus Leder
Tuareg, Singular Targi	muslimisches Nomadenvolk, das in der Sahara lebt
Tubu/Tibbu	muslimisches Volk, das im Nordosten von Niger lebt
Wasserbohrloch	Brunnen, der mit einem Bohrgerät gegraben wurde
yardangs (uigurisch)	alte Landformationen oder Mesas, die über Millionen von Jahren durch Wüstenstürme abgetragen wurden

Etappen der Reise

25. Oktober 2001	Kukawa (Nigeria) – Busch	22,5 km
26. Oktober	Busch – Agege	39 km
27. Oktober	Agege – Bisagama	27 km
28. Oktober	Bisagama – Bosso (nigerianische Grenze)	24 km
29. Oktober	Busch – Kabelau	32 km
30. Oktober	Kabelau – N'Gigmi	37 km
31. Oktober	N'Gigmi	–
1. November	N'Gigmi	–
2. November	N'Gigmi – Busch	24 km
3. November	Busch – Fizin-Brunnen	31 km
4. November	Fizin-Brunnen – Busch	22 km
5. November	Busch – Karediyanga-Brunnen	31 km
6. November	Karediyanga Brunnen – Ngurti – Busch	27 km
7. November	Busch – Beduaram-Brunnen	32 km
8. November	Beduaram – Abbas Brunnen	14 km
9. November	Abbas Brunnen	–
10. November	Abbas Brunnen – Bela Berim – Tintumma	34 km
11. November	Tintumma über Kofar Annabi	27 km
12. November	Tintumma	26 km
13. November	Tintumma – Agadem	14,5 km
14. November	Sanddünen	39 km
15. November	Sanddünen – Emi Goudonia	32 km
16. November	Emi Goudonia – Emi Toukoye	39 km
17. November	Emi Toukoye – Sanddünen	32 km
18. November	Sanddünen – Zoo Baba	32 km

19. November	Zoo Baba – Tinga Tinga Rock	29 km
20. November	Tinga Tinga Rock – Bilma	18 km
21. November	Bilma	–
22. November	Bilma	–
23. November	Bilma	–
24. November	Bilma – Dirkou	34 km
25. November	Dirkou	–
26. November	Dirkou – Emi Tchouma	37 km
27. November	Emi Tchouma – Doumba	19 km
28. November	Doumba – Yegeba	40 km
29. November	Yegeba – Pic Zoumi	39 km
30. November	Pic Zoumi – Sequedine	11 km
1. Dezember	Sequedine – Wüste	35 km
2. Dezember	Wüste – Yat	19 km
3. Dezember	Yat – Sanddünen	26 km
4. Dezember	Sanddünen – Wüste	37 km
5. Dezember	Wüste – Mabrous Tefidinga	34 km
6. Dezember	Mabrous Tefidinga – Wüste	37 km
7. Dezember	Wüste	40 km
8. Dezember	Wüste – Madama (nigrische Grenze)	13 km
9. Dezember	Madama – Bariga	29 km
10. Dezember	Bariga – Wüste	35 km
11. Dezember	Wüste	24 km
12. Dezember	Wüste – El War (libysche Grenze)	14,5 km
13. Dezember	El War	–
14. Dezember	El War – Wüste	40 km
15. Dezember	Wüste	35 km
16. Dezember	Wüste	32 km
17. Dezember	Wüste	39 km

18. Dezember	Wüste	26 km
19. Dezember	Wüste – Tejerri	29 km
20. Dezember	Tejerri – Wüste	27 km
21. Dezember	Wüste – Al Katrun	13 km
22. Dezember	Al Katrun	–
23. Dezember	Al Katrun	–
24. Dezember	Al Katrun	–
25. Dezember	Al Katrun	–
26. Dezember	Al Katrun – Wüste	16 km
27. Dezember	Wüste	3 km
28. Dezember	Wüste	–
29. Dezember	Wüste	–
30. Dezember	Wüste	35 km
31. Dezember	Wüste – Mestuta	26 km
1. Januar 2002	Mestuta – Sanddünen	32 km
2. Januar	Sanddünen – Wüste	27 km
3. Januar	Wüste – Murzuk	11 km
4. Januar	Murzuk – Wüste	29 km
5. Januar	Wüste	29 km
6. Januar	Wüste	26 km
7. Januar	Wüste – Tekertiba	24 km
8. Januar	Tekertiba – See Mandara	19 km
9. Januar	See Mandara – See Gabron	24 km
10. Januar	See Gabron – Sanddünen	22,5 km
11. Januar	Sanddünen	24 km
12. Januar	Wüste	31 km
13. Januar	Wunzerig	29 km
14. Januar	Wunzerig	–
15. Januar	Wunzerig	–
16. Januar	Wunzerig – Wüste	32 km
17. Januar	Wüste	34 km

18. Januar	Wüste – Hamada el Homra	26 km
19. Januar	Hamada el Homra	27 km
20. Januar	Hamada el Homra	29 km
21. Januar	Hamada el Homra	31 km
22. Januar	Hamada el Homra	29 km
23. Januar	Hamada el Homra	35 km
24. Januar	Hamada el Homra	24 km
25. Januar	Hamada el Homra	27 km
26. Januar	Hamada el Homra	24 km
27. Januar	Hamada el Homra – Brunnen Bir Tabonie	26 km
28. Januar	Brunnen Bir Tabonie – Wüste	37 km
29. Januar	Wüste	31 km
30. Januar	Wüste	29 km
31. Januar	Wüste	31 km
1. Februar	Mizda	10 km
Gesamt	100 Tage	2352 km

Bibliografie

Barth, Heinrich: *Travels and Discoveries in North and Central Africa*, Volumes 1–3, Harper and Brothers, New York 1857.
Auf dt.: *Reisen und Entdeckungen in Nord- und Central-Afrika in den Jahren 1849–1855, Tagebuch seiner im Auftrag der britischen Regierung unternommenen Reise*, 5 Bände, Perthes, Gotha 1857/58.

Clapperton, Hugh: *Difficult and Dangerous Roads*, Sickle Moon Books & The Society for Libyan Studies, London 2000.

Denham, Dixon und Clapperton, Hugh: *Travels and Discoveries in North and Central Africa,* Volumes I und II, John Murray, London 1826.
Auf dt.: Clapperton, Hugh, Denham, Dixon und Oudney, Walter: *Reisen und Entdeckungen im nördlichen und mittlern Afrika in den Jahren 1822–24,* Bertuch, Bibliothek der Reisebeschreibungen, 43. Band, Weimar 1827.

Vischer, Hanns: *Across the Sahara,* Edward Arnold, London 1907, Darf Publishers, London 1995.

Weitere Titel zum Thema Wüste:

Buckley, Martin: *Mit den Taschen voller Sand,* Frederking & Thaler Verlag, München 2002.

Hare, John: *Auf den Spuren der letzten wilden Kamele,* Frederking & Thaler, München 2002.

Martin, Michael: *Die Wüsten Afrikas,* Frederking & Thaler Verlag, München 1998.

Monod, Théodore: *Wüstenwanderungen,* Frederking & Thaler Verlag, München 2002.

Rohrbach, Carmen: *Im Reich der Königin von Saba,* Frederking & Thaler Verlag, München 1999.

Trotha, Désirée von: *Wo sich Himmel und Erde berühren,* Frederking & Thaler Verlag, München 2003.